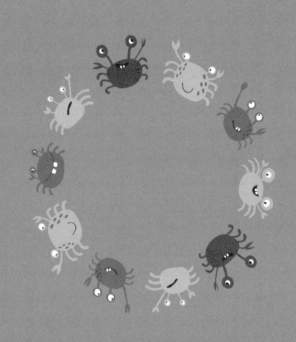

# 독자의 1초를
# 아껴주는 정성을
# 만나보세요!

세상이 아무리 바쁘게 돌아가더라도 책까지 아무렇게나 빨리 만들 수는 없습니다.

인스턴트 식품 같은 책보다 오래 익힌 술이나 장맛이 밴 책을 만들고 싶습니다.

땀 흘리며 일하는 당신을 위해 한 권 한 권 마음을 다해 만들겠습니다.

마지막 페이지에서 만날 새로운 당신을 위해 더 나은 길을 준비하겠습니다.

# 개발자 오늘도 마음 튼튼하게 성장하기

The Battle Hardended Developer

**초판 발행** · 2023년 12월 13일

**지은이** · 피오다르 서재나베츠

**옮긴이** · 이미령

**발행인** · 이종원

**발행처** · (주)도서출판 길벗

**출판사 등록일** · 1990년 12월 24일

**주소** · 서울시 마포구 월드컵로 10길 56(서교동)

**대표전화** · 02)332-0931 | **팩스** · 02)323-0586

**홈페이지** · www.gilbut.co.kr | **이메일** · gilbut@gilbut.co.kr

**기획 및 책임편집** · 한동훈(monaca@gilbut.co.kr) | **디자인** · 책돼지 | **제작** · 이준호, 손일순, 이진혁
**영업마케팅** · 임태호, 전선하, 차명환, 박민영, 지운집, 박성용 | **영업관리** · 김명자 | **독자지원** · 윤정아

**교정교열** · 이슬 | **전산편집** · 책돼지 | **출력 및 인쇄** · 예림인쇄 | **제본** · 예림인쇄

- 잘못된 책은 구입한 서점에서 바꿔 드립니다.
- 이 책은 저작권법에 따라 보호받는 저작물이므로 무단전재와 무단복제를 금합니다.
  이 책의 전부 또는 일부를 이용하려면 반드시 사전에 저작권자와 (주)도서출판 길벗의 서면 동의를 받아야 합니다.

**ISBN 979-11-407-0759-1 93000**
(길벗 도서번호 080364)

**정가 27,500원**

**독자의 1초를 아껴주는 정성 길벗출판사**

**(주)도서출판 길벗** | IT교육서, IT단행본, 경제경영서, 어학&실용서, 인문교양서, 자녀교육서
www.gilbut.co.kr

**길벗스쿨** | 국어학습, 수학학습, 어린이교양, 주니어 어학학습, 학습단행본
www.gilbutschool.co.kr

**페이스북** · www.facebook.com/gbitbook

# 개발자 오늘도 마음 튼튼하게 성장하기

The Battle
Hardened
Developer

## 마음 단단히 먹어 온 세상이 너를 끌어내리려 해

**피오다르 서재나베츠** 지음
**이미령** 옮김

길벗

평범한 개발자 A 씨의 평소 같은 하루를 한번 상상해 보자. 지난밤 야근 때문에 피곤한 몸을 차마 일으키지 못하고 더듬더듬 휴대전화를 집어 들며 그의 하루는 시작된다. 간신히 지각을 면하고 출근하여 해결 못한 문제를 다시 붙잡았지만 카페인으로도 맑아지지 않는 머리로 짜낸 아이디어는 자기가 봐도 썩 훌륭하진 않다. 회의에 끌려다니는 사이사이 여기저기서 오는 요청에 그럭저럭 대응하고 퇴근한 후에는 조금 더 나은 개발자가 되기 위해 뭐라도 해야 할 것 같은데 시작할 기운이 없다. 쇼츠 몇 개만 보고 좀 쉬다가 컴퓨터 앞에 앉아야지 결심해 보지만 정신을 차려보면 어느새 자정이 훌쩍 넘었다. 왜 이러고 사는지 분명 심도 있는 고찰이 필요할 텐데 눈이 스르륵 감기는 통에 오늘의 고민은 또 내일로 미뤄진다. 마음 한구석에는 이런 일상에 대한 죄책감이 가시처럼 박혀 있다. 한때는 엘리트 개발자를 꿈꾸었는데, 어쩌다 이렇게 된 걸까?

이 책의 저자 피오다르 서재나베츠는 이처럼 제자리걸음 하는 일상이 전부 여러분 개인의 잘못이 아니라는 걸 이해할 필요가 있다고 설명한다. 지금 여러분이 살아가는 세상에서는 전 세계 기업 시총 순위 상위권을 다투는 빅테크 기업들이 여러분의 주의력을 빼앗아서 수익화하려는 전쟁을 벌이고 있기 때문이다. 어딘가에 오롯이 집중하려고 해도 잘되지 않는 것이 여러분 자신의 탓만은 아니라는 뜻이다.

이 책은 이렇게 의도적으로 여러분의 주의력을 훔치도록 설계된 요즘 세상에서 살아남을 현실적인 생존 전략을 제시한다. 우선 소셜 미디어 알고리즘이 인간 뇌의 작동 방식에 대한 이해를 바탕으로 어떻게 여러분의 주의력을 독점하는지 소개하는 것으로 시작한다. 의지와 상관없이 여러분의 본능이 업무에 집중하지 못하는 과학적인 이유를 알려 주고, 원래 여러분의 것이었던 주의력을 되찾아서 딥 워크하고 몰입 상태에 들어가는 방법은 무엇인지, 습관을 활용하여 미루고 싶다는 욕구를 수월하게 극복하는 방법은 무엇인지 알려 준다. 그러나 현재 자신이 처한 상황에 수동적으로 대처하는 것만으로는 생존하기 어려운 것이 현실이다. 꾸준히 발전하지 않으면 도태되기 마련이고 발전하려는 내적 동기를 얻으려면 올바른 마인드셋을 개발해야 하기 때문이다. 이를 위해 성장 마인드셋을 구축하고 자신의 핵심 신념을 올바른 방향으로 설정할 몇 가지 방법도 다룬다.

이 책은 특히 개발자의 생산성에 초점을 맞추고 이를 높이기 위해 즉시 적용해 볼 수 있는 구체적인 지침을 제시한다. 과학적 근거를 제시하되 지나치게 깊이 이론을 파고들지 않고 개발자의 일상에서 바로 실천하기 적당한 깊이를 유지한다. 뿐만 아니라 이 책에서 제시한 전략을 실천할 때 경험할 수 있는 불편한 점이나 주의할 사항까지 다루고 있다. 이 책에 담긴 모든 내용이 소프트웨어 개발자인 저자가 직접 실천해 본 경험을 바탕으로 하기 때문일 것이다. 독자 개개인의 상황에 맞게 똑똑하게 적용할 방법도 함께 고민한다. 덕분에 이 책에서 설명한 다양한 기법은 개발자의 개발 외적인 업무, 그리고 개발자가 아닌 다른 직업, 특히 몰입이 필요한 지식 노동을 하는 직군에서도 충분히 활용할 수 있다. 이는 이 책의 내용을 번역 작업에 도입해 본 나 자신의 경험이기도 하다.

따라서 이 책에 소개된 내용을 단순히 이론적으로 이해하는 데 그치지 말고 하나씩 실제로 실천해 보며 읽어 볼 것을 추천한다. 예컨대 소셜 미디어를 디톡스하는 방법을 알려 주는 장을 읽을 때는 직접 디지털 미니멀리스트가 되어 보라. 에코 체임버를 활용할 방법을 소개하는 장에서는 자기도 모르는 새에 들어가 있던 나쁜 에코 체임버는 없는지, 적극적으로 가입해야 할 좋은 에코 체임버는 어디일지 점검해 보라. 지적확인 환호응답을 자신의 일터에서 실천할 방법은 없을지, 뽀모도로를 실천할 때 업무 효율이 진짜 올라가는지도 몸소 경험해 보라.

분야를 막론하고 생존에 대한 고민 없이는 살아남기 어려운 시대에 살고 있다. 특히 소프트웨어 개발 분야는 변화가 빠르며 끊임없이 진화한다. 이 어려운 환경에서도 끝없는 도전을 이어가는 개발자 여러분이 저자의 바람대로 이 책을 신상 도구 상자로 활용해 개발자로서 더욱 만족스러운 경력을 쌓고 자신의 경력을 훨씬 더 즐겁게 꾸려 나가길 응원한다.

이미령

# 프롤로그

요즘은 프로그래머를 사회성이 부족한 너드를 위한 직업이라고 보지 않는다. 이제는 일반적으로 프로그래머를 훌륭한 직업이라고 여긴다. 매우 좋은 보수를 받기 때문이다. 많은 사람이 IT 업계에서 성공적인 경력을 쌓는 걸 꿈꾼다. 하지만 그렇게 되기 위해 노력하는 사람 중 많은 이들이 상당히 일찍 경력의 한계에 부딪힌다. 심지어 업계에 입문하는 데에도 어려움을 겪는 사람이 많다.

만약 당신이 마찬가지의 상황에 있어서 자신의 IT 경력이 답보 상태에 있다고 느낀다면 전부 본인 잘못은 아니라는 걸 이해할 필요가 있다. 당신을 상대로 전쟁이 벌어지고 있다. IT 경력이 발전하지 못하는 가장 큰 이유는 이런 경력을 얻는데 상당한 집중력이 필요하기 때문이다. 하지만 요즘은 방해 요소가 너무 많아서 집중하기가 극히 어려울 때가 많다. 그리고 이는 전부 우연의 산물이 아니라 의도적으로 설계된 결과다.

당신의 주의력을 몽땅 훔쳐가려고 노리는 기업이 많으며, 당신의 주의력은 그런 회사의 수익으로 전환되고 있다. 하지만 유한한 자원인 주의력을 다른 데 빼앗기고 나면 생산적인 업무에 집중하는 데 쓸 여력이 없어진다. 그래서 더 이상 경력을 발전시키지 못하는 한계에 부딪히고 마는 IT 전문가가 많은 것이다.

좋은 소식을 알려 주자면 당신은 이 전쟁에서 승리할 수 있다. 당신은 모든 방해 요소와 싸워 이기고 누구나 채용하고 싶어 하는, 절제력 있고 생산적인 소프트웨어 개발자가 될 수 있다. 이 책이 그 방법을 알려 줄 것이다.

내 이름은 피오다르 서재나베츠(Fiodar Sazanavets)다. 난 소프트웨어 공학 분야에서 성공적인 경력을 쌓았다. 십 년도 채 되지 않아 런던에 있는 평판 좋은 기업의 수석 소프트웨어 엔지니어 자리에 올랐고 다양한 온라인 프로그래밍 강의도 제작했다. 소프트웨어 공학 특정 영역의 업무는 의식적인 사고를 거의 거치지 않고도 수행할 수 있을 정도로 능숙하게 해낸다. 이런 영역에 대한 전문성은 현재 재직 중인 회사뿐 아니라 프로그래밍 교육 자료를 출판하는 다양한 기관에서도 인정받았다. 나는 이런 기관에서 정기적으로 연락을 받으며 해당 기관의 플랫폼을 위해 콘텐츠를 제작해 달라는 요청을 받는다.

하지만 나에게도 프로그래밍이 너무 어렵다고 생각하던 시절이 있었다. 심지어 어릴 때부터 항상 컴퓨터를 좋아했는데도 프로그래밍은 언제나 흑마법처럼 보였다. 아주 똑똑해야만 프로그래머로서 진정한 성공을 거둘 수 있을 거라고 늘 생각했다.

그래서 대학에 진학할 때도 프로그래밍 관련 학과를 선택하지 않았다. 내가 선택한 건 환경생물학이었다. 학사 학위를 성공적으로 받은 후에 환경과학과 관련된 주제로 석사 학위도 받았다. 석사 학위를 마친 후에야 코딩 공부를 시작했다. 그나마도 순전히 필요해서였다.

졸업 후 취직해서 맡은 업무는 그때까지 공부한 주제와 직접적인 관련이 있었다. 나는 홍수 위험 분석가였고 내가 하는 일을 사랑했다. 사회에 실질적인 보탬이 되는 일을 한다는 점이 좋았다. 하지만 이 경력에 딱 한 가지 중대한 문제가 있었으니, 바로 연봉이었다.

당시 내가 받은 연봉은 그 지역의 슈퍼마켓 창고 관리자보다 적었다. 처음에는 대학을 갓 졸업해서 그럴 것이라고 생각했다. 하지만 선임 홍수 위험 분석가조차 박봉이라는 걸 알게 되었다. 내 선임자 중 한 명은 선루프로 물이 샐 정도로 낡은 차를 몰고 다니며 자기 연봉이 얼마나 낮은지 자주 불만을 토로했다.

바로 이때 홍수 위험 분석가가 내 평생 직업일 수 없다는 걸 깨달았다. 나에게는 적당한 크기의 인생 목표가 있었고 내 연봉은 그런 목표를 달성하기에 부족했다. 그렇다. 나는 다른 사람의 집이 침수되지 않도록 도와주고 있었다. 그런데 내 업무의 도움을 받는 사람 대다수가 주택 보유자인데 반해 내 연봉으로는 집을 마련할 가능성이 전혀 없었다. 즉, 내 경력에는 변화가 필요했고 이런 변화는 빠르면 빠를수록 좋았다.

대학으로 돌아가서 다른 걸 배울 수는 없었다. 시간이 너무 오래 걸릴 것이고 여전히 남아 있는 학자금 대출을 더 늘릴 생각도 없었다. 최대한 적은 비용으로 빠르게 배울 수 있는 분야로 직업을 바꿔야 했다. 약간의 조사 끝에 프로그래밍이 이런 분야라는 걸 알게 되었다. 인터넷에는 독학으로 배운 프로그래밍으로 억대 연봉을 받는다는 증언이 수두룩했다. 그래서 프로그래밍에 대한 두려움에도 불구하고 도전해 보기로 했다.

도전한다는 게 무서웠지만 당시 내 상황에 그대로 머무는 게 더 무서웠다. 그런 두려움이 코딩을 배우는 데 자유 시간의 대부분을 쓰면서 어려운 프로그래밍 개념을 무차별 대입하듯이 습득하는 동기가 되었다.

결국 주니어 개발자가 될 수준까지 배우는 데 성공했고 준비되었다는 확신이 서자마자 바로 직업을 바꿨다. 전업 프로그래머가 된 것이다. 프로그래머가 되었다는 게 처음에는 너무 행복했지만 곧 편안한 일상이 되었다. 그때부터 발전이 정체되기 시작했다.

더 이상 자유 시간에 기술 공부를 하려는 의욕이 생기지 않았다. 회사에서 요구하는 절대적인 최소치만 채웠다. 때로는 그것만으로도 힘들었고 집중하는 데 어려움을 겪었다.

성공적인 소프트웨어 개발 경력을 쌓길 원하는 마음은 여전했다. 처음 공부할 때는 프로그래밍과 사랑에 빠져서 이 일이 직업이 되길 간절히 바랐다. 하지만 막상 프로그래밍이 실제 업무가 되자 작업을 시작하는 게 정말 귀찮고 힘들게 느껴졌다. 프로그래밍 대신 하고 싶은 재밌는 일이 너무 많았다. 일을 미루고 싶은 유혹을 이겨내기가 너무 어려워서 종종 굴복하곤 했다.

내가 처한 상황을 전투로 보기 시작한 게 바로 이때였다. 입대를 진지하게 고민했을 정도로 전쟁이나 무술에 흥미를 느낀 나로서는 쉬운 비유였다. 결과적으로 볼 때 이 비유는 효과적이었다. 그 덕분에 다시 생산성을 높이고 경력을 발전시킬 수 있었다.

전투로 본다는 건 적을 찾아야 한다는 의미였다. 일을 미루게 하는 원인이 무엇인지, 이를 어떻게 떨쳐낼지 공부하기 시작했다. 나는 과학 전공자인 데다가 생물학 학위 과정에서 뇌의 작동 방식에 대해 어느 정도 배웠기 때문에 미루는 습관 뒤에 숨겨진 과학부터 알아보기로 했다.

곧 뇌가 일을 미루고 싶어 하는 이유가 명확히 보였다. 방해 요소에 굴하지 않고 뇌가 집중하도록 속이는 다양한 기법을 시도하고 테스트해 보니 다른 기법에 비해 효과가 뛰어난 기법이 존재했고 개중에는 효과가 정말 뛰어난 기법도 있었다. 유명한 기법을 나에게 맞는 방식으로 수정해서 써 보기도 했다.

이런 기법을 실천하기 시작하자 경력 발전에 다시 속도가 붙었다. 그 어느 때보다 업무 능률이 오르고 작업의 품질도 좋아졌다. 5년이 채 되지 않아 시니어 소프트웨어 개발자 수준에 도달했는데 이 정도면 완전히 독학으로 프로그래머가 된 것치고는 괜찮은 결과였다.

이런 기법은 활용한 이래 나를 한 번도 실망시킨 적이 없다. 깊은 집중이 필요하다면 그런 상태에 들어가서 방해 요소를 완전히 잊을 수 있다. 나는 현직 소프트웨어 개발자나 지망생에게 이런 기법을 최대한 널리 알리고 싶었다. 그래서 이 책을 쓴 것이다.

그러나 이 책은 단순히 이러한 기법을 알려 주는 데 그치지 않는다. 마인드셋의 변화도 내가 성공적인 경력을 일구는 데 도움이 되었다. 어떻게 보면 나는 과거의 나와 다른 사람이 되어야 했다. 예전에는 어떤 일을 할 때 꼭 필요한 만큼만 하고 많이 미루는 사람이었다. 하지만 다행히 내가 원하는 사람이 되기 위한 올바른 마인드셋을 구축하는 방법을 찾았다. 그래서 그 부분도 여러분에게 알려 주고자 한다.

나는 이 책을 통해 성공적인 프로그래밍 경력을 쌓기 위해 해야 할 일을 간략히 알려 줄 것이다. 이 책에서 추천한 모든 방법은 내가 직접 시도하고 테스트해서 효과를 확인한 방법이다.

미루기와 집중 뒤에 숨겨진 과학을 다루는 것으로 시작하겠다. 나는 과학 전공자로서 어떤 기법이든 효과가 있는 이유를 이해해야 더욱 큰 효과가 난다는 것을 깨달았다. 이 책에 기초 과학을 담아야 한다고 생각한 이유도 거기에 있다. 하지만 걱정하지 마라. 뇌과학을 깊게 파고들 생각은 없다. 이 책은 신경과학 책이나 심리학 책이 아니므로 소셜 미디어 기업을 비롯한 다양한 기업이 자사의 이익을 위해 인간 뇌의 작동 방식을 어떻게 이용하는지 이해하는 데 도움이 될 정도의 내용만 소개할 것이다.

뇌가 저항이 가장 적은 경로를 따르려고 하는 이유도 알려 주겠다. 많은 기업이 뇌의 이런 경향을 이용해서 당신의 주의력을 가로챈다. 하지만 습관이 어떻게 형성되는지 배워서 모든 방해 요소를 효과적으로 물리칠 수 있도록 도와주겠다.

다음으로는 경력을 통해 성취하고자 하는 목표와 자신의 핵심 신념을 일치시키는 방법을 소개하겠다. 성공한 프로그래머와 어울리는 것이 중요한 이유도 알려 주겠다. 이 책이 소개하는 태도 형성 기법 중 일부는 꽤 당연해 보인다. 자기 주변 환경에서 일어나는 모든 일을 책임지는 극한의 오너십 개념이 여기에 해당할 것이다. 하지만 언뜻 보기에 직관적으로 이해되지 않으나 매우 효과적인 기법도 있다. 예컨대 이 책은 IT 전문가가 수도자에게 무엇을 배울 수 있는지도 다룬다.

마지막으로 업무에 적용하여 집중을 훨씬 더 쉽게 유지하는 실질적인 요령도 다룰 것이다. 프로그래밍 생산성 포럼을 정기적으로 방문하는 사람이라면 뽀모도로 기법이나 업무 사전 계획에 대해 아마 들어본 적 있을 것이다. 하지만 IT 업계에는 잘 알려지지 않은 요령도 있다. 그중 하나가 지적확인 환호응답이다. 원래는 일본에서 역무원의 집중력 유지를 돕기 위해 개발된 기법이다. 하지만 이런 방법은 프로그래머가 집중을 유지하는 데에도 똑같은 효과를 낼 수 있다.

이 책을 읽으면 당신의 프로그래밍 경력이 완전히 달라질 것이다. 작업 결과물의 양과 질이 모두 좋아질 것이다. 이런 변화를 고객이나 상사, 동료가 눈치채지 못할 리 없다. 하지만 무엇보다 중요한 건 이 책이 프로그래밍 경력을 훨씬 더 즐겁게 꾸려 나가는 데 도움이 된다는 점이다.

# 차례

# 1

## 왜 소셜 미디어가
## 가장 큰 적일까

소셜 미디어 업계의 거인들은 더 나은 세상을 만드는 친근한 너드 신인 척하는 걸 멈추고 아이들에게 중독성 있는 제품을 판매하는 티셔츠 차림의 담배 재배 농부일 뿐이라는 걸 인정해야 한다. 소셜 미디어에서 '좋아요'를 확인하는 행위는 새로운 흡연이기 때문이다.

칼 뉴포트(Cal Newport)

모든 프로그래머는 능력 있는 프로그래머로 인정받기 위해 어떤 기술에 능숙해져야 하는지 안다. 몇 가지 프로그래밍 언어를 능숙하게 다루고 좋은 품질의 소프트웨어를 바닥부터 만들 줄 안다면 스스로를 전문 프로그래머라고 부를 수 있다.

하지만 진정 훌륭한 프로그래머가 되려면 이런 기술로는 충분하지 않다. 코딩만 할 줄 아는 건 평범한 수준에 그친다. 당신은 다른 많은 프로그래머와 경쟁해야 한다. 전 직군 평균보다는 높은 연봉을 받을지 모르나 실력 있는 프로그래머가 받을 수 있는 연봉에 비해서는 훨씬 낮은 연봉을 받을 것이다. 게다가 전문 소프트웨어 개발자가 되기 위한 최소 기준만 겨우 충족하는 수준으로는 FAANG 기업(페이스북, 아마존, 애플, 넷플릭스, 구글)에 입사하는 건 거의 불가능하다. 엘리트 소프트웨어 개발자가 되려면 정말 뛰어난 실력을 갖춰야 한다.

유명한 소프트웨어 엔지니어들이 어떻게 그토록 큰 성공을 거두고 대부분 동료 개발자와 다른 길을 갈 수 있었는지 한 번이라도 궁금해한 적 있는가? 켄트 벡(Kent Beck), 스콧 핸슬먼(Scott Hanselman), 밥 아저씨라고도 알려진 로버트 C. 마틴(Robert C. Martin), 마틴 파울러

(Martin Fowler) 같은 진정한 엘리트 말이다. 처음에는 아무나 그런 수준에 도달할 수 있을 것처럼 보일지 모르지만 사실은 그렇지 않다.

이들이 하는 일과 일하는 방식을 보면 이들의 주요 기술이 기술적인 하드 스킬이 아니라는 게 분명해진다. 그렇다고 소위 소프트 스킬이라 불리는 기술도 아니다. 이들을 뛰어나게 만드는 건 그보다 훨씬 더 근본적인 무언가다.

얼마나 많은 언어와 모범 사례를 알고 있는지도 그다지 중요하지 않다. 그 정도로 뛰어난 소프트웨어 엔지니어라면 메타 스킬을 개발하는 게 훨씬 더 중요하다는 것을 안다. 메타 스킬은 습관, 루틴, 자기 인식, 일반적인 마인드셋 등 의식적으로 개발할 수 있는 성격의 구성 요소를 가리키는 포괄적인 용어다.

이 책의 내용을 하루 루틴에 적용하면 다른 사람과 확연히 차별화된 프로그래머가 되는 데 도움이 될 다양한 메타 스킬을 배울 것이다. 메타 스킬에 능숙해지면 무엇이든 다른 사람보다 훨씬 더 빠르게 익힐 수 있다. 그러면 경쟁 상대가 크게 줄어들고 여러 기업이 당신을 채용하고 싶을 것이며 누구나 많은 연봉을 제시할 것이다. 일이 더 쉬워지고 즐거워지며 쉬고 싶을 때 쉴 수 있을 것이다. 일과 삶을 서로 구분하고 균형을 유지할 수 있을 것이다.

하지만 해야 할 일을 배우기 전에 하지 말아야 할 일부터 배워야 한다. 보이지 않는 전쟁이 벌어지고 있는데 이러한 사실을 모르는 개발자가 많다. 적은 교활하다. 친구인 척 다가오기 때문이다. 하지만 적은 위험하다. 전문성을 개발하려는 모든 노력을 순식간에 물거품으로 만들 수 있기 때문이다.

여기서 말하는 적은 소셜 미디어다. 그리고 프로그래머로서 당신은 특히 여기에 취약하다.

## 소셜 미디어가
## 가장 위험한 적인 이유

소셜 미디어는 어디에나 있고 사용하지 않는 사람은 거의 없다. 이렇게 된 데에는 그럴 만한 이유가 있다.

소셜 미디어가 대중화된 이후 전 세계 어디에 사는 사람이든지 새로운 사람을 만나고 옛 친구와 연락하고 지내는 게 무척 쉬워졌다. 또한 콘텐츠를 말 그대로 전 세계 수백만 명이 볼 수 있도록 그어느 때보다도 쉽게 공유할 수 있게 되었다.

소셜 미디어가 가져다 주는 혜택도 많은 게 사실이다. 그러나 언뜻보기에 멋진 장밋빛만 가득해 보인다고 해서 그게 전부는 아니다.

한동안 IT 업계를 지켜본 사람이라면 아마 여러 소셜 미디어 기업이 개인 정보 유출, 세금 회피, 민주 선거 개입 등 좋지 않은 이유로 종종 언론에 오르내리는 걸 보았을 것이다.

하지만 엘리트 수준의 프로그래머가 되고자 열망하는 사람이라면 이런 문제는 하나도 걱정할 필요가 없다. 대기업의 세금 납부 문제는 여러분의 일상적인 직장 생활이나 생산성에 영향을 미치지 않는다. 아마 여러분은 피드에 뜨는 조작된 뉴스나 콘텐츠를 알아볼 정도의 교육을 받았을 것이고 어떤 선거에 투표할 생각이라면 자신이 뽑을 후보를 정하기 전에 적어도 사전 조사 정도는 해 볼 것이다. 자신의 데이터를 인터넷에 공유할 때 따라오는 장단점, 그리고 그 행위가 개인 정보 보호 측면에서 갖는 위험에 대해서도 이미 이해하고 있을 것이다.

그러나 소셜 미디어에는 마땅히 우려해야 할 한 가지 문제가 있다. 만약 당신에게 야망이 있고 자기 분야에서 고수가 되는 것이 목표라면 이런 노력을 소셜 미디어만큼 방해하는 건 없다. 소셜 미디어는 생산성을 높이는 데 도움이 되는 좋은 습관을 기르려는 모든 노력을 손쉽게 허사로 만들 수 있다. 이는 2장에서 논할 딥 워크의 가장 큰 적이다.

이것이 바로 『딥 워크』의 저자, 칼 뉴포트가 소셜 미디어를 사용하지 않는 이유다. 그는 자신의 베스트셀러 『딥 워크』와 『디지털 미니멀리즘』에서 소셜 미디어를 반대하는 이유를 길게 이야기했다.[1] 특히 『디지털 미니멀리즘』에서 소셜 미디어를 언급할 때는 사정을 전혀 봐주지 않았다. 그가 말한 바는 이러했다.

"소셜 미디어 업계의 거인들은 더 나은 세상을 만드는 친근한 너드 신인 척하는 걸 멈추고 아이들에게 중독성 있는 제품을 판매하는 티셔츠 차림의 담배 재배 농부일 뿐이라는 걸 인정해야 한다. 소셜 미디어에서 '좋아요'를 확인하는 행위는 새로운 흡연이기 때문이다."

누구나 채용하고 싶어 하는 훌륭한 소프트웨어 개발자가 되길 열망하는 사람이라면 소셜 미디어만큼 자신의 노력을 방해하는 건 없다는 걸 반드시 알아야 한다. 친구들과 함께 웃고 재밌는 밈을 공유하는 무해한 플랫폼처럼 보이지만 실제로는 경력 발전 속도를 상당히 늦추거나 심지어 완전히 망칠 수도 있다.

소셜 미디어는 올바른 습관을 기르는 데 방해가 되는 가장 강력한 적이다. 주의해서 사용하지 않으면 딥 워크가 불가능할 수 있다.

그리고 소셜 미디어가 올바른 습관 형성을 방해하고 일류 소프트웨어 개발자로 성장하는 것을 막는 극히 강력한 방해 요소가 된 것은 우연이 아니다. 의도적으로 그렇게 설계되었다.

## 소셜 미디어가 원하는 건
## 당신에게 득이 되지 않는다

소셜 미디어 사용자라면 소셜 미디어를 외면하기가 때로 얼마나 어려운지 아마 잘 알 것이다.

게시물을 확인하려고 페이스북이나 X(구 트위터) 앱을 열었다가 타임라인을 스크롤하고 여러 사람과 무의미한 논쟁을 벌이는 데 오랜 시간을 허비했다는 걸 몇 시간이 지나서야 깨달은 적이 아마 있을 것이다. 의식이 완전히 꺼지고 자동 조종 모드가 켜진 것처럼 느껴진다.

안타깝게도 이 모든 건 의도된 바다. 소셜 미디어 기업이 당신에게 원하는 건 바로 이런 행동이다. 그들은 당신의 주의력을 원하며 그 주의력이 다른 데로 분산되지 않기를 바란다. 당신의 주의력을 다른 어떤 경쟁자와도 나눠 가지려고 하지 않는다.

유용한 내용을 많이 제공하는 듯 보이는 소셜 미디어가 대체로 무료인 이유를 궁금해해 본 적 있는가? 소셜 미디어의 콘텐츠를 풍부하게 만드는 모든 기능을 설계하는 데에는 많은 시간과 노력이 든다. 그리고 그 모든 기능을 만드는 이들이 초고액 연봉을 받는다는 건 여러분도 알 것이다.

그렇다면 소셜 미디어 기업은 사용자가 무료로 이용하는 플랫폼에서, 심지어 개발자에게 두둑한 보수를 지불하면서 어떻게 수십억 달러를 벌어들이는 걸까? 비결이 뭔지 궁금하지 않은가? 실제로 비결은 존재한다. 그리고 꽤 심각한 내용이다.

당신이 어떤 플랫폼을 무료로 이용할 수 있다면 그 플랫폼의 제품이 당신일지도 모른다는 사실을 기억하는 게 좋다. 그리고 이 원칙은 소셜 미디어에 틀림없이 적용된다. 소셜 미디어는 비즈니스이며, 그 고객은 당신이 아니다. 광고 대행사다.

페이스북, X, 인스타그램 같은 소셜 미디어 플랫폼은 사실 광고 플랫폼이다. 기업을 비롯한 다양한 조직이 플랫폼에 돈을 내고 광고를 호스팅한다. 그리고 플랫폼은 할 수 있는 한 최선의 방식으로 광고를 게재한다.

소셜 미디어 플랫폼은 이미 당신에 대한 데이터를 많이 가지고 있다. 당신이 자진해서 모든 데이터를 주었다. 등록할 때 개인 정보를 입력했을 뿐 아니라 그 후로도 플랫폼의 콘텐츠와 상호작용하면서 본인의 취향에 대한 더 명확한 정보도 듬뿍 제공했다.

당신이 소셜 미디어에서 하는 모든 일은 추적된다. 그리고 알고리즘은 이를 통해 당신이 좋아하는 것과 싫어하는 것, 종교, 정치적 견해를 비롯한 많은 것을 알아낸다.

## 기업은 당신의 주의력을
## 어떻게 수익화할까

광고주에게 소셜 미디어 플랫폼은 진정한 정보의 금광이다. 사람들의 취향을 알기 위해 더 이상 설문조사를 진행할 필요가 없다. 설문에 응할지, 진실하게 답변할지도 사람들에게 의존할 필요가 없다. 당신은 무심결에 온갖 진실한 정보를 끊임없이 자의로 제공하고 있다. 게시물이나 댓글로 의견을 적극적으로 표현할 필요조차 없다. 어떤 페이지를 방문하고 싶어 하고, 어떤 콘텐츠를 보고 싶어 하는지를 확인하는 것만으로도 당신에 대해 많은 걸 알 수 있다.

이런 정보가 광고주 손에 들어가면 당신이 어떤 제품과 서비스에 흥미를 느낄지 알 수 있다. 당신을 겨냥한 타깃 광고에 끊임없이 노출되면 광고 제품을 결국 실제로 구입할 가능성이 훨씬 커진다. 하지만 아무것도 사지 않고 그 광고를 클릭하는 행위만으로도 소셜 미디어 플랫폼을 운영하는 사람들은 돈을 번다.

광고주로서는 완벽한 상황이다. 사용자의 취향을 기반으로 하는 맥락 광고는 지금껏 존재한 광고 중에서 효율이 가장 뛰어나다.

예컨대 TV 광고는 비싸다. 그리고 TV 광고는 같은 프로그램을 보는 모든 사람에게 똑같은 광고를 보여 준다. 그 프로그램을 보고 있는 사람들의 관심사가 매우 다양할 게 분명한데도 말이다.

맥락 광고에서는 이야기가 완전히 달라진다. 기업으로서는 소셜 미디어 플랫폼에 광고를 호스팅하는 비용이 훨씬 더 싸다. 대체로 (클릭 수 같은) 실제 결과를 기준으로 요금을 부과하기 때문이다. 제품에 관심을 보인 사람이 매우 적다면 매우 적은 요금이 부과된다.

또한 해당 제품이나 서비스의 잠재 고객 프로필과 일치하는 사람에게만 광고가 표시된다. 백그라운드에서 작동 중인 분석 알고리즘이 광고에 적합한 맥락인지 확인한 후 광고를 삽입한다.

물론 항상 올바른 결정을 내리는 건 아니다. 가끔 이상할 정도로 관심이 없는 제품의 광고가 게재되기도 한다. 하지만 광고가 올바른 맥락으로 표시될 확률이 매우 높다.

소셜 미디어가 당신의 주의력을 독점하려는 이유가 여기에 있다. 당신은 소셜 미디어에서 더 많은 시간을 보낼수록 더 많은 개인 정보를 제공하고 더 많은 광고를 본다. 그럴수록 점점 더 관련성 높은 광고가 표시되어 더 많은 광고를 클릭한다. 그러면 광고의 타깃팅이 더 정교해진다.

그래서 소셜 미디어 대기업은 다음 두 가지 사항을 보장하려 끊임없이 노력한다.

1. 바로 당신이 사용자로서 개인 정보를 자의로 최대한 많이 제공하게 해서 광고 타깃팅이 더 정밀해지게 한다.
2. 바로 당신이 사용자로서 플랫폼에 최대한 오래 머물게 해서 최대한 많은 광고를 보고 클릭하게 한다.

소셜 미디어는 이 두 가지 목표를 확실히 달성하기 위해 인간행동 전문가를 대규모로 채용한다. 기술의 진화와 함께 당신을 조종하는 방법도 발전한다.[2]

광고주에게는 훌륭한 제안이다. 하지만 당신에게는 그다지 훌륭한 제안이 아니다. 이 모든 일은 당신의 주의력과 목표를 희생하는 대가로 이루어진다.

그러므로 소셜 미디어는 여러분의 인생에 보탬이 되려고 존재하는 게 아니다. 오히려 여러분의 인생에서 최대한 많은 것을 빼앗으려 한다. 돈을 달라는 직접적인 요구는 하지 않을지 모르나, 여러분이 그 플랫폼에서 보고 구입한 물건을 판매하는 회사로부터 정당한 값 이상의 대가를 받을 것이다.

## 왜 소셜 미디어가
## 딥 워크의 가장 큰 적일까?

딥 워크하는 능력은 성공적인 개발 경력을 만드는 가장 중요한 메타 스킬 중 하나다. 더 나아가 딥 워크를 몰입 상태에서 할 수 있다면 더할 나위 없이 좋다.

복잡한 눈앞의 과제에 모든 주의력을 기울이는 것이 딥 워크의 핵심이다. 딴생각을 머리에서 깨끗이 지우고 작업에 완전히 몰입하려면 어느 정도 시간이 든다. 하지만 소셜 미디어는 절대 그렇게 하지 못하도록 능수능란하게 방해한다.

집중하려고 할 때 스마트폰 알림이 울리는 상황이 아마 낯설지 않을 것이다. 그러면 하려던 작업에 대한 모든 생각이 한순간에 날아가고 무슨 알림일까 하는 궁금증만 남는다.

극히 사소한 알림일 때가 많다. 알지도 못하는 사람이 자신이 속한 그룹에 게시물을 올렸다는 페이스북 알림처럼 말이다.

어떻게 보면 그냥 그 알림을 무시하고 원래 하던 작업으로 돌아가면 그만일 수 있다. 하지만 다르게 보면 사고 과정이 완전히 중단되었다고도 볼 수 있다. 만약 몰입 상태에 있었다 해도 이제는 더 이상 몰입 상태가 아니다. 몰입은 깨졌고 피해는 이미 발생했다. 다시 처음부터 시작해야 한다.

그런데 중요한 알림이었다면 상황이 더 좋지 않다. 누군가 당신의 게시물에 '좋아요'를 눌렀다면 누가 눌렀는지 확인하고 싶은 마음이 든다. 누군가 당신의 게시물에 댓글을 남겼거나, 댓글에 답글을 달았다면 답변을 달아 주고 싶어진다.

완수하려던 작업은 이제 완전히 잊혔다. 당신의 모든 지적 능력은 답변을 작성하는 데 쓰인다.

긍정적인 의견이었고 좋은 답글을 달았다면 그래도 나은 편이다. 하던 일로 돌아올 수 있다. 누군가 당신에 대해 부정적인 게시물을 남겼다면 상황은 더더욱 나빠진다. 그럴 때는 하던 일로 돌아가려 노력해도 집중력이 제로에 가까워진다. 하던 작업은 까맣게 잊고 상대가 어떤 말을 했는지, 어떻게 대응할지를 생각하게 된다.

심지어 소셜 미디어에서 몇 분 정도 보낸 후에 작업으로 돌아온다고 해도 그건 작업 전환(context switching)이다. 작업 전환은 멘탈 에너지를 고갈시킨다. 짧은 시간 내에 작업 전환을 너무 많이 하면 실제 작업을 진행할 에너지가 충분히 남지 않는다.

하지만 알림을 받은 후 하던 작업으로 즉시 돌아가지 못할 때도 있다. 알림과 관련된 게시물뿐 아니라 재밌는 밈, 기사 링크를 비롯해 주의력을 끌 만한 흥미로운 콘텐츠가 눈에 들어온다. 그러면 자동 조종 모드에 빠져서 시간 가는 줄 모르고 옆길로 샌다.

그러면 흥미로운 게시물이 더 없는지 보기 위해 화면을 계속해서 스크롤한다. 하지만 게시물은 결코 끝나지 않는다. 아무리 많이 스크롤해도 계속 새로운 콘텐츠가 나온다. 그래서 주의하지 않으면 그렇게 몇 시간을 허비할 수 있다.

한참 후 반쯤 최면에 걸렸던 상태에서 깨어나면 완료하지 못한 작업이 남아 있다는 걸 깨닫는다. 하지만 그 정도로 방대한 양의 극히 다양한 정보를 처리한 후라면 다시 중요한 일을 시작하기가 정말 어렵다. 계속 미루고 싶은 마음이 든다.

그리고 내가 방금 묘사한 건 충동 조절 장애가 있는 사람의 행동이 아니다. 대부분의 독자도 경험해 본 상황일 것이다. 소셜 미디어의 중독성에 대해 명시적인 교육을 받지 않았다면 평범한 사람은 소셜 미디어에 대체로 이렇게 반응한다.

하지만 더 나쁜 건 물리적인 자극이 없을 때도 소셜 미디어가 일을 방해한다는 사실이다. 모든 알림을 꺼놓더라도 스마트폰은 여전히 여러분을 방해한다. 여기에는 중요한 이유가 있다.

상당한 기간 동안 소셜 미디어와 상호작용했다면 뇌는 이러한 상호작용을 기억한다. 그리고 반복하고 싶어한다. 그래서 페이스북을 확인하려는 충동이 그냥 머리에 떠오른다.

그렇다면 뇌가 반복하고 싶어 하는 소셜 미디어와의 상호작용에는 어떤 특별한 점이 있을까? 사실 그 자체로 특별할 건 없다. 하지만 이런 상호작용이 여러분 뇌의 보상 회로를 장악하도록 플랫폼 전체가 의도적으로 설계되었다.

사용자가 소셜 미디어에서 하는 거의 모든 행위는 많은 도파민을 분비시킨다. 소셜 미디어에 중독되기 쉬운 이유가 여기에 있다.

## 도파민은 무엇이고
## 중독에 어떤 영향을 미칠까?

도파민은 동물의 뇌에서 분비되는 주요 신경 전달 물질 중 하나다. 하지만 도파민은 쾌락이 아니라 기대와 관련된 신경 전달 물질이다.

기대와 관련된 신경 전달 물질인 도파민은 실제 보상을 받는 과정에서 분비되지 않는다. 보상에 가까워졌을 때 분비된다.[3]

진화적인 관점에서 볼 때 이 신경 전달 물질은 극히 유용하다. 도파민은 동물이 보상을 얻을 만한 행동을 수행하게 한다. 본질적으로 동물을 생존하게 하는 신경 전달 물질이다.

인류의 조상이 영양을 사냥하러 다닐 때는 영양이 거의 잡힐 때쯤 도파민이 분비되었다. 사냥 성공을 눈앞에 둔 지친 전사가 계속 싸우도록 동기를 부여하는 것이 도파민이다.

도파민이 없다면 인간은 무언가를 할 동기를 느끼지 못한다. 성과 코치이자 뉴욕 타임스 베스트셀러 저자인 브렌든 버처드(Brendon Burchard)는 도파민에 대해 이렇게 말했다.

사람들은 "오늘 동기부여가 더 잘 됐으면 먼가 시도해 볼 수 있었을 텐데."라고 한다. 하지만 우리의 사고는 그와 반대로 작동한다. 뇌는 소위 기분이 좋아지는 화학 물질이라 불리는 도파민을 우리가 실제로 무언가 하는 순간에 분비한다. 그래서 동기는 행동하기 전이 아니라 행동한 후에 온다.[4]

사실 프로젝트의 많은 부분을 진행한 시점에 프로젝트 마무리를 재촉하는 것이 도파민이다. 마라톤 결승점에 가까워져서 이미 지쳤고 온 팔다리가 아픈데 끝까지 달리게 하는 것도 도파민이다.

도파민은 소셜 인터랙션의 영역에도 크게 관여한다. 인간은 사회적인 동물이다. 사회적으로 사는 게 종의 생존에 절대적으로 중요했기 때문이다. 그러므로 성공적인 소셜 인터랙션은 도파민 반응을 유발한다.[5]

이것이 도파민의 좋은 특성이고 자연이 의도한 작동 방식이다. 하지만 도파민은 그런 특성 때문에 중독에 깊게 관여한다.

파티에서 애초에 생각한 것보다 술을 훨씬 더 많이 마셔본 적 있는가? 아마 그 느낌을 기억할 것이다. 술을 마셔서 기분이 좋다. 하지만 마음 한구석에서 한 잔 더 마시면 기분이 더 좋아질 거라고 말하는 소리가 들린다. 그래서 한 잔 더 마신다. 그리고 똑같은 일이 또 일어난다. 그렇게 너무 많이 마실 때까지 똑같은 일이 반복된다.

바로 그것이 도파민이 분비될 때의 느낌이다. 그 자체로는 즐거움이 크지 않지만 곧 더 즐거운 일이 일어날 거라고 생각하게 한다. 보상에 대한 기대감을 주는 것이다. 이성적으로는 그 행동이 자신에게 득이 되지 않는다는 걸 알고 있음에도 계속 그 행동에 몰두하게 한다.

그래서 도박의 중독성이 그토록 강하다. 플레이어가 슬롯머신 레버를 계속 당기게 하는 건 계속하면 이길 수 있다는 이성적인 생각이 아니다. 다음에 레버를 당길 때 잭팟 조합이 마침내 나올 것 같다는 느낌이다. 다시 한번 말하지만 이렇게 느끼는 것도 도파민 탓이다.

많은 유형의 중독에서 중독자의 잠재의식은 모든 즐거운 활동을 인체의 생존에 중요한 것으로 인식하여 기억한다. 이렇게 기억한 활동이 인지될 때마다 잠재의식이 도파민을 분비하여 그 활동을 다시 하고 싶게 한다.

여러분을 기분 좋게 하는 무엇이든 이렇게 중독을 일으킬 수 있다. 술이나 법률적으로 금지된 물질이 그럴 수 있고, 비디오 게임도 그럴 수 있다. 그리고 소셜 미디어도 그렇다.

X 피드를 계속 스크롤할 때 어떤 느낌이 드는가? 한 번 더 스크롤

하면 흥미로운 게시물이 나올 것 같다. 그래서 멈추기가 너무 어렵다.

알림 아이콘에 뜬 숫자를 보고도 클릭하지 않기란 얼마나 어려운가? 그 순간 뭔가 흥미롭거나 중요한 게 있을지 모른다는 느낌이 든다. 클릭하지 않는 건 불가능에 가깝다. 의지력을 발휘해서 바로 클릭하지 않는다 해도 그 알림이 무슨 내용일지 계속 궁금해하다가 결국은 포기하고 알림을 열어 본다. 누군가 자신의 소셜 미디어 콘텐츠에 반응했다는 걸 알면 일에 집중하기 어렵다.

소셜 미디어 사용과 도파민 분비 간의 연관성은 실험을 통해 여러 차례 입증되었으므로 소셜 미디어에 중독성이 있고 도파민이 이런 중독의 원인이라는 건 의심의 여지가 없다. 일부 사용자의 경우 코카인을 할 때 활성화되는 뇌의 특정 부위가 소셜 미디어를 할 때도 활성화된다는 걸 발견한 연구도 있다. 활성화되는 정도도 똑같았다. 해당 뇌 부위는 도파민에 의해 활성화되는 것으로 알려졌다.[6]

소셜 미디어가 중독성이 강한 마약과 비슷한 수준의 도파민 분비를 유도한다는 건 의심의 여지가 없다. 중독자를 돕는 중독 센터의 웹사이트는 소셜 미디어가 뇌에 미치는 영향이 주사로 인체에 주입되는 순수한 도파민에 비교될 정도로 강력하다는 신경과학 연구를 인용하고 있다.[7]

소셜 미디어 활동이 도파민 분비를 촉진하는 건 우연이 아니다. 소셜 미디어 기업에는 소프트웨어 개발자만 있는 게 아니다. 이런 기업은 인간행동 전문가도 고용한다. 따라서 소셜 미디어가 중독성을 띠는 건 의도된 바다.

## 소셜 미디어가
## 의도적으로 중독을 일으키는 방법

성공적인 소셜 인터랙션이 도파민 반응을 유발한다는 건 이미 알고
있는 사실이다. 그리고 모든 소셜 미디어가 과도하게 활성화시키는
메커니즘이 바로 이런 도파민 반응이다.

한 사람이 알고 지내는 사람의 수는 평균 150명 정도다. 한 사람
이 대면 상호작용에 쓸 수 있는 시간에는 한계가 있으므로 그 수가
일정 수준을 넘을 수 없다는 것이다. 하지만 소셜 미디어가 이런 한
계를 지워 버렸다.

페이스북이나 인스타그램에서 수백 수천 명과 연결되는 일은 드
물지 않다. 그리고 사용자가 자기 생각을 해당 플랫폼에 표현할 때
그걸 보는 사람은 몇 명이 아니라 수천 명일 수 있다.

수천 명과 상호작용한다면 그중에서 적어도 몇 명은 반응하리
라 예상할 수 있다. 그리고 그런 상호작용 중 일부는 잠재의식이 성
공적이라고 해석할 만한 내용일 것이다. 그러면 도파민 반응이 계속
유발되어서 더 많은 반응을 얻으려 계속해서 돌아오게 된다.

표적 행동 수정 전략이 적용되기 전에도 소셜 미디어 플랫폼이 중독성을 띠던 이유가 여기에 있다. 하지만 지금은 2004년*이 아니며 사람들이 소셜 미디어에 우연히 중독되는 일은 더 이상 없다. 인기 있는 플랫폼들은 지난 수년간 수많은 행동 수정 전략을 구사해 왔다.

## 언뜻 무해해 보이는 소셜 미디어의 행동 수정 전략

2020년 넷플릭스에서 〈소셜 딜레마〉라는 제목의 다큐멘터리가 공개되었다. 이 영화에는 소셜 미디어 기업에서 근무했던 사람들이 등장하여 소셜 미디어가 중독성을 유발하도록 의도적으로 설계된 방식을 상세히 알려 준다.[8]

출연진은 일반 직원이 아니었다. 그들은 소셜 미디어 기업뿐 아니라 그와 비슷한 알고리즘을 사용하는 다른 IT 대기업의 최고위직에 올랐던 사람들이었다. 구글의 디자인 윤리학자였던 트리스탄 해리스(Tristan Haris), 페이스북 임원이자 핀터레스트의 대표였던 팀 켄들(Tim Kendall)을 포함해 이와 비슷한 수준의 경력을 지닌 이들이 등장했다.

---

\* 　옮긴이　 페이스북이 창립된 해.

'좋아요' 버튼이나 무한 스크롤처럼 중독성이 있다고 여겨지는 소셜 미디어 기능을 최초로 개발한 사람도 출연했다. 개중에는 실제 좋은 사용자 경험을 위해 고안했으나 중독성이 있다는 게 나중에 우연히 밝혀진 기능도 있다. 하지만 이런 기능 중 상당수가 그대로 유지되는 이유는 이런 기능이 사용자의 주의력을 붙잡아 두기 때문이다.

'좋아요' 버튼은 소셜 미디어 초창기부터 있던 기본 기능 중 하나다. 그리고 다른 위젯(widget)에 비해 꽤 무해해 보이는 기능이다. 하지만 누군가 '좋아요'를 누른다는 건 그 게시물에 대한 사회적 승인이나 다름없다. 따라서 뇌는 이를 보상으로 해석한다. 그러므로 소셜 미디어에 게시물을 올리고 '좋아요'를 기대하는 행위가 도파민 반응을 유발한다는 사실에는 변함이 없다.

누군가 자신의 게시물을 좋아하면 약간의 기쁨을 느낀다. 좋아하는 사람이 많아지면 기쁨도 더 커진다. 그래서 그토록 작은 '좋아요' 버튼 같은 장치에 더 많은 '좋아요'를 받기 위해 더 많은 게시물을 쓰게 하는 힘이 있다.

무한 스크롤 기능이 있는 타임라인은 사용자를 중독시키는 훨씬 더 강력한 도구다. 무한 스크롤 기능을 발명하고 〈소셜 딜레마〉 영화에도 출연했던 아자 래스킨(Aza Raskin)은 훗날 자신의 발명을 후회했다. 그 기능이 소셜 미디어에서 가장 중독성 있는 기능 중 하나이기 때문이다.[9]

소셜 미디어가 막 인기를 끌 무렵에는 이런 기능이 없었다. 당시에는 친구가 올린 최신 콘텐츠를 정해진 양만 볼 수 있었다. 아래로 스크롤하다 보면 타임라인이 끝났다.

하지만 무한 스크롤이 등장하자 타임라인이 끝없이 이어졌다. 계속 스크롤해도 끊임없이 콘텐츠가 나온다.

게다가 요즘은 타임라인에 친구가 올린 콘텐츠만 표시되는 게 아니다. 여러분이 속한 그룹에서 오는 무작위 콘텐츠와 다양한 광고가 표시된다. 여러분의 선호도를 기반으로 페이스북이 추천하는 콘텐츠도 표시된다.

무작위로 보이는 콘텐츠가 표시되며 절대 끝나지 않는다는 사실이 강력한 도파민 반응을 유발한다. 계속 스크롤할 때 어떤 콘텐츠를 만날지 절대 알 수 없다. 언젠가는 반드시 흥미로운 콘텐츠를 마주친다. 그리고 그 행위를 끝도 없이 할 수 있다. 무한 스크롤이 모든 소셜 미디어 위젯 중에 가장 많은 시간 낭비를 유발하는 원인인 이유가 바로 여기에 있다.

하지만 이게 끝이 아니다. 요즘 소셜 미디어의 특징이라 할 만한 위젯을 떠올려 보라. 이런 기능은 모두 당신을 계속해서 붙잡아 두도록 설계되었다. 예컨대 상대가 메시지를 입력하고 있다는 걸 보여 주는 애니메이션은 정확히 이러한 목적으로 설계되었다.

과거에는 게시물을 올리면 누군가가 답을 올리기 전까지는 답변을 작성하는 중인지 알 방법이 없었다. 하지만 요즘은 상대가 입력을 시작하자마자 애니메이션을 볼 수 있다. 이 애니메이션은 상대가 답변을 완료할 때까지 당신이 플랫폼에 머물도록 유도한다. 곧 답변을 볼 수 있다는 걸 안다면 굳이 플랫폼을 떠났다가 나중에 확인하려 하지 않는다.

종 모양의 알림 아이콘도 마찬가지다. 알림 아이콘 위에 숫자를 보면 (특히 밝은 색으로 표시되어 배경에서 도드라진다면) 뇌에서 도파민 반응이 시작된다. 무슨 내용인지 확인하기 위해 알림 아이콘을 클릭하고 싶어진다. 그래서 숫자가 바로 눈에 띄도록 설계한 것이다.

## 소셜 미디어는
## 사용자를 실험실 비둘기로 본다

소셜 미디어의 표준 구성 요소 대부분은 가변적 보상이라는 개념에 의존한다. 가변적 보상이라는 것은 특정 행동이 보상으로 이어질 수도, 그렇지 않을 수도 있다는 뜻이다. 그러면 당신의 잠재의식은 당신에게 그 행동을 하도록 강요한다. 당신은 보상이 무엇일지 모를 뿐 아니라, 보상이 있을지조차 알지 못한다. 하지만 보상이 있을 수 있다는 가능성이 뇌를 흥분시킨다. 일정하지 않고 가변적인 보상은 강박 행동을 유발한다고 알려져 있다.

새로운 개념은 아니다. 미국의 유명한 심리학자 스키너 박사가 1950년대에 수행한 비둘기 실험에서 나온 개념이다. 그는 후일 '스키너 상자'로 널리 알려진 상자에 비둘기를 넣었다. 상자 내부에 버튼과 개구부가 있었다.[10]

실험의 첫 단계에서는 비둘기가 부리로 버튼을 누를 때마다 먹이가 나타났다. 그러면 비둘기는 버튼을 꽤 규칙적인 주기로 눌렀다.

그런데 스키너 박사는 실험 방식을 변형했다. 버튼을 누를 때마다 매번 먹이를 주지 않고 무작위로 먹이를 주었다. 그러자 흥미로운 일이 일어났다.

비둘기가 버튼을 강박적으로 누르기 시작했다. 심지어 16시간 동안 한 번도 쉬지 않고 누른 비둘기도 있었다! 보상 빈도가 줄어들수록 버튼을 누르는 횟수가 늘어났다.

이 실험을 쥐를 비롯한 다른 동물을 대상으로 재현했을 때도 비슷한 결과가 나왔다. 그리고 이제 소셜 미디어를 통해 똑같은 실험이 인간을 대상으로 대규모로 진행되고 있다.

인간은 다른 동물에 비해 충동 조절 능력이 훨씬 더 뛰어나다. 하지만 인체에도 다른 동물과 똑같은 도파민 기반의 보상 체계가 있다. 그러므로 가변적 보상이 포함된 모든 과정은 인간에게 강박적 행동을 일으킨다.

도박 중독자는 스키너 박사 실험의 비둘기와 다를 게 없다. 중독자는 거의 당첨이 되지 않는데도 돈이 떨어질 때까지 슬롯머신의 레버를 강박적으로 당긴다. 그런데 페이스북 타임라인을 강박적으로 스크롤하는 사람도 이와 똑같다.

소셜 미디어에서 진짜 긍정적인 상호작용은 얼마 일어나지 않는다. 거기서 보는 콘텐츠 중에서 어떤 식으로든 흥미를 끄는 내용은 아마도 극히 적을 것이다. 하지만 스키너 박사 실험의 비둘기처럼 뭔가 흥미로운 걸 만나지 않을까 하는 생각에 계속해서 스크롤하고 알림을 새로 고친다.

하지만 무엇보다 소셜 미디어 기업은 최고의 사용자 경험(User eXperience)(이하 UX) 전문가를 고용한다. 소셜 미디어 플랫폼이 그토록 사용하기 쉽게 설계된 이유가 여기에 있다. 좋은 사용자 경험은 일반적으로 좋은 것이지만, 중독으로 이어지고 강박적인 행동을 유발하도록 설계된 시스템에 적용될 때는 마냥 좋다고 볼 수 없다.

소셜 미디어 기업이 고용한 UX 전문가들은 스키너 박사가 비둘기에게 그랬듯이 실제로 사용자를 대상으로 실험을 진행한다. 2014년 페이스북은 사용자 68만 9천 명을 대상으로 실험을 진행하다 적발되었다. 실험에 동의하지 않은 참가자들에게 그룹에 따라 긍정적인 콘텐츠, 부정적인 콘텐츠의 노출을 제한하도록 알고리즘을 조정했다. 사용자의 감정을 어떻게 조종할 수 있는지 확인하기 위해 진행한 연구였다.[11]

이는 수많은 실험 중 하나에 불과하다. 정보 유출로 인해 우리가 이 실험을 알게 된 것뿐이다. 하지만 이처럼 비밀리에 진행된 실험이 훨씬 더 많을 거라 가정해도 지나치지 않다.

이처럼 소셜 미디어의 알고리즘은 여러분이 플랫폼에서 최대한 오래 머물기를 원하고, 소셜 미디어의 의도대로 만들 콘텐츠를 표시하도록 설계되었다는 명백한 증거가 있다. 이 콘텐츠가 여러분을 행복하게 해주는 콘텐츠일 필요는 없다. 여러분을 계속 머무르게 할 콘텐츠라면 이게 여러분을 슬프거나 화나게 만들더라도 상관없다.

하기 쉬운 활동은 잠재의식에서 내적 저항을 일으키지 않는다. 게다가 이 활동을 뇌에서 보상으로 인식한다면 이 활동에 매우 강력한 매력을 느낀다. 이로 인해 소셜 미디어 뒤에 있는 중독 메커니즘이 더 강력해진다.

그런데 소프트웨어 개발자로서 여러분은 이 모든 조작적 메커니즘에 특히 취약하다. 그 이유는 이러하다.

## 프로그래머는
## 소셜 미디어 중독에 특히 취약하다

당신이 프로그래머로서 이용하는 주요 작업 도구는 컴퓨터와 인터넷 연결이다. 그런데 컴퓨터와 인터넷은 소셜 미디어가 사용자에게 전달될 때 사용되는 바로 그 매개체다.

뇌 활동은 에너지를 많이 소비한다. 다음 식사가 보장되지 않는 환경에서 진화했기에 우리의 본능은 가능한 한 많은 에너지를 아끼는 방향으로 진화했다.

바로 이런 생리적 특성 때문에 소셜 미디어가 소프트웨어 개발자에게 특히 더 위험하다. 우리가 하는 일은 어렵다. 하지만 우리가 코드를 작성하고 돈을 벌며 경력을 발전시키는 똑같은 기계로 소셜 미디어 웹사이트에 접속할 수 있는데, 바로 이것이 가장 큰 유혹의 원천이며 당신의 경력 발전을 쉽게 방해할 수 있다. 소셜 미디어는 의도적으로 사용하기 매우 쉽게 설계되어 있다. 그래서 우리의 뇌가 코드 작성과 소셜 미디어 방문 중 하나를 골라야 할 때 후자를 훨씬 더 매력적으로 느낀다.

일하는 컴퓨터에서 소셜 미디어를 사용하는 습관이 이미 자리 잡았다면 특히 더 큰 문제가 될 수 있다. 일하는 중간에 잠시 쉬면서 친구가 보낸 밈(meme)을 보는 건 언뜻 순수한 휴식처럼 보인다. 하지만 시간이 지날수록 진짜 파괴적인 습관이 될 수 있다.

알코올 중독자가 되려고 작정한 사람은 없다. 그들도 가끔 몇 잔 마시는 것으로 시작한다. 하지만 시간이 지나면서 과음하는 습관이 생긴다. 소셜 미디어도 마찬가지다. 소셜 미디어도 술처럼 중독을 일으키도록 의도적으로 설계되었다. 그래서 술이 그렇듯이 소셜 미디어도 가끔 사용하던 습관에서 삶을 지배하는 지속적이고 강박적인 습관으로 진화할 수 있다. 접근하기 쉬울수록 특히 더 그렇다.

평소에 일하는 컴퓨터에서 정기적으로 소셜 미디어 피드를 확인했다면 뇌는 이런 패턴에 익숙해진다. 뇌에게는 이것이 뇌의 보상 체계에 미치는 영향이 강력하기 때문에 뇌는 이런 활동을 하고 싶어 한다.

반면에 프로그래밍은 뇌가 좋아하도록 의식적으로 가르쳐야 하는 활동이다. 프로그래밍은 어렵기 때문에 뇌가 자연스럽게 하려고 할 만한 활동이 아니다. 기술에 열정이 있는 사람이라고 해도 프로그래밍과 정말 사랑에 빠지려면 프로그래밍 분야에서 여러 차례 성공을 경험해야 한다. 코딩에 능숙해져야 하고 제대로 작동하는 소프트웨어 여러 개를 성공적으로 개발해야 한다. 오랜 노력 끝에 작업을 완수하면 뇌는 보람을 느낀다. 하지만 뇌가 작업을 보상과 연결하도록 가르치려면 특정 유형의 작업을 여러 차례에 걸쳐 완수해야 한다.

즉, 한쪽에는 많은 노력을 기울여야 뇌가 보상으로 느낄 수 있는 활동이 있고, 다른 한쪽에는 어떤 노력도 하지 않고 즉시 보상을 얻을 수 있는 활동이 있다. 당신의 뇌는 둘 중 어느 쪽을 더 선호하겠는가?

뇌의 주요 목표 중 하나가 에너지를 아끼는 것이므로 잠재의식은 언제나 저항이 가장 적은 경로를 선택한다. 그러므로 의식적으로 의지력을 발휘하지 않는 한 최대한 마찰이 없도록 의도적으로 설계된 활동이 하기 어려운 작업을 언제나 이긴다. 하지만 한 사람이 지닌 의지력이란 한계가 있기 마련이어서 끝없이 발휘하는 건 불가능하다.

그렇다면 의지력은 언제 고갈될까? 멘탈 에너지가 전반적으로 고갈되는 순간에 그렇게 된다. 그리고 프로그래머로서 수행해야 하는, 인지적으로 부하가 큰 업무만큼 멘탈 에너지를 크게 고갈시키는 건 없다.

따라서 프로그래머로서 여러분은 소셜 미디어의 중독 메커니즘에 특히 취약할 수 있다. 평소 충동 조절 능력이 뛰어난 사람이라도 뇌가 지쳤을 때는 그런 능력이 거의 사라진다.

뇌가 피곤할 때는 소셜 미디어가 엄청나게 유혹적이다. 손가락만 까딱하면 볼 수 있다. 뇌가 보상이라고 인식하는 무언가에 쉽게 접근할 수 있고 저항할 힘이 더 이상 없다면 결국 자동으로 소셜 미디어에 방문하게 될 것이다.

소셜 미디어를 방문할 때마다 이 행동을 위한 신경 경로를 형성하는 데 조금씩 기여하는 것이다. 시간이 지나면서 이러한 경로가 강화된다. 습관이 더 강해질수록 더 많은 의지력이 있어야 저항할 수 있다. 그러므로 생산적인 업무를 하려고 할 때 소셜 미디어를 습관적으로 쓴다면 생산적인 업무를 하는 게 훨씬 더 어려워진다.

이것이 바로 소셜 미디어가 여러분의 프로그래밍 경력을 망칠 수 있는 가장 큰 힘을 가진 이유다.

맞다, 술을 마시는 모든 사람이 알코올 중독자가 되지 않듯이 모든 사람이 소셜 미디어에 완전히 중독되는 건 아니다. 페이스북을 수년 동안 하루에 여러 번 사용하더라도 높은 생산성을 유지하고 자기 분야에서 큰 성공을 거두는 사람도 많다.

하지만 완전히 중독되지 않더라도 의도보다 더 많은 시간을 습관적으로 사용할 가능성이 있다. 중독성을 띠도록 설계된 모든 것은 적어도 강한 습관을 형성할 것이다.

운이 좋아서 여러분이 소셜 미디어를 정기적으로 사용하는 와중에 강력한 습관이 생기지 않도록 잘 자제한다고 하더라도 주의를 분산시키는 요인임에는 변함이 없다. 일과 소셜 미디어를 번갈아 사용하지 않았다면 더 크게 성공할 수 있었을 것이다.

그래서 꼭 해야 하는 이유가 없다면 일하는 기기에서는 소셜 미디어 계정에 아예 로그인하지 않는 게 낫다. 소셜 미디어를 유용하게 활용할 방법도 있긴 하지만(5장 뒷부분에서 논의하겠다) 작업용 기기가 아닌 별도의 기기에서 사용하는 게 더 좋다. 앞서 이야기했듯이 이렇게 하면 방해 요소 없이 딥 워크를 촉진하는 업무 환경을 만들 수 있다.

근무 시간 동안 아예 소셜 미디어를 사용하지 않는 것도 도움이 된다. 오랜 시간 이렇게 하면 뇌에 습관으로 자리 잡는다. 예컨대 평소 X를 오후 6시 이후에만 사용한다면 그전에는 X 생각이 아예 나지 않을 수 있다. 혹시 충동이 완전히 사라지지 않더라도 쉽게 대처할 수 있을 정도로 약해질 것이다.

아마도 소셜 미디어의 가장 나쁜 점은 오랜 시간과 노력을 들여서 기른 생산적인 습관을 전부 상쇄할 수 있다는 것이다. 그래서 이런 일이 생기지 않도록 각별히 신경 쓰는 게 좋다.

## 소셜 미디어는
## 생산적인 습관을 쉽게 무너뜨린다

습관을 형성하는 과정은 정원 가꾸기와 비슷하다.

생산적인 습관은 정원의 식물과 같다. 습관을 기르려면 의식적인 노력과 시간을 들여야 한다. 습관 형성에 필요한 행동을 의식적으로 꾸준히 연습하지 않는 한 생산적인 습관을 기를 수 없다.

반면 파괴적인 습관은 정원의 잡초와 같다. 이런 습관은 여러분이 어떤 노력을 하지 않아도 스스로 자란다. 파괴적인 습관이 새로 생기지 않았는지 항상 신경 써야 하고, 너무 커지기 전에 뿌리를 뽑아야 한다.

이 비유에서 소셜 미디어 습관은 일단 자리를 잡으면 제거하는 게 불가능에 가까운 잡초 중 하나다. 소셜 미디어는 호장근이나 히말라야 발삼*만큼 강력하다. 이런 잡초는 정성 들여 가꾼 정원을 빠르게 장악하고 망가뜨릴 수 있다. 이런 잡초를 뿌리 뽑으려면 매우

.........................

\* **옮긴이** 악마의 잡초라고 불릴 정도로 질긴 생명력 때문에 반드시 제거해야 하는 유해한 잡초로 유명하다.

어렵고 비용이 많이 든다.

소셜 미디어가 강력한 신경 경로를 매우 빠르게 형성하도록 의도적으로 설계되었다는 걸 잊지 마라. 여러분이 아무 노력을 하지 않아도 형성된다. 처음에는 친구들에게 사진을 보여 주고 채팅으로 대화를 나누고 재미있는 밈을 보는 용도로만 소셜 미디어를 사용할지 모른다. 이보다 더 무해할 건 없다고 생각할 것이다. 하지만 실제로는 그렇지 않다. 조심하지 않으면 결국 소셜 미디어 앱을 강박적으로 여는 지경에 이른다.

별 노력도 없이 형성된 강력한 신경 경로를 무너뜨리는 과정은 매우 길고 험난하다. 충동은 만들려고 애쓰는 새로운 경로 말고 이미 잘 형성되어 있는 기존 경로를 따라 움직이려 할 것이다. 이런 충동은 자기가 다니는 경로를 계속해서 강화하며 그 결과 이 경로와 연결되어 있는 행동도 강화할 것이다.

그러므로 뇌가 딱히 선호하지 않는 강력한 생산성 습관을 기르려면 단순히 열심히 하는 것으로는 부족하다. 이미 자리 잡은 좋지 않은 습관을 파괴하려는 노력도 병행해야 한다. 자신을 파괴하는 습관이 깊이 뿌리내린 후라면 이를 상쇄할 생산적인 습관을 키우는 데 필요한 노력은 수백 배가 될 것이다.

그래서 최고 수준의 소프트웨어 개발자가 되길 원한다면 소셜 미디어의 모든 위험을 제대로 인식하는 게 절대적으로 중요하다. 여러분이 상호작용하는 온갖 멋진 UI 구성 요소가 단순히 여러분의 경험을 개선할 목적으로 있는 게 아니라는 것을 인식해야 한다. 이러한 요소는 주로 여러분을 중독시키기 위해 있는 것임을 알아야 한다.

히말라야 발삼 잡초도 초기에 발견하면 제거하기 쉬운 것처럼 소셜 미디어 사용도 잠재적인 문제의 초기 징후를 발견한다면 강박적인 습관으로 발전하기 전에 예방할 수 있다.

여러분이 상호작용하는 모든 습관 형성 위젯은 합리적인 분석을 우회하도록 설계된다. 이런 위젯은 본능적인 수준에서 상호작용하도록 만들어진다. 문제가 있는 소셜 미디어 사용이 습관으로 이미 꽤 자리를 잘 잡은 뒤에야 눈에 띄는 것도 이 때문이다.

하지만 엘리트 소프트웨어 개발자가 되길 간절히 바라는 사람이라면 일반적으로 문제가 있다고 여기는 것보다 훨씬 더 적게 사용해도 문제가 될 수 있다. 비교적 가벼운 소셜 미디어 사용도 악영향을 미칠 수 있다는 말이다.

꽤 괜찮은 평가를 받는 프로그래머가 있다고 가정해 보자. 소셜 미디어를 몇 년간 사용했지만 지금까지 경력을 위해 설정한 목표를 성취하는 데 방해되지 않았다. 아마도 소셜 미디어는 하루에 몇 번 페이스북을 확인하는 정도로 제한적으로 사용했을 것이고 필요할 때 스마트폰을 내려놓는 게 그리 어렵지 않았다.

하지만 소셜 미디어 확인이 몰입 상태에서 딥 워크하는 걸 막는다면 어떨까? 물론 몰입 상태가 아니어도 코드를 작성할 수 있다. 하지만 정기적으로 몰입 상태를 경험하는 개발자가 그렇지 못한 사람에 비해 생산성이 얼마나 더 높을지 상상해 보라. 방해하는 습관이 없다면 작업을 얼마나 더 빨리 완료할 수 있을까?

그렇다. 소셜 미디어는 괜찮은 일자리를 얻는 건 방해하지 않는다. 하지만 엘리트 수준이 되는 건 수월하게 방해할 수 있다.

엘리트 수준의 성과를 내고 싶다면 루틴을 미세 조정해야 한다. 사회에서 용인되는 약간 나쁜 습관도 엘리트가 되는 데에는 충분히 방해가 될 수 있다.

엘리트 스포츠 선수라면 단순히 장시간 훈련하는 데 그치지 않고 무엇을 먹는지 세심하게 추적하고 충분한 수면을 취하려 노력한다. 이들 대부분은 경쟁에서 이기기 위해 최선을 다한다.[12]

가치 있는 걸 성취하려면 희생이 따를 수밖에 없다. 세계적인 수준의 프로그래머가 되고 싶은 사람이 신경 써야 할 가장 중요한 건 습관이다. 올바른 습관을 기르는 데 방해가 되는 모든 것은 희생해야 한다.

맞다. 소셜 미디어 중독임에도 문제없이 생활하는 사람이 많다. 소셜 미디어 중독이 삶의 질을 크게 저하시키지 않는 것처럼 보인다. 이들은 길거리에서 푼돈을 구걸하는 약물 중독자와 다르다.

하지만 대다수의 사람이 평범한 인생에 만족한다는 걸 잊지 마라. 그리고 정기적인 소셜 미디어 사용은 평범한 인생을 살기에 괜찮을지 모른다. 하지만 엘리트 프로그래머는 평범하지 않다. 그래서 평범한 사람에게 용인되는 것이 이들에게는 용인되지 않을 수 있다.

그러므로 소셜 미디어 사용이 잠재적인 습관으로 자리잡지 않게 해야 한다. 목표 달성을 지연시키는 초기 징후를 포착할 수 있게 소셜 미디어를 얼마나 사용하는지 모니터링하는 게 좋다.

소셜 미디어에 쓰는 시간이 얼마인지, 점점 그 시간이 늘진 않는지 모니터링하라. 인스타그램에 로그인할 때마다 타이머를 쓰겠다는 다짐으로는 부족하다. 스마트폰 앱이나 컴퓨터 브라우저 플러그인을 설치하여 시간이 지남에 따라 드러나는 패턴을 확인하라.

소셜 피버(Social Fever), 오프타임(Offtime), 웹 타임 트래커(Web Time Tracker)처럼 이런 용도로 쓸 수 있는 앱이나 브라우저 플러그인이 많다. 이런 프로그램은 서로 비슷하고 사용하기 간단하다. 하지만 간단함에도 무척이나 유용하다. 정원을 장악하려는 악명 높은 잡초가 너무 심각하게 퍼지기 전에 방지할 수 있는 최고의 도구들이다.

## 소셜 미디어에 이용당하지 말고 소셜 미디어를 이용하라

그래서 내가 지금 소셜 미디어는 너무 중독적이어서 절대 쓰면 안 된다는 말을 하고 있는 걸까? 글쎄, 꼭 그런 건 아니다.

물론 소셜 미디어 중독으로 진짜 고통받고 있거나 소셜 미디어 사용 중에 충동 조절이 잘되지 않는다면 아예 끊는 게 좋을 수 있다. 그럴 때는 모든 계정을 완전히 삭제하는 게 나을지 모른다. 하지만 평범한 소셜 미디어 사용자라면 그 정도로 극단적인 조치를 할 필요 없다.

소셜 미디어에 관한 모든 것이 나쁘기만 한 건 아니다. 그렇다. 소셜 미디어는 당신을 중독시키려는 목적으로 설계되었다. 하지만 전에 없던 유용한 도구도 많이 제공한다. 소셜 미디어 덕분에 자기 생각을 전 세계 셀 수 없이 많은 사람에게 쉽게 공유할 수 있다. 소셜 미디어 덕분에 그 어느 때보다도 쉽게 퍼스널 브랜드를 만들 수 있다. 또한 소셜 미디어를 통해 경력을 쌓거나 삶의 전반적인 질을 높여 주는 유용한 활동도 많다.

그러므로 소셜 미디어를 아예 끊는 건 최선이 아니다. 관건은 소셜 미디어에 이용당하지 않고 소셜 미디어를 이용하는 것이다.

그러려면 어떻게 해야 할까? 나라면 영화 〈소셜 딜레마〉의 출연진이 추천한 사항으로 시작하겠다. 다만 이 영화는 거대 기술 산업의 다양한 문제를 다루고 있으므로 이 책에서는 소셜 미디어의 습관 형성 메커니즘에 대응하는 데 도움이 되는 사항만 소개하겠다.

1. **불필요한 앱 삭제하기.** 앱이 적을수록 주의 산만함이 줄어든다. 모든 소셜 미디어를 활발하게 이용하는 사람은 거의 없다. 그렇다면 잘 사용하지 않는 앱을 삭제하라. 각 앱의 알림을 일일이 끄는 것보다 훨씬 더 간편하고 불필요한 산만함을 최소화

할 수 있다. 혹시 앱을 삭제한 소셜 네트워크를 피치 못하게 사용할 일이 생긴다면 브라우저에서 로그인하면 된다.

2. **알림 끄기.** 나는 스마트폰에 있는 모든 소셜 미디어 앱의 모든 알림을 완전히 꺼 두었다. 메신저 앱의 알림은 켜 두었기 때문에 나에게 연락하려는 사람의 알림은 온다. 하지만 게시물에 댓글이 달렸을 때는 알림이 오지 않는다. 내가 타임라인을 열어야만 댓글을 확인할 수 있다.

3. **소셜 미디어의 인앱(in-app) 알림을 미세 조정하기.** 소셜 미디어 앱의 외부 알림은 완전히 꺼놓는 게 좋지만, 실제 앱을 열었을 때만 볼 수 있는 인앱 알림은 도움이 될 때가 있다. 물론 인앱 알림도 미세 조정해 두는 게 낫다. 나는 내 게시물이나 내 댓글에 댓글이 달렸거나 내가 태그되었다는 알림만 빼고 모든 알림을 끈다. 생일 알림은 켜 둘 만하다. 하지만 모르는 사람이 내가 속한 그룹에 게시물을 남겼을 때 오는 알림은 받지 않는다.

4. **추천 콘텐츠 따라가지 않기.** 소셜 미디어도 유튜브처럼 추천 엔진을 사용하므로 추천 콘텐츠를 클릭하지 않는 것이 현명하다. 타임라인을 끝없이 아래로 스크롤하는 게 강력한 습관을 형성하듯이 추천을 클릭해도 습관이 생기기 쉽다. 그리고 추천 콘텐츠 때문에 샛길로 빠져서 수많은 추천 비디오를 끝도 없이 보느라 시간을 허비할 수 있다.

5. **할 일과 사용 시간을 미리 계획하기.** 유튜브 같은 웹사이트는 계획성 있게 사용하는 게 좋으므로 어떤 동영상을 볼지 미리 생각한 뒤에 방문하라. 보려고 했던 동영상을 검색해서 보고 시청을 마쳤으면 사이트를 떠나라. 방금 본 것과 비슷한 다른 동영상이 무작위로 자동 재생되지 않도록 자동 재생 기능을 꺼두는 것도 좋다.

6. **브라우저 도구를 써서 추천 콘텐츠 줄이기.** 유튜브 말고도 추천 기능이 있는 서비스가 많으므로 방문하는 모든 사이트의 추천 콘텐츠를 제거하는 게 타당하다. 애드블록 플러스(AdBlock Plus) 같은 브라우저 확장 기능을 활용하면 좋다.

7. **너무 뻔한 낚시 게시물에 낚이지 않기.** 낚시 게시물이란 강력한 감정적 반응을 유발하도록 설계한 제목을 붙인 콘텐츠를 가리킨다. 이런 제목을 보고 나면 그 링크를 무심결에 클릭하고 읽어 보는 사람이 대부분이다.

흔히 볼 수 있는 인터넷 낚시글에는 이런 제목이 달려 있다.

"이것 모르면 내 집 장만 꿈도 꾸지 마라"

"충격! ㅇㅇㅇ 정권이 감춰둔 엑스파일"

"자동차 보험사, '여기'라면 얼른 해지하세요!"

낚시글이라고 해서 콘텐츠가 꼭 형편없다거나 도움이 되지 않는 건 아니다. 요즘은 모든 매체에서 낚시글을 쓴다. 엄청나게 쏟아지는 정보의 홍수 속에서 눈에 띌 수 있는 유일한 방법이기 때문이다. 하지만 낚시글이라는 개념이 존재하는 현실을 이해하고 과장일 게 분명한 제목의 글은 클릭하지 마라. 그런 제목으로 많은 콘텐츠를 올리는 프로필도 팔로우하지 않는 게 좋다.

8. **스크린 타임 제한하기.** 또 다른 효과적인 방법은 소셜 미디어 스크린 타임을 제한하는 것이다. 스크린 타임을 측정하는 모바일 앱과 브라우저 플러그인이 많다는 건 아마 알고 있을 것이다. 개중에는 특정 앱을 일정 시간 이상 사용하면 알림을 받도록 설정할 수 있는 것도 있다. 소셜 미디어 사용 시간을 제한하고 싶을 때 활용하기 좋은 도구다.

9. **사용하지 않을 시간 정하기.** 소셜 미디어를 아예 사용하지 않는 시간을 정해 두는 방법도 합리적이다. 나는 아침에 눈을 뜨자마자 소셜 미디어부터 확인하지 않으려 노력한다. 업무 시간에는 사용하지 않는 것이 현명하다. 그러면 뇌가 이런 패턴에 적응하게 되고, 어려운 문제를 해결하는 도중에 타임라인을 확인하고 싶다는 갈망도 줄어들 것이다. 이런 패턴이 여러분의 루틴으로 자리 잡으면 더는 소셜 미디어가 업무를 방해하지 않을 것이다.

그 외에도 개인적으로 효과를 경험한 몇 가지 기법이 있다. 여러분도 활용해 볼 것을 추천한다.

1. **자신과 의견이 크게 다른 콘텐츠를 꾸준히 올리는 사람이라면 팔로우를 취소하라.** 차단하거나 연결 목록에서 삭제하라는 말은 아니다. 어쩌면 상대가 현실 세계에서도 알고 지냈고 그 관계는 앞으로도 유지하고 싶은 사람이거나 실제 만나서 이야기하면 좋은 사람일 수도 있다. 다만 소셜 미디어에서는 여러모로 자신을 불편하게 하는 콘텐츠를 많이 올리는 사람일 수 있다.

   이것이 '팔로우 취소' 버튼의 존재 이유다. 팔로우를 취소한다고 해서 연결이 끊어지지는 않는다. 그들이 올리는 게시물이 자신의 타임라인에 표시되지 않을 뿐이다.[*]

   언뜻 보기에는 이 조언이 〈소셜 딜레마〉 출연진이 한 말과 반대되는 것 같다. 그들은 의견이 다른 사람을 팔로우하라고 추천한다. 그래야 에코 체임버(echo chamber)에 빠지지 않고 세계관이 한쪽으로 완전히 편향되지 않게 해 준다고 했다.

   그러나 방금 내 말이 그런 의견과 꼭 모순되는 건 아니다. 동의하지 않는 의견을 보는 것은 괜찮을 수 있다. 하지만 그런 의견이 공격적인 방식으로 표현될 때는 이야기가 완전히 달라진다. 아니면 여러분이 근본적인 가치관 수준에서 크게 반대하는 의견일 수도 있다.

   그런 콘텐츠를 보게 된다면 강한 감정적 반응이 일어날 수 있

---

[*] 옮긴이 페이스북에서는 친구 추가와 팔로우 기능이 분리되어 있어서 본문의 설명대로 작동하지만 팔로우 기능의 역할이 소셜 미디어 서비스마다 조금씩 다르므로 본문의 설명과 다른 서비스가 있을 수 있다.

다. 그러면 다른 활동에 온전히 집중하기가 매우 어려워진다. 한동안은 그 생각에 사로잡히게 될 것이다.

이 책은 시야를 넓힐 방법이 아니라 엘리트 프로그래머가 될 방법에 대해 논하는 책이다. 따라서 이 맥락에서는 집중에 영향력을 미치는 콘텐츠가 커다란 문제다.

그러므로 의견이 다른 사람은 자유롭게 팔로우하되 사실을 근거로 자기 의견을 정중하게 제시할 사람만 선택하도록 노력하라. 그렇게 하지 못하는 사람이라면 팔로우를 취소하라.

2. **목표 달성에 도움이 되는 유용한 콘텐츠를 의식적으로 추구하라.** 꾸준히 그렇게 하면 알고리즘이 그런 콘텐츠를 선호한다는 사용자라는 것을 알아채고 관련 콘텐츠를 더 많이 보여 준다. 추천 엔진이 표시하는 콘텐츠를 클릭하지 않는다는 규칙에 대한 유일한 예외가 바로 이 경우다.

3. **적어도 일주일에 하루는 소셜 미디어를 완전히 디톡스하라.** 이것은 당신이 자신을 위해 할 수 있는 최고의 일 중 하나다. 소셜 미디어 사용이 일절 허용되지 않는 날에 자신의 생산성이 얼마나 높아지는지 직접 확인하라.

이러한 조언을 잘 따르면 소셜 미디어의 모든 중독 메커니즘에 대한 면역력이 길러진다. 의식적으로 선택한 시간에만 소셜 미디어를 사용하는 습관도 형성된다. 그렇게 어느 정도 시간이 지나면 무심코 피드를 탐색하다가 자동 조종 모드에 빠지는 것은 불가능해진다.

이제 여러분은 성공적인 프로그래머가 되고자 할 때 주변 환경에서 피해야 하는 가장 큰 적이 무엇인지 안다. 다음 장에서는 뛰어난 개발자가 되는 데 도움이 될 메타 스킬을 소개하겠다. 여기서 말하는 메타 스킬이란 깊은 집중 상태에 들어가는 능력이다. 이를 습관화하면 뛰어난 프로그래머가 될 수 있다.

## 참고 문헌

1. 칼 뉴포트, 『디지털 미니멀리즘: 딥 워크를 뛰어넘는 삶의 원칙』, 세종서적

2. 니르 이얄, 『훅: 일상을 사로잡는 제품의 비밀』, 유엑스리뷰

3. 존 메디나, 『브레인 룰스: 의식의 등장에서 생각의 실현까지』, 프런티어

4. 브렌든 버처드(Brendon Burchard), 『The Motivation Manifesto: 9 Declarations to Claim Your Personal Power(동기 부여 선언문: 자신의 힘을 주장하는 아홉 가지 선언)』, Hay House Inc

5. 데버라 오클리(Deborah Oakley), Only the lonely – a surprise role for dopamine in social interplay(외로운 개체만 – 도파민이 소셜 인터랙션에서 보여 주는 놀라운 역할), London Institute of Medical Science, https://lms. mrc.ac.uk/surprise-role-dopamine-social-interplay/

6. 제나 힐리어드(Jena Hilliard), New Study Suggests Excessive Social Media Use Is Comparable To Drug Addiction(새로운 연구가 소셜 미디어의

과도한 사용이 약물 중독과 유사하다는 걸 시사하다), Addiction Center, https://www.addictioncenter.com/news/2019/09/excessive-social-media-use/

7. 제나 힐리어드, What Is Social Media Addiction(소셜 미디어 중독이란 무엇인가)?, Addiction Center, https://www.addictioncenter.com/drugs/social-media-addiction/

8. 〈소셜 딜레마〉, 넷플릭스 다큐멘터리, 2020

9. 힐러리 앤더슨(Hilary Andersson), Social media apps are 'deliberately' addictive to users(소셜 미디어 앱은 사용자에게 '의도적으로' 중독성을 띤다), BBC Panorama, https://www.bbc.com/news/technology-44640959

10. 비에른 린드스트룀(Björn Lindström), Social media as a modern-day Skinner Box(현대 스키너 상자로서의 소셜 미디어란)?, Journal of Behavioral and Social Sciences

11. 카슈미르 힐(Kashmir Hill), Facebook Manipulated 689,003 Users' Emotions For Science(페이스북이 과학을 위해 사용자 689,003명의 감정을 조종하다) - Forbes, 2014년 6월 28일, https://www.forbes.com/sites/kashmirhill/2014/06/28/facebook-manipulated-689003-users-emotions-for-science/?sh=23a8a540197c

12. 브래들리 포프킨(Bradley Popkin) - How Fighters Aggressively Lose Weight Before Weigh-in(파이터들은 계체량 전에 어떻게 공격적으로 체중을 감량하는가), Men's Journal, https://www.mensjournal.com/health-fitness/how-fighters-aggressively-lose-weight-weigh

# 2

## 당신의 동맹군 -
## 딥 워크와 몰입 상태

능력이 아무리 뛰어나도 집중하지 못하면 최고 수준의 성과를 이룰 수 없다.

빌 게이츠, 마이크로소프트 공동 창업자

좋은 프로그래밍 습관은 훌륭한 프로그래머가 되는 데 꼭 필요하다. 여러분이 경쟁에서 우위를 차지하려면 능숙해져야 하는 다양한 습관이 있다. 모범 사례에 맞게 코드 작성하기, 생산적인 루틴 만들기, 미루는 습관을 방지하는 데 도움이 되는 환경 만들기 등이다. 이런 습관은 여러분의 행동을 자동화하여 성과를 개선하는 데 도움이 되며 그 덕분에 결과 또한 어느 정도 자동화된다. 그리고 이런 습관만으로도 여러분은 눈에 띄는 뛰어난 실력자가 될 수 있을 것이다. 그러나 여러분을 더욱 뛰어난 개발자로 만들어 줄 특별한 기술은 딥 워크 상태로 들어가는 방법을 아는 것이다.

일하는 동안 모든 방해 요소를 치워 두는 습관을 기른다면 하기로 마음먹은 작업을 더 쉽고 빠르게 완료할 수 있다. 프로그래머라면 이미 갖추고 있을, 자동 조종 모드로 코드를 잘 작성하는 기술에 좋은 습관이 추가되는 것이다. 그런데 자동 조종 모드 수준으로 일할 때는 일과 상관없는 딴생각도 한다는 게 문제다. 자동 조종 모드로 운전해서 이동하는 동안 다른 생각에 잠겨 있다가 어떻게 왔는지 정확한 과정이 기억나지 않은 경험이 있다면 이 말이 무슨 뜻인지 이해할 수 있을 것이다.

자동 조종 모드도 괜찮다. 하지만 작업에 온전히 집중하는 것이 훨씬 더 낮고, 더 즐거울 것이다.

결과물의 품질은 매우 높아지고 코드에 버그가 들어올 가능성이 작아진다. 작업도 더 빨리 끝난다. 그러면 일정을 지키기 쉬워지고 전체적인 성과가 향상된다. 더 짧은 시간 내에 더 많은 걸 성취하면 일과 삶의 균형도 더 좋아진다. 현재 작업에 온전히 집중하는 것을 '딥 워크(deep work)'라고 한다. 그리고 딥 워크에 적합한 정신 상태가 있다.

특정 정신 상태에 도달하라는 말이 안전 지대(comfort zone)를 벗어나라는 말 같아서 부담스럽게 들릴 수 있다. 하지만 내가 그런 정신 상태에 들어가는 능력이 습관에 지나지 않는다고 말한다면 어떨까? 그런 상태에 자유자재로 들어가는 방법을 배울 수 있다면 어떨까? 그리고 높은 집중력으로 일하는 기술을 자신의 것으로 만든다면 전반적인 삶의 질이 개선될 것이라고 말한다면 어떨까?

## 프로그래머로서 성공하는 데 딥 워크가 중요한 이유

딥 워크하는 능력은 후천적으로 습득하는 기술이다. 최적의 정신 상태를 찾고 그 상태에 도달하는 데 도움이 되는 올바른 습관을 기르는 과정을 거쳐서 의식적으로 개발해야만 한다. 다른 모든 생산적인 습관과 마찬가지로 이 기술도 능숙해지려면 시간이 든다. 그러나 일단 능숙해지고 나면 다른 올바른 습관을 더 쉽게 기를 수 있다.

프로그래머가 무언가 들으며 일하는 건 매우 흔한 일이다. 많은 사람이 장시간 하나의 활동에 집중하는 데 어려움을 느끼며 중간중간 인터넷 탐색처럼 비생산적인 활동을 하며 쉰다. 이는 장시간 하나의 작업에 주의력을 온전히 집중하는 '딥 워크' 개념과 정반대다.

우연찮게도 '딥 워크'는 컴퓨터 과학에서 유래한 용어다. 조지타운 대학의 컴퓨터 과학 부교수이자 논픽션 베스트셀러 작가인 칼 뉴포트가 만들었다. 사실 '딥 워크'는 그의 매우 유명한 저서 제목이기도 하다.

그가 딥 워크하는 능력을 중요하게 생각하는 이유는 그의 책에 등장하는 다음 인용구로 요약할 수 있다. *신경제에서 승자가 되기 위한 핵심 능력은 두 가지다. 첫째가 어려운 일을 빠르게 익히는 능력이고 둘째가 탁월한 성과를 내는 능력이다.*[1]

어려운 일에 능숙해지려면 많은 시간이 들기 마련이다. 그러나 빠르게 익히려면 한 번에 오랜 시간 동안 집중해야 한다. 그러려면 딥 워크하는 능력이 필요하다.

어려운 일을 빠르게 익히는 능력은 프로그래밍을 비롯한 IT 분야에서의 어떤 직업이라도 중요하다. 기술이 매우 빠르게 발전하고 있다는 것은 누구나 아는 사실이다. 그러므로 무언가를 배우는 속도가 너무 느리면 능숙해질 때쯤에는 그토록 많은 노력을 기울여 배운 내용이 무의미해진다.

고품질의 결과물을 빠르게 내놓는 탁월한 성과를 내려면 집중할 수 있는 능력이 필요하다. 많이 집중하지 않아도 결과물을 빠르게 만들 수는 있다. 하지만 도중에 무언가를 놓칠 가능성이 있으며 결과물에 결함이 생기거나 전반적인 품질이 떨어질지 모른다.

마지막으로 작업에 온전히 집중할 수 있는 능력의 또 다른 장점은 이 능력을 갖춘 사람이 비교적 드물다는 점이다. 이런 능력을 키우려고 의식적으로 노력하는 개발자는 많지 않다. 따라서 이런 능력을 갖춘 사람은 돋보일 것이다. 경쟁자보다 뚜렷하게 더 나은 성과를 내면서도 실수나 버그는 적을 것이다.

## 인간은 선천적으로
## 딥 워크에 뛰어나지 않다

하지만 딥 워크할 수 있는 최적의 정신 상태에 도달하는 사람이 드문 데에는 이유가 있다. 인간의 뇌는 선천적으로 딥 워크에 적합하게 만들어지지 않았다. 인간의 타고난 본능은 에너지라는 중요한 자원을 보존하기 위해 사고력을 요하는 일에 쓰는 에너지를 최소로 줄인다. 뇌는 지루한 것도 좋아하지 않는다. 그래서 딥 워크 습관을 의식적으로 기르지 않는다면 해야 할 일을 미루고 작업에 100% 집중하지 못하는 평범한 개발자 중 한 명이 될 것이다.[2]

아나톨리 카르포프(Anatoly Karpov)가 1984년 세계 체스 선수권 대회에서 게임에 맹렬하게 집중한 것만으로 체중이 10kg이나 빠졌던 사건을 기억하는가? 바로 이것이 우리 몸이 두뇌의 집중을 유지하지 않으려고 하며 에너지를 보존할 수 있다면 무엇이든 하는 이유다. 하지만 역설적인 사실은 몸이 에너지를 보존하려고 애쓰는 동안 집중을 유지하려고 노력하는 건 오히려 더 많은 에너지를 낭비시킬 것이라는 점이다.

프로그래밍은 지적인 사고력이 필요한 작업이므로 프로그래밍 문제를 해결하는 가장 빠르고 좋은 방법은 프로그래밍에 온전히 집중하는 것이다. 보일러플레이트 코드*를 복사해서 붙여 넣는 게 아닌 이상 어떤 프로그래밍 문제든 해결하려면 해결책으로 이끌어 갈 추상적인 단계를 머릿속에서 그려 보아야 한다. 이때 주의력이 문제가 아닌 다른 곳에 분산되어 있다면 이러한 작업을 하기가 어렵다.

문제에 온전히 집중하는 데 어려움을 겪더라도 여전히 문제는 해결할 수 있겠지만, 100% 집중하는 사람보다 아마 더 오랜 시간이 걸릴 것이다. 일과 다른 관심사를 끊임없이 왔다 갔다 한다면 문제로 돌아올 때마다 머릿속에 추상적인 모델을 재구축해야 한다. 그러

---

* **옮긴이** 반복적으로 사용되는 기본 코드 또는 구조.

면 많은 노력과 멘탈 에너지가 낭비된다. 딥 워크하는 습관을 기르지 못했다면 퇴근 무렵에는 정신적으로 고갈된 느낌을 자주 받을 수밖에 없다.

일, 뉴스, 소셜 미디어 사이에서 반복적으로 주의를 전환하는 것을 작업 전환이나 멀티태스킹이라고 한다.[3] 컴퓨터 중앙 처리 장치의 작동 방식을 아는 사람이라면 작업 전환이 무엇인지 알 것이다. 간단히 말해 여러 스레드를 실행하면서 각 스레드가 상태를 유지하는 동안 스레드 사이에서 전환하는 것을 가리키는데, 이는 컴퓨터 성능을 저하시키므로 피하는 게 좋다.[4] 모든 작업 전환이 많은 멘탈 에너지를 쓰는 건 아니지만 종일 작업 전환을 반복하면 낭비되는 에너지가 누적된다. 하루가 끝날 무렵에는 지쳤다고 느낄 게 분명하다.

작업 전환이 컴퓨터 성능을 떨어뜨리는 것과 마찬가지로 작업 전환도 뇌의 성능을 크게 떨어뜨린다. 그래서 대부분의 심리학자, 경영 컨설턴트, 생산성 코치는 작업 전환이 나쁘다고 입을 모아 말한다. 컴퓨터의 경우와 거의 비슷한 이유다. 하나의 스레드를 중단하고 다른 스레드를 실행하려면 원래 스레드의 상태를 저장하는 데 자원이 할당되어야 한다. 이와 마찬가지로 한 작업에서 다른 작업으로 전환할 때도 기존 작업의 잔여물이 뇌에 남는다.

물론 기본적인 설정 작업이나 보일러플레이트 코드를 복사할 때는 뭔가 들어도 아무 지장이 없다. 이런 작업은 사고력을 요하지 않으므로 음악이나 팟캐스트를 듣는다고 성과가 나빠지지 않는다. 오히려 지나치게 지루해지거나 집중력을 완전히 잃지 않도록 뭔가 틀어두는 게 유용할 때도 있다. 하지만 그런 작업은 특별한 경우이고 아마도 유일한 예외일 것이다.

초반에는 딥 워크하기가 쉽지 않다. 앞서 이야기한 것처럼 뇌는 원래 딥 워크를 원하도록 만들어지지 않았다. 루틴 개발이나 습관 형성, 그 이상의 노력이 필요하다. 딥 워크하는 최고의 방법은 딥 워크에 적합한 특수한 정신 상태로 들어가는 방법을 배우는 것이다.

## 딥 워크하는 능력이
## 정신 상태에 달린 이유

중요한 건 일하지 않을 때의 기분과 다를 때 딥 워크가 잘 된다는 점이다. 사람은 하루 종일 한 가지 일에만 집중하지 않는다. 평상시 인간의 정신 상태는 반쯤 이완된 상태다. 반쯤 이완된 상태일 때는 주의력이 주변 환경이나 내면에서 일어나는 생각의 여러 부분을 주의가 산만하게 왔다 갔다 한다. 그러므로 딥 워크를 시작하려면 다른 정신 상태로 전환해야 한다.

그래서 딥 워크는 시작이 가장 어렵다. 갑자기 평소 주변을 둘러싼 모든 자극이 일시적으로 사라진다. 1분 전까지 자유롭게 방황하던 마음과 달리 이제 집중하려고 한다. 지루하게 느껴진다. 그래서 바로 이 시점에 미루고 싶다는 욕구를 가장 강하게 느끼게 된다.

하기 쉽다면 『딥 워크』의 저자 칼 뉴포트가 이 능력을 '21세기의 초능력'이라고 부르지 않았을 것이다. 그는 딥 워크에 대해 이렇게 말하기도 했다. "딥 워크는 어렵고 겉핥기로 일하기는 쉽다. 일에 대한 명확한 목표가 없다면 바쁘게 보이는 겉핥기식 작업으로 위안을 얻는다."[1]

하지만 어떻게 해야 딥 워크에 적합한 정신 상태로 들어갈 수 있을까? 단순히 그런 일이 일어나길 기꺼이 바라는 것으로는 부족하다. 정신 상태의 변화는 의식적으로 생각할 때 일어나는 게 아니라 저절로 일어난다. 하지만 그러려면 작업을 시작하고 변화가 일어날 때까지 적어도 15~20분 정도 완전히 작업에 몰두해야 한다. 그리고 그 부분이 가장 어렵다. 그러나 가끔은 무심결에 집중에 돌입하기도 한다.

누구에게나 아무것도 하고 싶지 않았던 경험이 있을 것이다. 하지만 실제 작업을 시작하면 어쩌다 그렇게 되었는지도 모르고 작업에 몰두할 때가 있다. 아마 처음에는 작업을 시작하기 전에 하던 일에 대해 생각할 것이다. 이것이 바로 작업 전환으로 인해 뇌에 남은 정신적 잔여물이다. 억지로 집중하는 짧은 시간(10~15분)이 필요한 건 그런 잔여물 때문이다. 일단 뇌가 적응하면 그냥 일에 몰두하게 될 것이다.

그러나 할 일이 생각날 때마다 미루는 나쁜 습관이 생기게 내버려 두면 필요한 정신 상태에 절대로 들어가지 못할 수도 있다. 결과적으로 딥 워크하는 방법도 배울 수 없다. 이는 경력을 희생시킬 수 있는 매우 위험한 습관이다. 그리고 다른 모든 나쁜 습관과 마찬가지로 의식적으로 없애지 않으면 별다른 노력 없이 잡초처럼 나타날 것이다.

하지만 여러분이 딥 워크 상태에 정기적으로 들어가는 데 성공했다면 점점 더 들어가기 쉬워진다. 반복된 행동이 뇌에 신경 경로를 만들기 때문이기도 하고, 딥 워크의 생산적인 정신 상태에 익숙해지면 그 상태를 즐기게 되고 이를 성장의 기회로 보기 시작할 것이다.

생산성이 매우 높은 것으로 유명한 마이크로소프트의 선임 소프트웨어 엔지니어 스콧 핸슬먼은 몰입에 쉽게 들어갈 수 있도록 업무 루틴을 설계했다. 모든 방해 요소를 적극적으로 제거하려고 애썼고 이런 노력이 그의 성공에 반복적으로 기여했다. 그는 이런 노력의 중요성에 대해 이렇게 얘기했다.

"세계에서, 뉴스에서, 인생에서, 직장에서 일어난 중요한 소식은 당신에게 여러 차례에 걸쳐 전달된다. 9.11 테러처럼 큰 사건이 발생한다면 누군가 여러분에게 알려 준다. 그런 소식을 들으려고 좋아하는 뉴스 사이트를 새로 고침 하고 있을 필요는 없다."

"관심이 가는 일에 어린아이처럼 몰두하라. 그런 설렘을 다시 찾아라. [Alt] + [Tab]으로 지메일 창을 열다가 그런 설렘을 느낄 일은 없을 것이다."

심지어 딥 워크에 중독될 수도 있다. 또 '교정'할 만한 게 없을지 찾아보기 시작할 것이다. 하지만 업무 능력을 신장시키고 연봉을 높이고 경력을 발전시키며 일과 생활의 균형을 찾아 주는 중독이라면 확실히 나쁘다고 보긴 어렵다.

딥 워크에 적합한 정신 상태, 즉 몰입 상태를 일컫는 학명도 있다. 또한 이 상태에서 딥 워크하는 걸 즐길 수 있는 이유도 과학적으로 증명되었다.

## 몰입 상태,
## 생산성이 높아지는 무아지경 같은 정신 상태

아마 초집중하는 상태를 가리키는 '존에 있다(being in the zone)'라거나 '몰입 상태에 있다'라는 표현을 들어본 적이 있을 것이다. 예를 들어 농구 선수가 슛을 완벽하게 성공했거나 음악가가 어떤 음악을 완벽하게 리메이크했다고 가정해 보자. 어떤 행동을 완벽하게 실행하는 건 몰입 상태가 밖으로 표현된 것에 불과하다. 더 중요한 건 내면에서, 즉 머릿속에서 일어나는 일이다. 몰입 상태는 의식의 변화된 상태다. 행동은 의식 변화의 징후일 뿐이다.

'존에 있을 때'는 시간의 흐름을 느끼지 못한다. 해야 할 일을 자연스럽게 하고 있지만 자동 조종 모드로 무의식 중에 하는 것과는 매우 다르다. 몰입 상태에서는 자신의 행동을 완전히 의식하고 있다. 그냥 적절한 순간에 적절한 행동을 수행한다. 그래서 이를 '몰입 상태'라고 부른다.

다음에 무엇을 할지 계속 생각하기보다 몸이 하라는 대로 그냥 하는 것이고, 흐름과 싸우지 않고 흐르는 대로 따라가는 것이다.

환경의 영향을 쉽게 받는 사람들에게만 일어나는 형이상학적인 경험을 말하는 게 아니다. 몰입 상태는 실재한다. 몰입 상태의 존재는 과학적 연구를 통해 확인되었고 이를 연구하기 위해 개발된 과학 분야가 존재한다.

저명한 심리학자 미하이 칙센트미하이가 1975년 처음으로 이름을 붙인 이 정신 상태는 예술가처럼 높은 수준의 성과를 내는 사람을 대상으로 한 연구를 통해 밝혀졌다. 최고의 성과를 내는 사람들은 일에 빠져드는 것처럼 보였다. 그리고 이 경험을 즐겼다.

칙센트미하이가 이런 감정적 상태를 연구하는 데 일생을 바친 건 우연이 아니다. 그는 어릴 적 제2차 세계 대전이 한창인 유럽에서 성장하며 전쟁의 참상을 보았다. 그리고 TED 강연에서 말했듯이 어린 시절 경험 때문에 이 연구에 관심이 생겼다고 했다.

"나는 유럽에서 자랐고 일곱 살에서 열 살 사이에 제2차 세계 대전을 경험했다. 그리고 어른들도 전쟁이 일으킨 비극을 견디지 못하는 현실을 목도했다. 자신의 일, 가정, 안전이 전쟁에 의해 파괴되었을 때 만족스럽고 행복한 삶은커녕 거기에 가까운 삶을 사는 사람조차 거의 없었다. 그때부터 살아갈 가치가 있는 삶을 구성하는 요소가 무엇인지 이해하는 데 관심을 갖기 시작했다. 그래서 어린 시절부터 십 대 시절까지 철학 서적을 탐독했고, 예술과 종교를 비롯해 그 질문에 답이 될 수 있다고 본 다른 많은 방법을 접해 보려 노력했다. 그러다 우연히 심리학을 접했다."[5]

미하이 칙센트미하이는 수많은 사람을 인터뷰하고 조사한 끝에 단순히 우연한 출생 환경이나 운이 좋은 환경만으로는 이런 정신 상태에 들어갈 수 없다는 결론을 내렸다. 이런 상태는 재현할 수 있었고 건강한 개인이라면 대체로 이런 상태에 진입할 능력이 있었다. 게다가 이 상태에는 측정 가능하고 일관된 특성이 있었다.

몰입 경험이 일어나는 동안 항상 나타난 여섯 가지 구성 요소는 다음과 같았다.

- 오로지 현재 순간에 집중하는 집중력
- 행동과 인지를 하나로 인식
- 자아 감각의 상실
- 현재 상황을 강력하게 통제한다는 감각
- 시간에 대한 왜곡된 지각

- 수행 중인 활동에 대한 쾌감

몰입 상태는 이 모든 구성 요소가 필요하다. 하나라도 없다면 몰입 상태가 아니다.[6]

몰입 상태에서 자아감을 상실하거나 시간 감각이 왜곡되는 등 인지가 일부 제한되는 이유는 인간의 뇌가 정보를 처리하는 능력이 제한되어 있기 때문이다. 우리는 특정 순간에 주변에서 일어나는 모든 것에 주의를 기울일 수가 없다. 신경 쓸 게 너무 많기 때문이다. 그래서 우리는 의미 있는 정보에만 집중한다.

그러나 몰입 상태에 있을 때는 온 신경이 자신이 하고 있는 단 한 가지 활동에만 할당된다. 그 외에는 아무것도 인지하지 못한다. 그래서 몰입 상태에서는 눈앞의 작업을 최적의 상태로 수행하는 대신, 다른 중요한 일들은 완전히 잊어버릴 수 있다. 그러나 이 덕분에 주의가 산만해지는 것이 방지된다. 이에 대해 칙센트미하이는 이렇게 말했다.

"이 사람처럼 창조의 순간에 몰입할 때는 자기 몸이 무엇을 느끼는지, 집에서 무슨 일이 일어났는지 살펴볼 주의력이 없다. 배고픔이나 피곤함도 느끼지 못한다. 의식에서 몸이 사라지고 정체성이 사라진다. 주의력이 부족하기 때문이다. 누구나 그렇듯이 많은 집중력이 필요한 일을 제대로 하는 동시에 존재감까지 느낄 수는 없다. 그래서 존재감이 일시적으로 유보된다. 그는 손이 저절로 움직이는 것 같았다고 했다."

간단히 말해 평소 다른 부분을 인지하는 데 쓰이던 멘탈 에너지가 현재 하고 있는 활동으로 경로를 변경했다. 뇌는 아마 평소만큼 에너지를 소모하고 있겠지만 눈앞의 작업에 더 많은 에너지를 쏟게 되면서 다른 데 쓸 에너지는 없어진다. 그래서 어떤 활동에 강렬하게 집중하면 자아감을 비롯한 다른 모든 지각이 사라진다.

대부분의 사람들은 몰입 상태를 경험한다. 게임을 즐기는 사람이라면 시간 가는 줄 모르고 게임에 완전히 몰두했던 순간이 있었던 걸 기억할 것이다. 아니면 익스트림 스포츠를 좋아하는 사람도 있을 것이다. 그 활동을 할 때는 아무것도 존재하지 않는 것처럼 느껴졌을 것이다. 그리고 아마 이런 상태에 진입하는 데 노력을 기울일 필요조차 없었을 것이다. 그냥 자연스럽게 이렇게 된다.

최고의 NBA 선수들은 정기적으로 몰입 상태에 들어가거나, 이들이 잘 쓰는 표현대로 '존에 들어가는 것'으로 잘 알려져 있다. 무척 유명한 선수인 코비 브라이언트는 이렇게 말했다.

"설명하기 어렵다. 그냥 자신감이 넘친다고 느낀다. 땅에 발을 디디고 서서 골대를 본다. 공은 들어갈 거다. 노 골이었을 때도 들어갈 거라고 생각했다."[7]

좋은 소식은 재미있는 활동을 할 때만 몰입을 경험하는 게 아니라는 것이다. 창의적인 활동이라면 몰입하는 경험을 배울 수 있다. 소프트웨어 코드 작성도 이런 활동 중 하나다.

작업에 초집중하는 것이 몰입 상태에서 얻는 유일한 이점은 아니다. 몰입 상태에서 하는 모든 활동은 기분 좋게 느껴진다. 하던 활동을 멈추고 싶지 않다. 몰입 상태를 자주 경험하는 이들은 그 상태를 경험할 수 있는 활동을 할 생각에 설렘을 느낀다. 진정 뛰어난 코더라면 코딩하는 걸 사랑하는 이유가 바로 이것이다. 이들을 신나게 하는 건 프로그래밍 언어의 구문이 아니다. 프로그램의 로직도 아니다. 이들이 정말 사랑하는 건 코딩에 온전히 몰두할 때의 정신 상태다.

우리는 복잡한 활동을 익혀서 그 활동에 완전히 몰두할 때 능력이 더 커졌다고 느낀다. 스콧 핸슬먼은 자신이 코딩을 즐기는 이유를 이렇게 얘기했다.

"코딩을 배우는 느낌은 마치 목공에, 정원 가꾸기, 주방 타일 작업을 배우는 느낌과 비슷했다. 프로젝트가 끝날 때마다 더 큰 능력이 생겼다고 느꼈다. 매번 문제에 대해 고민하고 해결하는 법을 배웠다. 뭐든 할 수 있고, 나의 세상을 바꿀 수 있다고 느꼈다."[8]

몰입 상태에서는 멘탈 에너지가 많이 소모되지 않는다는 것도 중요한 이점이다. 이 생산적인 정신 상태는 한 번 도달하면 초집중을 유지하느라 의식적으로 노력할 필요가 없다. 몰입 상태가 시작되면 그 상태가 한동안 스스로 유지된다.

이 모든 요인이 몰입 상태가 딥 워크하기에 가장 좋은 정신 상태인 이유다. 하지만 이게 전부가 아니다.

## 몰입 상태가 딥 워크하기
## 가장 쉬운 방법인 이유

딥 워크와 몰입 상태는 똑같은 개념이 아니다. 둘 사이에 겹치는 부분이 있는 건 사실이다. 하지만 딥 워크는 활동의 유형을 가리키는 것이지, 해당 활동의 정신 상태를 가리키는 것이 아니다.

대략적으로 말하자면 딥 워크하는 동안의 정신 상태는 다음 세 가지 중 하나다.

- 주의를 산만하게 하는 생각을 끄려고 노력하며 강제로 집중한다.
- 낮은 수준의 지루함을 경험한다.
- 몰입을 경험한다.

## 억지 집중이
## 역효과를 내는 이유

중요한 작업에 집중하지 못하도록 방해하는 온갖 딴생각이나 자극을 강제로 억누르려는 시도를 하면 생산적으로 일하기가 무척 어렵다는 것을 이미 잘 알고 있다. 소프트웨어 개발자라면 누구나 이런 상황을 겪은 적이 있을 것이라고 생각한다. 여러분도 이런 상황에 공감할 수 있을 것이고 이럴 때가 미루려는 충동에 가장 취약한 때라고 인식할 수 있을 것이다.

이러한 과정에서 멘탈 에너지를 많이 소모하게 될 것이다. 따라서 다른 정신 상태에 진입할 수 없다면 딥 워크를 오래 지속할 수 없다. 아마도 절대적인 한계는 약 30분 정도일 것이다. 그 후에도 계속 시도할 수 있겠지만, 잠시 쉬지 않는 한 생산적으로 일하기는 어려울 것이다.

맞다, 원하지 않는 생각을 잠시 억제하고 어느 정도 집중력을 발휘할 수는 있다. 하지만 그런 생각들은 어느새 다시 나타날 것이다. 결국 여러분이 지칠 때까지 반복될 것이다.

## 참을 만한 낮은 수준의 지루함은
## 동기 부여에 도움이 된다

낮은 수준의 지루함은 상당히 자연스러운 정신 상태로, 소셜 미디어, 비디오 게임, 다양한 스마트 기기의 지속적이고 과도한 자극으로 인해 많은 사람이 느끼지 못하게 된 감정이다. 이 상태는 크게 불쾌한 상태는 아니어서 꽤 오랫동안 유지할 수 있다. 대부분의 집중력은 현재 과제에 투입되지만, 일부는 딴생각을 하며 방황한다. 이 상태는 그럭저럭 견딜 만하지만 아주 즐거운 일은 아니라고 느낀다.

'낮은 수준의 지루함'은 보편적으로 쓰이는 용어가 아니지만, 이 용어는 참을 수 없는 지루함과 구분되는 견딜 만한 지루함의 상태를 완벽하게 설명한다. '높은 수준'의 지루함은 생각을 계속 방황하게 만들고 중요한 일에 집중하는 게 거의 불가능하게 만든다.

리머릭대학교의 베이난드 반 틸뷔르흐(Wijnand van Tilburg)는 지루함을 주제로 많은 연구를 수행하면서 의미 있지만 마냥 즐겁지만은 않은 작업을 하고 싶은 욕구와 지루함 사이의 상관관계를 찾아냈다. 그는 지루함에 이런 혜택이 따른다고 했다.

"지루함은 사람들이 다양하고 목적이 있는 활동을 갈망하게 만들며 그 결과 사람들은 더 도전적이고 의미 있는 활동으로 향하게 된다. 자선 활동이나 헌혈처럼 실제로 삶에서 의미가 있다고 여겨지는 친사회적인 활동을 지향한다고 해서 지루한 활동이 자극, 흥미, 동기, 차별성, 재미, 도전 수준을 더 높일 수는 없었다. 왜냐하면 친사회적인 행동이 어떤 영향을 미쳤는지 평가하기 전에 지루한 활동이 이미 끝나기 때문이다. 그러므로 우리는 지루한 활동이 끝난 이후에도 지루함이 사람들의 태도와 행동에 영향을 미치며, 사람들이 지루한 활동의 의미를 재확인할 기회가 주어지지 않았을 때도 그러한 영향이 나타난다는 것을 보여 준다."[9]

지루함의 이러한 특성 때문에 프로그래밍을 하는 동안 꽤 좋은 정신 상태가 유지된다. 비윤리적인 회사에 일하는 것만 아니라면 코드 작성은 의미 있는 작업이다. 그러나 여전히 낮은 수준의 지루함은 코딩하기에 완벽한 정신 상태는 아니다.

여러분의 주의가 어느 정도 분산된 상태이므로 머릿속에서 상충하는 생각들 사이에서 경쟁이 발생한다. 이러한 경쟁은 멘탈 에너지를 낭비한다. 그래서 이러한 정신 상태는 여전히 오래 유지하기 어려울 것이다. 하지만 이번에는 머릿속에서 작업 전환이 자주 일어나지 않기 때문에 아마도 한두 시간 정도는 유지할 수 있을 것이다.

## 몰입 경험

몰입 상태는 최적의 정신 상태다. 모든 주의력이 눈앞의 작업에 집중된다. 주변에 있는 다른 모든 것을 인지하지 못한다. 사실상 작업 전환도 일어나지 않는다.

오로지 눈앞의 작업에 집중하므로 단연코 가장 생산적인 상태다. 내외부 어디에나 어떤 방해 요소도 보이지 않는다. 보이는 건 하고 있는 작업뿐이다. 모든 멘탈 에너지를 작업 완료에 전념한다.

그러므로 효율을 최대로 높이려면 몰입 상태에 들어가는 걸 목표로 해야 한다.

혹시 몰입 상태에 들어가는 과정이 부담스럽더라도 걱정하지 마라. 이어지는 장에서 최대한 수월하게 몰입할 수 있는 몇 가지 기법을 소개할 예정이다. 또한 간단한 생산성 팁을 담은 짧은 안내서도 받을 수 있다.

https://simpleprogrammer.com/10hacks/

이 책의 뒷부분에서는 마이크로태스크, 뽀모도로 타이머, 일본에서 유래한 지적확인 환호응답 등의 생산성 전략을 활용하는 방법을 소개하겠다. 이 모든 방법을 결합하면 생산적인 작업에 완전히 몰두하기가 쉬워진다.

## 몰입 상태에서
## 오래 집중할 수 있는 이유

몰입 상태는 딥 워크할 수 있는 가장 생산적인 정신 상태이지만, 집중력만 높아지는 게 아니다. 몰입 상태는 특성상 매우 오랜 시간 유지된다. 낮은 수준의 지루함 상태보다 훨씬 더 오래 유지된다. 딴생각을 떨치느라 에너지를 낭비하지 않기 때문이다. 모든 멘탈 에너지를 눈앞의 작업에 집중한다. 모든 것이 조화롭게 작동한다.

몰입 상태가 오래 유지될 수 있는 이유를 과학적으로 설명하려면 복잡하다. 하지만 쉽게 이해할 수 있게 단순한 비유를 활용해 보겠다.

한 번에 쓸 수 있는 멘탈 에너지가 100개라고 상상해 보라. 이 에너지는 너무 빨리 써 버리지 않는 한 저절로 다시 채워진다.

딴생각을 억제하며 딥 워크하려고 노력하는 중이었다고 가정해 보자. 딥 워크에는 에너지 50개가 쓰이는데 에너지가 다시 채워지는 것과 같은 속도로 천천히 소모된다. 그래서 멘탈 에너지가 부족하지 않다면 이론상으로는 무기한 유지할 수 있다. 유일한 문제는 문제 해결에 쓰이는 에너지가 50%라는 점이다. 즉, 해결책을 찾는 데 있어 최대 효율을 내지 못하고 있다.

이때 딴생각이 든다. 그러면 딴생각을 없애기 위해 멘탈 에너지를 써야 한다. 원치 않는 데 떠오르는 생각 1개당 10개의 에너지를 쓴다고 해 보자. 그 10개는 즉시 소모된다. 하지만 딴생각이 빠른 속도로 계속해서 다시 들어온다.

생각의 초점이 딴생각 떨치기와 작업 사이에서 왔다 갔다 하는 건 본질적으로 작업 전환이다. 그리고 이 비유를 통해 작업 전환이 왜 그토록 많은 에너지를 소모하는지도 알 수 있다.

처음에는 괜찮다. 딴생각이 들어도 쓸 수 있는 에너지 40개가 남는다. 하지만 빠른 속도로 돌아오기 때문에 에너지를 다시 채우기 전에 빠르게 소진하게 된다.

그 이후에도 딴생각이 들면 하던 작업에서 에너지 10개를 빼 와서 그 생각을 떨치는 데 써야 한다. 그래서 집중하기가 조금 더 어려워진다. 생산성은 급격히 떨어진다. 결국 모든 멘탈 에너지를 전부 소진하면 더 이상 집중할 수 없고 정신적으로 고갈되었다는 느낌이 들 것이다.

실제 과정을 지나치게 단순화한 건 사실이나 어떤 일이 일어나는지 잘 보여 주는 좋은 모델이다. 그리고 딴생각이 너무 많이 들 때 집중을 오래 유지하지 못하는 이유도 알 수 있다.

지금 낮은 수준의 지루한 상태에 있다고 상상해 보자. 이번에는 작업에 80개를 쓴다. 여전히 최적은 아니지만 전보다 훨씬 좋다. 훨씬 더 효율적으로 일할 수 있다. 그리고 멘탈 에너지는 여전히 느리게 소진된다. 다시 채워지는 것보다 훨씬 더 느리다.

이제 딴생각이 든다고 상상해 보자. 전처럼 많지 않고 전만큼 강하지도 않다. 생각 하나를 없애는 데 멘탈 에너지가 5개만 든다고 해 보자. 하지만 딴생각이 멘탈 에너지가 다시 채워지는 것보다 빠른 속도로 들어온다.

이번에는 훨씬 더 오래 버틸 수 있다. 그리고 집중력은 흐려지는 속도가 느려지긴 했지만 끝내 사라진다는 사실에는 변함이 없다. 그래도 정신이 지나치게 산만한 상태에 비하면 낮은 수준의 지루한 상태의 생산성이 상당히 좋지만 이 상태를 무기한 유지하는 건 불가능하다. 결국은 휴식이 필요할 것이다.

자, 이번에는 몰입 상태를 상상해 보자. 멘탈 에너지 100개를 모두 작업에 할당한다. 딴생각이 전혀 들지 않는다. 딴생각을 생성할 수 있는 뇌의 영역은 완전히 비활성 상태다.

## 몰입 상태의
## 단점

적어도 이론상으로는 몰입 상태를 무기한 유지할 수 있다. 이 상태를 벗어나게 하는 특별한 사건이 발생하지 않는 한 집중력을 잃지 않고 작업을 이어갈 수 있다.

당신도 몰입을 경험한 적이 있을지 모른다. 예컨대 농구 시합 중에 모든 동작이 완벽한 상태에 이르렀다고 느낀 적이 있는가? 이럴 때는 상대팀을 잘 회피하면서 슛할 때마다 득점에 성공할 수 있다.

그러다 실수로 누군가와 부딪히거나 마지막 순간에 골대에서 공을 뺏기는 일이 발생했다. 그때부터 더 이상 같은 수준의 기량을 발휘할 수 없었다. 그걸로 끝이었다. 남은 시합은 형편없이 치렀다.

이 상황에 공감할 수 있는가? 이 예시는 일반적으로 우리의 통제를 벗어난 외부 상황이 우리를 몰입 상태에서 벗어나게 한다는 걸 보여 준다. 외부 상황을 제어할 수 있었다고 가정하면 몰입 상태에 무기한 머물 수 있을 것이다.

그러나 프로그래밍은 신체 접촉이 이루어지는 스포츠가 아니다. 일단 몰입 상태에 들어갔다면 회의 참석이나 이메일 회신 말고는 그렇게 몇 시간씩 보내더라도 방해하는 요소가 없다.

그래서 빌 게이츠는 마이크로소프트를 공동 창업한 당시 깨어 있는 모든 시간을 사무실에서 보냈다. 이것이 마이크로소프트를 오늘날 거대 기업으로 키운 원동력이었다. 빌 게이츠는 이런 말을 했다.

"20대 때 하루도 쉬지 않았다. 단 하루도."[10]

며칠 내내 비디오 게임을 하다가 사망한 사람이 있다는 얘기를 들어본 적 있는가? 그 사람도 몰입 상태를 경험했을지 모른다. 비디오 게임은 실제 이 상태를 유도하기 매우 좋은 매개체다. 음악가들이 복잡한 교향곡을 몇 시간 동안 연주할 수 있게 해 주는 원동력 또한 몰입 상태다.

사람이 며칠 동안 잠을 안 자고 같은 활동을 이어갈 수 있다는 사실은 몰입 상태의 작동 방식을 잘 보여 준다. 몰입하는 유일한 방법은 다른 신체적 필요를 잊는 것이다. 그래서 몰입 상태에서는 배고픔이나 졸음을 느끼지 않는다. 극히 기본적인 신체 기능에서 가져온 멘탈 에너지를 집중하는 일에 쏟는다고 상상해 보라. 악명 높은 게임 디자이너이자 캡콤의 유명 아케이드 게임인 스트리트 파이터 2의 캐릭터 디자이너인 야스다 아키라는 긴 시간 동안 강력한 초집중에 빠지는 것으로 유명했다. 그의 동료였던 시와라 톰은 그에 대해 이렇게 말했다.

"야스다는 언제나 책상 밑에서 잤다. 집에 가질 않았다."

캡콤 아케이드 개발 책임자였던 오카모토 요시키는 이런 말을 했다.

"언젠가 야스다가 건강하게 살고 싶다며 '앞으로 우유를 마시겠어.'라더니 소용량 우유를 사왔다. 그리고 일하다가 우유를 집어서 마셨다. 책상 주변에 우유 팩이 100개는 쌓여 있었다. 아무거나 하나 집어서 흔들어 보고 우유가 들어 있으면 마시고 보지도 않고 다시 내려놨다."

물론 이건 몰입 상태를 활용하는 극단적인 예다. 그리고 생명과 관련된 다른 활동을 희생해 가면서 이 정도로 초집중을 유지할 수 있는 사람은 매우 적을 것이다. 하지만 몰입하면 그 정도의 초집중을 달성하는 게 가능하다는 걸 분명히 보여 준다.

## 몰입 상태에서 하는
## 딥 워크가 즐거운 이유

몰입 상태의 장점은 이게 끝이 아니다. 몰입 상태에 머무는 건 그 자체로 즐거운 경험이다. 몰입 상태는 무한히 지속될 수 있다. 단지 그렇게 되도록 내버려 둔다기보다 그 상태가 즐거워서 떠나고 싶은 마음이 들지 않기 때문이다.

사실, 인간은 많은 단순한 것을 본질적으로 즐겁다고 느낀다. 하지만 도처에 존재하는 과도한 자극 때문에 많은 이들이 이 사실을 잊고 산다. 몰입 상태는 이런 느낌을 되돌려 준다. 완수하려는 작업에 필요하지 않은 뇌의 모든 부분을 그냥 꺼버리기 때문이다.

미하이 칙센트미하이는 2004년 TED에서 한 '몰입, 행복에 이르는 비밀' 강연에서 이 현상을 언급했다. 사실 그가 모든 연구를 추진한 동력은 생산성을 높이는 방법이 아니라 행복감을 높이는 방법을 알아내겠다는 열망이었다. 한 마리 토끼를 쫓다가 두 마리를 잡은 셈이다.[5]

몰입 상태로 인해 인생이 더 즐거워지는 이유는 신경화학 용어로 설명할 수 있다. 우리 몸 안에서는 여러 보상 화학 물질이 생성되며, 우리가 추구하는 좋은 기분을 유발한다.

- **도파민**은 의미 있는 작업이 완료될 때가 가까워지면 분비된다. 이는 기대감을 자아낸다.
- **세로토닌**은 중요한 일을 실제로 성취했을 때 분비된다. 이는 행복감을 느끼게 한다.
- **엔도르핀**은 중요한 일을 완수하는 도중에 일부 신체 자원이 고갈되었을 때 분비된다. 이는 통증을 완화하고 신체를 이완시킨다. 이를테면 러너스 하이(Runner's high)*는 엔도르핀이 유발한다.[11]

지나치게 자극적인 요즘 사회에서는 뇌의 보상 회로가 항상 이용당하는 게 문제다. 소셜 미디어 타임라인을 스크롤하다가 도파민

--------------------------------

* 옮긴이 중강도 이상으로 약 30분 이상 달릴 때 느끼는 신체적 스트레스로 인해 발생하는 도취감.

급증을 경험할 수 있다. 이는 우리에게 아무 도움이 되지 않을 뿐 아니라 소셜 미디어만큼 도파민 급증을 유발하지 못하는 일상의 소소한 즐거움을 경험하지 못하도록 방해한다. 이처럼 낮은 수준의 도파민 분비는 더 이상 즐겁다고 인식하지 못하게 된다.

어려운 작업은 스마트폰만큼 자극적이지 않으며 이 사실은 여러분의 기억에 남는다. 즉, 오늘날의 생활양식 때문에 일반적인 정신 상태에서는 일이 상대적으로 지루해 보인다.

몰입 상태에 있을 때는 그렇지 않다. 몰입 상태에서는 완수하려는 작업 외에 아무것도 존재하지 않는다. 다른 자극적인 즐거움의 원천을 잠시 잊는다. 덕분에 일에서 즐거움을 경험할 수 있다.

작업에 진전이 있으면 도파민이 분비된다. 작업을 완료하면 세로토닌이 행복감을 준다. 정신적으로나 육체적으로 고된 작업을 하면 엔도르핀이 과도한 노력을 방지하고 작업을 이어 가도록 돕는다.

그래서 몰입 상태를 자주 경험한 사람은 의식적으로 몰입 상태를 찾는다. 뇌가 찾는 불법 약물이나 마찬가지다. 앞서 언급한 세 가지 주요 신경 화학 물질이 만들어 내는 쾌감을 느끼고 싶기 때문이다. 그리고 약물의 영향을 받을 때와 유사한 특징도 많이 보인다. 하지만 불법적인 물질과 달리 몰입은 인생을 파괴하는 게 아니라 향상시킨다.

몰입 상태의 또 다른 특징은 이런 상태에서는 기분이 좋아지는 신경 화학 물질이 균형 잡힌 방식으로 분비된다는 것이다. 페이스북 피드 스크롤 같은 중독적인 활동, 불법 약물 같은 중독적인 물질은 기분이 좋아지는 특정 신경 화학 물질만 분비시킨다.[12] 그러므로 이런 활동은 도중에 일시적인 즐거움을 느낄지언정 여전히 뭔가 부족하다고 느껴진다. 몰입 상태에서는 온전한 즐거움을 느낀다. 인간은 자신과 타인, 양쪽 모두에 좋은 일을 해야만 온전한 행복을 느낀다. 칙센트미하이는 이렇게 말했다.

"이 얘기는 실제 내 최근작인 『몰입의 경영』에도 등장한다. 이 책에는 여러 CEO를 인터뷰한 내용이 실려 있다. 모두 매우 큰 성공을 거뒀고 윤리적이고 사회적 책임감이 강하다고 동료들이 평가하는 인물이다. 이들은 타인을 돕는 동시에 그 일을 하는 동안 자신이 행복감을 느끼는 것을 성공이라고 정의한다. 성공적이고 책임감 있는 CEO들이 한 목소리로 말했듯이 의미 있는 일, 성공적인 일을 원한다면 둘 중 한 가지만 성취하는 건 불가능하다."[5]

칙센트미하이가 인터뷰한 비즈니스 리더로는 셰브런(Chevron)*의 전 CEO이자 회장이었던 케네스 데르(Kenneth Derr), 더바디샵(The Body Shop) 창립자 아니타 로딕(Anita Roddick), 맥도날드의 전 CEO 잭 그린버그(Jack Greenberg)가 있다.

---

* 옮긴이 세계적인 석유 회사.

# 몰입 상태에 들어가는
# 가장 간단한 방법

몰입 상태는 절대 억지로 들어갈 수 없다. 사실 억지로 하려고 했다가는 많은 딴생각을 적극적으로 억누르는 데 그칠 것이다. 이는 그다지 바람직한 상태는 아니다. 앞서 얘기했듯이 억지로 집중하려고 하면 정신적으로 빠르게 지칠 것이다.

그리고 몰입할 수 있다는 보장이 없다는 사실도 기억하라. 정기적으로 몰입을 경험하는 사람도 언제나 몰입을 경험하는 건 아니다. 그러나 몰입 상태에 들어가지 못하더라도 딥 워크를 쉽게 진행하는 데 도움이 되는 몇 가지 기술을 적용할 수 있다. 그 내용은 이어지는 장에서 소개하겠다. 그에 앞서 지금은 몰입 상태에 들어가기 위해 시도할 수 있는 몇 가지 팁을 알려 주겠다.

- 몰입 상태에 들어가는 가장 쉬운 방법은 **정신 상태를 고민하지 말고 그냥 활동을 시작하는 것**이다. 그러면 15~20분 이내에 저절로 올 수 있다. 몰입 상태가 반드시 온다는 보장은 없지만 충분한 연습을 거치면 이 상태에 더 쉽게 들어갈 수 있다.

- 마음챙김 명상을 실천하는 사람들이 활용하는 몇 가지 일반적인 팁을 활용하면 몰입 상태에 조금 더 쉽게 들어갈 수 있다. 딴생각이 들면 대처하지도 싸우지도 마라. 딴생각이 들었다고 비판하기보다 딴생각이 들었다는 사실을 침착하게 인정하고 그냥 넘어가라. 이 또한 연습할수록 쉬워진다.

- 어떤 활동을 선택하는지도 매우 중요하다. **적당한 자극이 있어야 한다.** 게이머들이 이 상태를 자주 경험하는 이유가 여기에 있다. '존에 들어가는' 운동선수나 음악가도 마찬가지다.

  그래서 보일러플레이트 코드를 작성하거나 기본 프로젝트를 설정 중인 프로그래머는 몰입하기 어렵다. 그러나 시스템 설계하기, 성가신 버그 찾기, 복잡한 문제 해결하기 등의 작업을 할 때는 이토록 탐나는 정신 상태에 들어갈 수 있다.

- 관건은 자신에게 **너무 어렵거나 쉽지 않은 작업을 선택**하는 것이다. 작업이 너무 쉬우면 몰두할 수 없다. 기껏해야 낮은 수준의 지루한 상태에 들어갈 것이다. 작업이 너무 어려우면 잠재의식이 그 작업을 하려는 노력에 저항할 것이다. 그 때문에 에너지가 너무 많이 소모되어서 딴생각이 자꾸 떠오르는 매우 비생산적인 정신 상태를 벗어나지 못할 것이다.

  하지만 작업의 복잡한 정도가 딱 적당하다면 몰입 상태에 도달할 수 있다. 문제가 까다로워 보인다 하더라도 해결할 수 있다는 생각이 들면 잠재의식은 까다롭다는 사실에 개의치 않는다. 다만 뇌는 자원을 아껴 쓰는 걸 좋아하므로 문제 해결에 필요하지 않은 부분은 꺼버린다. 그렇게 몰입 상태에 들어가는 것이다.

이렇게 연습한 시간이 충분히 쌓이면 일종의 습관이 된다. 어떤 작업이 몰입하기 가장 적합한지 알게 된다. 그리고 여기에 필요한 행동을 수행하는 데 필요한 신경 경로가 만들어진다. 존에 들어가는 데 도움이 되는 의식(ritual)을 무의식적으로 수행하기 시작할 것이다.

높은 성취를 거둔 사람 중에는 생산성을 높이기 위한 의식을 한다고 알려진 사람도 있다. 아마존 창립자인 제프 베이조스(Jeff Bezos)는 아침마다 창의력이 마음 가는 대로 자유롭게 발휘되도록 아무 생각 없이 할 수 있는 일을 한다. 오전 10시 이전에는 절대 회의 일정을 잡지 않는다.[13] 그리고 스콧 핸슬먼은 X를 통해 재택 근무 도중에 집중하기 어려워하는 이들에게 집중에 도움이 되는 의식을 다음과 같이 추천했다.

"우리 원격 근무 팀이 실천하는 한 가지 팁을 알려 주자면 집에 있는 작업실로 **출퇴근**을 해라! 동네를 한 바퀴 돌고 원격 근무용 사무실이 있는 집으로 돌아오는 거다! 그렇게 심리적으로 하루의 시작과 끝을 표시한다."[14]

하지만 물론 몇 년 동안 연습해도 몰입 상태에 매번 들어간다는 보장은 없다. 몰입 상태는 통제하지 못한다. 잠재의식이 그렇다. 게다가 몰입하기에 적합한 작업만 할 수 있는 것도 아니다. 하지만 적어도 낮은 수준의 지루함 상태에 들어가는 강력한 습관이 형성될 것이다.

낮은 수준의 지루함이 기본적인 정신 상태보다 낫다. 이 상태에서도 생산적일 수 있다. 그리고 상당한 시간 동안 생산적으로 딥 워크를 하는 것도 가능하다. 존에 들어가지 못하더라도 최대 효율에 가까운 상태에서 작업을 마무리할 수 있다. 평소보다 훨씬 더 생산적일 수 있다. 어차피 의식적으로 생산적인 습관을 기르는 건 극소수에 불과하다.

수면이나 식사를 깜빡할 수 있다는 점, 통제할 수 없는 외부 요인에 의해 몰입이 깨질 수 있다는 점 외에도 알아 두면 좋을 몰입 상태의 한 가지 단점이 있다. 몰입 상태는 적당히 어려운 작업을 수행할 때만 촉발되므로 이 상태를 촉발하려면 시간이 지날수록 난이도가 높아지는 작업이 필요하다. 어떤 일이든 오래 하면 잘하게 된다. 그래서 어떤 활동에 익숙해지면 그 활동이 훨씬 쉬워진다.

똑같은 활동을 계속하면 지루해진다. 한때 좋아하던 분야에 흥미를 잃는 이유가 여기에 있다. 여러분도 이런 경험을 해 본 적 있을지 모른다.

어떻게 보면 좋은 일이다. 적어도 프로그래밍 경력 면에서는 좋다.

몰입 상태를 최대한 자주 경험하기 위해 난이도를 꾸준히 높여 가며 일한다면 그 일을 더 잘하게 될 뿐 아니라 성장 마인드셋과 평생 학습에서 오는 이점과 기쁨을 누릴 수 있다. 그리고 업무 시간 대부분을 깊은 집중 상태에서 딥 워크하며 보내므로 업무 능력이 신장되는 데 그치지 않고 작업 속도 또한 빨라진다.

방금 말한 내용만 기억하라. 그리고 계속 연습하라. 더 어려운 일을 꾸준히 해 나가라. 그러면 그 분야의 고수가 될 때까지 지루할 틈이 없을 것이다. 물론 그 길에는 장애물이 있다. 한 가지 큰 장애물을 이미 간략하게 다뤘다. 그럼 이제 어떻게 소셜 미디어가 생산성을 떨어뜨리는 습관을 형성하여 당신을 방해하는지 조금 더 자세히 살펴보자.

# 참고 문헌

1. 칼 뉴포트, 『딥 워크』, 민음사

2. 새미 페로네(Sammy Perone), 엘리자베스 H. 웨이브라이트(Elizabeth H. Weybright), 얼래나 J. 앤더슨(Alana J. Anderson), 『Over and over again: Changes in frontal EEG asymmetry across a boring task(몇 번이고 반복해서: 지루한 작업 전반에 걸친 전두엽 뇌전도 비대칭의 변화)』, Psychophysiology, volume 59, issue 10, October 2019

3. 데이브 크렌쇼(Dave Crenshaw), 『멀티태스킹은 없다』, 아롬미디어

4. 데이비드 A. 패터슨(David A. Patterson), 존 L. 헤네시(John L. Hennessy), 『Computer Organization and Design: The Hardware/Software Interface(컴퓨터 구조 및 설계: 하드웨어/소프트웨어 인터페이스)』, Morgan Kaufmann

5. 미하이 칙센트미하이, 몰입, 행복에 이르는 비밀, TED 2004

6. 미하이 칙센트미하이, 『몰입, FLOW 미치도록 행복한 나를 만난다』, 한울림

7. 줄리아 실버스타인(Julia Silverstein), The Secret to Peak Performance and Optimum Focus(최고 성과와 최적 집중의 비밀), Entity Academy Mag, October 21, 2020, https://www.entitymag.com/the-secret-to-peak-performance-and-optimum-focus/

8. 아멜리아 힐(Amelia Hill), Boredom is good for you, study claims(연구에 따르면 지루함은 여러분에게 유익하다), The Guardian

9. Programming's not for you? How about thinking? Be empowered.(프로그래밍이 자신에게 맞지 않나요? 사고력은 어떤가요? 자기 결정력을 가지세요.),

https://www.hanselman.com/blog/programmings-not-for-you-how-about-thinking-be-empowered

10. 캐롤라인 그레이엄(Caroline Graham), This is not the way I'd imagined Bill Gates... A rare and remarkable interview with the world's second richest man(내가 상상했던 빌 게이츠가 아니었다. 세계에서 두 번째 부자인 그와 나눈 희귀하고 주목할 만한 인터뷰), The Daily Mail, 9 June 2011

11. 존 메디나(John Medina), 『브레인 룰스: 의식의 등장에서 생각의 실현까지』, 프런티어

12. 니르 이얄(Nir Eyal), 『훅: 일상을 사로잡는 제품의 비밀』, 유엑스리뷰

13. 알리 몬탁(Ali Montag) - This is billionaire Jeff Bezos' daily routine and it sets him up for success(억만장자 제프 베이조스를 성공으로 이끄는 하루 루틴), CNBC, 15 September, 2018, https://www.cnbc.com/2018/09/14/billionaire-jeff-bezos-shares-the-daily-routine-he-uses-to-succeed.html

14. https://twitter.com/shanselman

# 3

## 은밀하게 잠입한 스파이 - 내면의 방해꾼을 감지하고 극복하기

난 훌륭한 프로그래머가 아니다. 단지 훌륭한 습관을 기른 괜찮은 프로그래머일 뿐이다.

켄트 벡(Kent Beck)

이제 소셜 미디어가 프로그래머 경력에 가장 큰 적인 이유를 충분히 이해했으리라 본다. 가장 생산적인 정신 상태인 몰입 상태에 들어가고 유지하기가 어렵다는 것도 알 것이다. 하지만 이 두 가지 뒤에는 하나의 같은 원인이 도사리고 있다. 바로 인간의 내면에는 파괴자가 존재한다는 사실이다. 내면의 방해꾼은 자신에게 유익한 일은 하기 어렵게 하고 도움이 되지 않는 일은 하기 쉽게 한다.

우리 인간이 프로그래밍된 방식은 어려운 일을 해야 한다고 스스로를 설득하기 어렵게 되어 있다. 그 일을 하는 게 자신에게 유익하다는 것을 제대로 이해하고 있어도 어렵기는 마찬가지다. 쉽고 재밌는 일은 이와 정반대다. 그런 일을 할 기회가 생기면 마다하기 어렵다. 소셜 미디어에 관한 1장에서 보았듯이 그 행동이 부정적인 결과를 초래한다는 것을 알아도 마찬가지다. 그래서 접근하기 쉽고 간단한 오락거리에 둘러싸여 있으면 어려운 일을 하기가 더 어려워진다.

좋은 소식은 내면의 방해꾼은 억누를 수 있다는 것이다. 이것이 바로 이 장에서 살펴볼 주제다.

프로그래밍을 배우려면 어려운 일을 해야 한다. 당신은 프로그래머로서 기술이 지속적으로 진화하는 세계에서 뒤처지지 않고 살아남기 위해 새로운 것을 꾸준히 배워야 한다. 오늘 배운 프로그래밍 언어가 내일에는 구식이 될 수 있다.

그렇다고 해서 업무에 필요한 새로운 프로그래밍 언어를 한꺼번에 마구잡이로 익히려 한다면 금방 지칠 것이다. 그래서 효과적인 학습 습관을 잘 개발해야 꾸준히 발전할 수 있다. 그런 습관은 의미 있고 수요가 많은 기술에 대한 지식을 익히는 데에도 도움이 된다.

프로그래머로서 진짜 두각을 나타내려면 자기 통제력 습관을 길러야 한다. 올바른 조언을 따르면 이런 습관은 예상보다 훨씬 더 쉽게 기를 수 있다. 이 책에서도 그런 습관을 기를 몇 가지 방법을 소개하겠다.

이런 습관을 기르면 뭐든 쉽게 배울 수 있다. 그러면 직장에서의 효율이 전반적으로 크게 개선된다. 보너스로 자신에 대한 인식도 더 나아질 것이다.

언뜻 보면 전문가 수준의 프로그래밍 기술이 엘리트에게만 허락된 것처럼 보인다. 프로그래밍 기술을 그 정도 수준으로 익히기가 그토록 어려운 이유는 무엇이고, 어려운 일을 쉽게 하기 위해 배워야 하는 메타 스킬은 무엇인지 지금부터 함께 살펴보자.

## 프로그래밍 기술을 마스터하기
## 어려운 이유

프로그래밍은 어렵다. 쉽다면 누구나 할 수 있었을 것이다. 하지만 이 직업에 대한 높은 수요에도 불구하고 일반인 중에 소프트웨어 개발자가 되는 사람의 비율은 비교적 낮다.

프로그래머가 높은 보수를 받는 건 프로그래밍이 어려워서다. 자유 시장 경제에서 누군가의 연봉은 그 사람이 하는 업무의 필요성, 업무 수행 능력, 대체 가능성, 이 세 가지 요인에 의해 정해진다. 코딩 능력은 수요가 많으며 프로그래밍을 할 줄 아는 사람은 적어서 대체하기가 어렵다. 그래서 뛰어난 프로그래머라면 원하는 연봉을 받을 수 있다.

취득해야 하는 학위의 개수라는 측면에서 보면 프로그래밍이 어려울 게 없다. 학위가 없어도 프로그래머로서 성공할 수 있기 때문이다. 완전히 독학으로 프로그래밍을 배워서 성공한 소프트웨어 개발자도 많다. IT 분야는 아마 학벌주의와 거리가 가장 먼 산업 중 하나일 것이다. 채용 담당자는 지원자가 어떤 대학 졸업장을 가졌는지 그다지 신경 쓰지 않을 것이다. 이들이 진짜 신경 쓰는 건 실제 코딩 실력이다.

하지만 인터넷에 연결된 컴퓨터만 있으면 모든 기술을 배울 수 있다고 해서 배우기 쉬운 건 아니다. 맞다. 인터넷에 연결된 컴퓨터만 있어도 필요한 모든 정보를 찾을 수 있는 건 사실이다. 하지만 이런 기술을 능숙하게 다루려면 힘든 과정을 거쳐야 한다.

우선 기억해야 할 것이 많다. 입문할 무렵에는 정보에 압도될 것이다. 하지만 이건 빙산의 일각이다. 경력을 발전시키려면 다양한 프로그래밍 원칙과 모범 사례도 배워야 한다.

당신은 주니어 개발자로서 원하는 방식으로 문제를 해결할 수 있을 것이다. 하지만 디자인 패턴, 명명 규칙, SOLID, KISS, DRY 등 클린 코드 규칙에 익숙해지지 못하면 시니어 개발자가 될 수 없다.

진짜 뛰어난 개발자가 되려면 훨씬 더 많이 배워야 한다. 그냥 배우는 것으로는 부족하다. 연습이 필요하다. 연습을 정말 많이 해야 진정한 코드 장인이 될 수 있다.

하지만 개발자가 누구나 아는 바와 같이 어떤 기술이든 한 번 배웠다고 해서 계속 적용할 수 있는 게 아니다. 기술은 진화한다. 프로그래밍 언어는 업데이트가 된다. 업데이트와 함께 새로운 모범 사례가 채택된다.

이것이 바로 소프트웨어 개발자가 되기로 했다면 평생 학습을 준비해야 하는 이유다. 선택의 여지는 없다. 새로운 것을 학습하고 연습하는 것을 게을리할 여유는 없다. 그랬다가는 곧 경쟁력을 잃을 것이다.

프로그래밍을 배우고 배운 지식으로 실제 문제를 해결하려면 시간과 집중이 필요하다. 훨씬 더 즐겁고 쉬운 다른 활동들이 당신에게서 훔쳐가려고 언제나 호시탐탐 노리는 시간과 집중 말이다.

그래서 프로그래밍은 정말 어렵다. 진짜 뛰어난 프로그래머가 되고 싶다면 더욱 그렇다. IT에 깊은 열정을 느끼고 당신이 원하는 유일한 직업이 프로그래머일 수 있다. 코딩이 재미있을 수도 있다. 하지만 소셜 미디어, 비디오 게임, 스트리밍 서비스를 무제한 이용할 수 있는 상황에서 프로그래밍을 연습하자고 마음먹기는 매우 어렵다.

콘솔 게임기가 당신을 빤히 쳐다보고 있는 상황에서 프로그래밍처럼 정신적으로 부담스러운 일을 한다는 건 시작조차 하기 어렵다. 하지만 꼭 이럴 필요는 없다. 습관의 힘을 활용하면 훨씬 쉽게 시작할 수 있다.

## 습관은 어려운 일을
## 쉽게 만드는 열쇠다

우리는 의식에 따라 행동한다고 생각하지만 대부분의 행동은 무의식적으로 이뤄진다. 평상시 사소한 행동은 대부분 자동 조종 모드에서 이루어진다. 이것이 바로 습관이 하는 역할이다.[1]

분명 차를 몰고 갔는데 이동 과정이 상세히 기억나지 않은 경험이 아마 있을 것이다. 아니면 문을 잠그고 나왔는지 확인하려고 집에 다시 들어간 적도 있을 것이다. 이런 상황은 우리가 매일 하는 일상적인 행동이 의식적인 통제 밖에서 이루어진다는 것을 보여 주는 좋은 예다.

습관적인 행동이 무의식적으로 이루어지는 이유는 의식적인 사고에 많은 에너지가 들기 때문이다. 신경과학과 진화생물학에서 널리 인정받은 사실에 따르면 뇌는 생존 본능의 일환으로 에너지를 최대한 효율적으로 사용하도록 진화했다. 우리가 내리는 모든 의식적인 결정에는 비교적 많은 에너지가 필요하다. 그래서 뇌는 최대한 많은 것을 자동화하려고 한다.

인간의 뇌는 체중의 약 2%밖에 차지하지 않는데 인체가 쓸 수 있는 총 에너지의 최대 25%를 소비한다. 게다가 이는 보통 사람의 평균치에 불과하다. 평소 많은 시간을 골똘히 생각하는 데 쓰는 사람이라면 뇌에 더 많은 에너지가 필요하다.[2]

1984년 세계 체스 선수권 대회는 도중에 갑자기 중단되었다. 강력한 우승 후보였던 러시아의 아나톨리 카르포프의 체중이 경기 도중에 10kg이나 빠져서 주최 측에서 그의 건강을 걱정했기 때문이었다. 비교적 짧은 시간 내에 수십 번의 체스 경기를 하느라 일어난 일이었다. 이 일화는 생각을 많이 하는 것만으로도 상당한 에너지를 써서 칼로리를 소모하고 저장해 둔 예비 에너지를 쓰게 할 수 있다는 확실한 증거다.[3]

프로그래머는 어떻게 보면 체스 선수와 비슷하다. 업무 특성상 우리도 생각을 많이 한다. 따라서 프로그래밍이 에너지를 많이 소모한다고 가정하는 건 합리적이다.

진화생물학에 따르면 인체는 에너지를 최대한 보존하려 노력한다. 인간은 오늘날처럼 잉여 식량이 있는 환경에서 진화하지 않았다. 인간이 동굴에서 살던 시절에는 식량이 부족했기에 우리 몸은 에너지를 최대한 보존하기 위해 할 수 있는 일은 뭐든지 해야 했다.

그래서 살이 찌는 건 쉽고 빼는 건 어렵다. 인체의 지방층은 에너지 저장고다. 우리는 다음 식사를 언제 먹을지 알지만 우리 몸은 모른다. 우리의 본능은 여전히 석기시대의 가혹한 현실에 머물러 있다.[4]

정확히 같은 원리가 우리의 뇌에도 적용된다. 세계 체스 선수권 대회 일화에서 볼 수 있듯이 의식적인 사고에는 많은 에너지가 쓰일 수 있다. 그래서 동굴 생활을 하던 헐거인 시절의 본능은 의식적인 사고를 최대한 줄이려고 온갖 노력을 한다.

어떤 것을 배워야 하는 상황에 처했을 때 시작조차 어려웠던 경험이 있을 것이다. 하지만 억지로 어느 정도 학습을 진행하고 나면 그 활동이 쉬워진다. 시작하는 데 에너지를 많이 소모했기 때문에 시작하기가 어렵게 느껴지지만 그 일을 수차례 하고 나면 무의식적인 습관이 된다. 에너지 보존 본능이 작동하는 예시다.

어릴 적 양치질이 싫었던 기억이 있는가? 그러나 시간이 지나면서 그냥 하루 루틴이 되어서 꺼리지 않고 한다. 왜 해야 하는지 궁금해하지도 않는다. 그냥 하게 된다.

프로그래밍 기술에 능숙해지는 과정도 똑같다. 프로그래밍 학습을 루틴으로 만들어라. 시작할 때는 소셜 미디어 피드를 확인하지 않고 코딩 연습을 하도록 의지력을 써서 강제로 해야 할 것이다. 그러나 매일 꾸준히 하다 보면 당신의 루틴이 된다.

이미 소프트웨어 개발 경력을 성공적으로 쌓은 사람도 마찬가지다. 어쩌면 당신은 수습 기간을 마친 후 현실에 안주하고 있을지 모른다. 해고되지 않을 정도만 하는 습관이 생겼을지도 모른다. 누구나 고용하고 싶어 하는 훌륭한 소프트웨어 개발자가 되기에는 턱없이 모자라는데도 말이다.

이제 습관의 작동 방식을 이해하며 자신에게 유익하게 활용할 수 있다. 안주하는 게 불가능하도록 점진적으로 변할 수 있는 루틴을 개발할 수 있다.

이제 신경과학자들은 습관이 뇌를 물리적으로 재구성한다는 걸 안다. 그 과정이 어떻게 이루어지는지 이해하면 온갖 나쁜 습관을 없애고 결국 훨씬 더 생산적이고 집중력 좋은 프로그래머로 변신할 수 있는 좋은 습관을 기르는 데 도움이 된다.

프로그래머는 분석적으로 사고하는 사람들이다. 우리는 어떤 것이 어떻게 동작하는지 자세히 파고들어 잘 이해하려고 한다. 그러므로 습관이 어떻게 형성되는지 생물학적 수준에서 이해하면 자신의 경력에 올바른 습관을 적용하기가 훨씬 더 쉬워질 것이다.

# 습관 형성에 숨겨진
# 과학 이해하기

인간의 뇌에 관한 많은 부분이 여전히 밝혀지지 않았다. 하지만 다행히 습관 형성 방식에 대한 지식은 잘 알려진 편이다. 적어도 명망 높은 신경과학자들이 동의하는 일반적인 원칙이 존재한다.[1]

머신 러닝 관련 업무를 해봤다면 인공 신경망이라는 개념에 익숙할 것이다. 하지만 머신 러닝의 인공 신경망은 실제 신경망이 뇌에서 작동하는 방법을 고도로 단순화한 수학적 모델에 지나지 않는다.

우리의 뇌는 많은 신경 세포(neuron)로 구성되며, 신경 세포는 복잡한 신경망을 통해 서로 연결된다. 신경망은 뇌의 다양한 부분에 도달하는 신호를 전송한다. 그리고 신호가 가는 신경망의 경로를 신경 경로라고 부른다.

우리가 이전에 해본 적 없는 행동이라면 신경 경로가 만들어져 있지 않다. 그래서 완전히 새로운 건 배우기가 항상 어렵다. 뇌가 이 상황에서 할 수 있는 최선은 우리가 시도하는 행동과 희미하게나마 연관이 있는 신경 경로를 재사용하는 것이다. 이렇게 하면 해당 행동을 완료할 수 있지만 성과는 형편없고 사용되는 에너지는 매우 많을 것이다.

심리학자들은 새로운 것을 학습할 때 거치는 4단계를 묘사하는 모델을 개발했다.[5]

- 무의식적 무능력(unconscious incompetence). 프로그래밍에서는 프로그래머가 프로그래밍 업무에 필요한 새로운 기술을 아직 배우지 않았고 해당 기술을 숙달하기가 얼마나 어려운지 이해하지 못하는 단계.

- 의식적 무능력(conscious incompetence). 프로그래머가 이미 특정 기술을 배우기 시작했고 자신에게 어떤 지식이 얼마나 부족한지 잘 알고 있는 단계.

- 의식적 능력(conscious competence). 프로그래머가 해당 기술을 잘 사용할 수 있지만 사용할 때마다 의식적으로 집중해야 하는 단계.

- 무의식적 능력(unconscious competence). 프로그래머가 해당 기술에 능숙해져서 자동 조종 모드로 적용할 수 있는 단계.

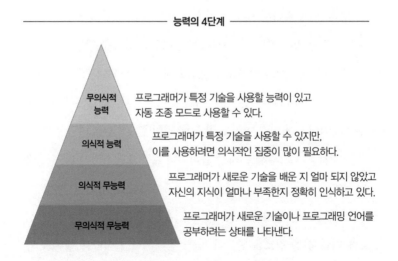

──────── 능력의 4단계 ────────

**무의식적 능력**
프로그래머가 특정 기술을 사용할 능력이 있고 자동 조종 모드로 사용할 수 있다.

**의식적 능력**
프로그래머가 특정 기술을 사용할 수 있지만, 이를 사용하려면 의식적인 집중이 많이 필요하다.

**의식적 무능력**
프로그래머가 새로운 기술을 배운 지 얼마 되지 않았고 자신의 지식이 얼마나 부족한지 정확히 인식하고 있다.

**무의식적 무능력**
프로그래머가 새로운 기술이나 프로그래밍 언어를 공부하려는 상태를 나타낸다.

컴퓨터 키보드를 처음 쓴 날을 기억하는가? 아니면 운전 연수를 처음 받던 날? 시키는 대로 할 수는 있었겠지만 첫 단어를 입력하거나 첫 20미터를 주행하는 데 꽤 오래 걸렸을 것이다.

어떤 행동을 반복하면 그 신체적 행동과 연관된 신경 경로가 강화된다. 뇌 신경망에 새로운 고속도로가 생기는 것이다. 그러면 신경 세포가 발화하기 쉬워진다. 그래서 시간이 지남에 따라 별생각 없이 키보드로 입력하거나 자동차를 운전할 수 있게 된다. 새로운 경로를 만드는 게 어렵기 때문에 에너지를 보존하고 싶어 하는 뇌는 이런 방식을 선호한다.[6]

유명한 정신의학과 의사이자 작가인 대니얼 J. 시겔은 이렇게 말했다. *"주의력이 향하는 곳으로 신경 발화가 흐르고 신경 연결이 성장한다."*[7]

그러나 이 원리는 새로운 기술을 배우는 과정에만 국한되지 않는다. 새로운 루틴에도 적용된다. 신경 경로는 신체적 행동만 제어하는 게 아니다. 신호와 연상도 신경 세포에 의해 시그널로 전달된다.

예를 들어 양치질에는 많은 기술이 필요하지 않다. 매우 단순한 동작이 이어지며 어린 아이도 별 노력 없이 할 수 있다. 다만 어린 아이는 양치질이 지루하고 시간 낭비이며 불필요한 행동이라고 생각할 것이다.

그러나 시간이 지나면 양치질 과정은 그냥 루틴이 된다. 뇌는 신호에 따라 신경 경로를 만든다. 뇌는 침대에서 일어나는 행동과 양치질을 연결하여 양치질을 연상하는 신호로 쓸 수 있다. 혹은 알람 소리를 쓸 수도 있다. 정확한 연관 관계가 무엇이든 아침이 오면 화장실로 가서 양치질을 한다. 여러분은 양치질을 한다는 생각조차 하지 않는다. 마지막으로 양치질을 할 때 손을 정확히 어떻게 움직였는지 기억하지 않는다. 그 행동이 완전히 무의식적이었기 때문이다.

이제 여러분은 생물학적 수준에서 습관이 어떻게 형성되는지 안다. 이 지식이 프로그래밍 경력에 가장 파괴적인 영향을 미치는 대상에 대응하는 데 도움이 될 것이다. 그 주인공은 바로 미루는 습관이다.

## 미루는 이유

소프트웨어 개발자로서 당신은 미루려는 욕구에 정기적으로 대처해야 할 것이다. 그리고 주변에 방해 요소가 너무 많을 때는 특히 저항하기 어려울 것이다.

그러나 당신이 진정으로 뛰어난 프로그래머가 되길 원한다면 미루는 습관은 치명적인 적이다. 미루다 지나간 시간은 기술 개발에 쓸 수 있는데 쓰지 못한 시간이다. 그렇게 미룰수록 전문성 개발은 더 늦어진다.

그보다 더 나쁜 경우도 있다. 미루는 습관은 급한 일을 완료하려고 할 때 시간을 더 지체할 것이다. 만약 미룬 일이 조직의 목표 달성을 위해 꼭 필요한 업무였다면 이로 인해 해고될 수도 있다.

그리고 미루기는 즐겁지도 않다. 미뤄서 얻는 건 아무것도 없다. 작업을 완료하려고 했지만, 무심코 인터넷을 떠돌다가 결국 완료하지 못했던 그날을 기억하는가? 만약 나와 비슷한 사람이라면 작업을 마치지 못해 죄책감을 느꼈을 것이고 인터넷에서 이것저것 보는 동안 어떤 즐거움도 얻지 못했을 것이다.

그런데 왜 미룰까? 미뤄서 얻을 수 있는 혜택은 아무것도 없고 경력 발전에 해가 될 뿐인데.

이제 당신은 뇌가 에너지를 소비하는 장기이며 에너지를 가능하면 최대한 보존하고 싶어한다는 사실을 알게 되었다. 이것이 우리가 미루기를 하는 주된 이유다.

뇌는 눈앞의 과제가 너무 어렵다고 인식하면 그걸 피하려고 최선을 다할 것이다. 그래서 이 일을 해서 얻는 이득을 충분히 이해하고 있더라도 무의식적인 충동이 다른 일을 하고 싶게 만들 것이다. 보통 훨씬 더 쉽고 더 즐거운 어떤 것을 하고 싶다는 갈망을 느끼게 된다. 그래서 뭔가 미룰 때 소셜 미디어 피드를 끝없이 스크롤하거나 유튜브 동영상을 연달아 시청하는 것처럼 아무 생각 없이 하는 일을 하게 된다.

이건 자기 파괴의 일종이다. 하지만 무의식의 마음은 그런 식으로 인식하지 않는다. 오히려 너무 많은 자원을 사용할 수 있는 일로부터 당신을 구했다고 생각한다. 무의식의 마음은 다음 식사가 보장되지 않던 석기시대에 머물러 있다는 걸 잊지 마라.[8]

뇌는 이전에 해본 적이 없는 작업을 너무 크고, 너무 어렵다고 인식하기 쉽다. 해당 작업의 어려움을 비교할 수 있는 정보가 아직 없기 때문이다. 그래서 기본적으로 이런 작업을 단순히 '매우 크다'로 분류한다.

미루기는 누구나 빠지기 쉬운 함정이지만, 소프트웨어 개발자처럼 지적으로 도전적인 일을 하는 사람에게는 특히 큰 문제가 될 수 있다.

소프트웨어 개발자로서, 당신은 전에 해본 적이 없는 일을 자주할 것이다. 새로운 기술을 배울 때도 있고 익숙하지 않은 시스템에서 문제를 조사할 때도 있다. 작업이 얼마나 어려운지 추정할 수 없다면 뇌는 자연히 매우 어렵다고 인식한다. 그런 생각에서 벗어날 방법은 없다. 이것이 뇌가 동작하는 생물학적인 기본 원리다.

아마 내 말에 공감할 수 있을 것이다. 새로운 기술이나 프로그래밍 언어를 공부해야 할 때 느꼈던 내적 저항을 기억하는가? 익숙하지 않은 시스템에서 기능을 만들거나 버그를 조사해야 할 때도 이런 저항을 느낀 적이 있을 것이다. 아마 가능한 한 오래 미뤘을지도 모른다. 그러나 일단 시작하면 생각만큼 나쁘지 않고 꽤 즐겁게 계속할 수 있을 것이다.

때로 미루려는 욕구를 불가피하게 경험한다. 하지만 그 욕구와 싸워서 이길 수 없다는 건 아니다. 이럴 때 습관의 작동 방식을 활용하라. 미루기는 습관이다. 미루려는 욕구에 굴복하는 횟수가 늘어날수록 그 욕구에 저항하기가 점점 더 어려워진다.

하지만 미루고 싶은 충동에도 불구하고 일을 완수하도록 스스로를 설득한다면 그 또한 습관이 될 수 있다. 그런 상황을 충분히 자주 경험하는 것으로 충분하다. 나중에는 이런 충동을 쉽게 물리칠 수 있을 것이다.

자, 그럼 이제 생산적인 습관을 기르는 더 구체적인 단계를 얘기해 보자.

## 양치질만큼 쉽게
## 코딩하기

구강 위생을 잘 관리하는 사람은 양치질을 본능적으로 한다. 뛰어난 소프트웨어 개발자가 되려면 전문 기술 역시 그렇게 본능적으로 하는 일로 만들어야 한다.

이미 여러분은 신경 경로가 어떻게 만들어지는지, 왜 소프트웨어 개발자에게 미루는 습관이 생기기 쉬운지 알고 있다. 물론 프로그래밍은 양치질과 비교할 수 없을 정도로 훨씬 더 어렵다.

나쁜 소식은 소프트웨어 개발 기술을 능숙하게 다루려면 만만 찮은 장애물을 극복해야 한다는 것이다. 이 문제에는 선택의 여지가 없다. 여러분의 의지력을 사용해야 한다.

하지만 좋은 소식은 처음에만 그렇게 하면 된다는 것이다. 새로운 신경 경로가 형성되고 탄탄해지면 작업이 쉽게 느껴진다. 전에 많이 해본 일과 비슷하다면 무의식적인 마음이 각 작업의 난이도를 정확히 알기 때문에 미루고 싶은 충동이 더 이상 느껴지지 않거나 느껴지더라도 대응하기 어려울 정도로 심하지는 않게 된다.

양치질 비유로 다시 돌아가 보자. 평소에 여러분은 구강 위생을 적극적으로 걱정하며 양치질을 하지 않는다. 그저 양치질을 하라는 신호를 수년간 쌓아 왔기 때문에 자연스럽게 양치질을 하게 된다.

같은 원리가 좋은 작업 습관을 형성하는 데에도 적용된다. 주변 환경을 특정한 신호로 채우면 시간이 지남에 따라 무의식이 그런 신호를 작업과 연결시키기 시작할 것이다. 그러면 업무에 100% 집중할 수 있을 것이다.

어떤 방법이든 쓸 수 있다. 다양한 기법이 다양한 사람에게서 다양한 수준의 성공을 이뤘다. 그러나 일반적인 원리는 모두에게 적용된다.

스콧 핸슬먼은 마이크로소프트에서 가장 유명한 시니어 소프트웨어 개발자 중 한 명이며 생산성의 천재로 보인다. 그는 블로그를 운영한다. 영상을 촬영한다. 사람들을 인터뷰한다. 전 세계를 여행하며 강연한다. 프로그래밍 교육 과정을 내놓는다. 이 모든 일을 마이크로소프트의 바쁜 업무 일정을 소화하면서 한다. 게다가 이 모든 것을 해내는 그에게는 가정이 있다.

그러나 그는 사실 그렇게 특별하지 않다. 그의 강연 중 가장 인기 있는 주제 중 하나는 생산성 해킹이다. 그의 강연을 들어보면 그는 루틴을 설계하는 능력이 매우 뛰어난 것 같다. 그리고 루틴은 견고한 습관이 된다.[9]

기본적으로 그는 소프트웨어 개발의 진정한 고수이자 메타 스킬의 고수다. 그러나 그를 성공적인 소프트웨어 개발자로 만든 건 메타 스킬이며, 소프트웨어 개발자로 성공했기 때문에 메타 스킬이 길러진 게 아니라고 강조한다.

예를 들어 그는 방해 요소가 없는 환경을 조성하고 특정 목표를 달성하는 데 필요한 좁은 범위의 대상에만 집중하는 습관을 기르라는 이야기를 많이 한다.

그는 또한 자기 업무가 사생활을 방해하지 못하도록 잘 막는다. 루틴 덕분에 그에게는 재충전할 여유도 충분하다. 예를 들어 그는 가족과 함께하는 저녁 시간이나 주말, 휴가 중에 전자기기를 완전히 꺼둔다.[10]

우리는 여기서 스콧 핸슬먼을 통해 아주 훌륭한 습관 형성 기술 중 하나를 알 수 있다. 업무를 인생의 다른 측면과 분리하고 강력한 연상 신호를 만들면 일에 대한 집중력과 생산성을 크게 높일 수 있다는 것이다.

업무를 인생의 다른 부분과 나눌 때 시간, 공간 또는 시공간 모두를 기준으로 쓸 수 있다. 예컨대 이렇게 나눌 수 있다.

- 업무 시간 시작을 알리는 특별한 알림음을 지정하라.
- 항상 정확히 같은 시간에 업무를 시작하라.
- 오로지 업무를 위해 존재하는 방에서 일하라.
- 업무용 컴퓨터는 업무 외에 다른 용도로 쓰지 마라.

각자 자신에게 가장 잘 맞는 방법을 선택할 수 있다. 이런 루틴이 효과가 있는 이유에 대해 뒤에서 더 자세히 살펴본 후에는 생산성 향상을 위한 자신만의 루틴을 설계하는 방법을 더 잘 이해하게 될 것이다.

그러나 일단 일관성이 핵심이라는 걸 기억하라. 일하는 동안 이렇게 작은 의식을 계속 수행하면 뇌는 그런 의식과 일을 연결하기 시작할 것이다. 시간이 지나면 특정 신호만으로도 자리에 앉아서 생각 없이 일을 시작할 수 있는 상태에 도달할 것이다.

이전에 의식적으로 생산성을 개선하려고 노력해 본 적이 없는 사람이라면 초기 기간이 어렵게 느껴질 수 있다. 누구나 그렇다. 어떤 날에는 집중할 수 있지만, 어떤 날에는 집중하기 어려울 것이다.

여러분이 해야 할 일은 하고 싶지 않더라도 억지로 일을 시작하는 것이다. 조금 더 쉽게 하려면 연관된 신호를 만들어라. 매일 일정한 시간에 시도하거나 항상 일정한 장소에서 시도하라. 또는 오로지 업무용으로만 쓰는 전자기기에서 하라. 아니면 여러 방법을 조합해도 좋다.

반복적으로 하면 무의식적인 습관이 된다. 그러면 특정 신호를 볼 때 생산적인 활동으로 뛰어드는 습관이 형성된다. 같은 방법으로 반복을 계속하다가 결국은 습관처럼 자동 조종 모드를 수행하게 된다.

시간이 지나면 작업 자체가 쉬워진다. 정기적으로 새로운 자료를 공부하면 그 과정을 즐길 방법을 알게 된다. 코드를 정기적으로 자주 작성하면 프로그래밍 기술 중 많은 것이 익숙해질 것이다. 버그를 찾고 수정하는 작업에 반복적으로 노출되면 비슷한 시스템에서 작업할 때 어디를 살펴봐야 할지 알게 된다. 여러분의 뇌는 이러한 작업을 더는 특출나게 어려운 작업이라고 인식하지 않을 것이다.

코딩을 본능적으로 하려면 코딩을 많이 해 봐야 한다. 선택의 여지가 없다. 습관 형성에는 시간이 걸린다. 그리고 반복이 핵심이다.

## 성공적인 프로그래머에게는
## 어떤 습관이 있을까

마틴 파울러는 소프트웨어 업계에서 소프트웨어 설계와 아키텍처 분야의 전문가로 잘 알려져 있으며, 자신의 성공적인 경력이 습관에 크게 기인한다는 걸 강조하기 위해 켄트 벡의 유명한 인용구를 자주 사용한다. *"난 훌륭한 프로그래머가 아니다. 단지 훌륭한 습관을 기른 괜찮은 프로그래머일 뿐이다."*

하지만 훌륭한 프로그래머가 되려면 정확히 어떤 습관을 길러야 할까? 사실 가장 기본적인 습관은 프로그래밍 분야뿐 아니라 어느 분야에서나 길러야 하는 습관이다. 이제 이런 습관을 '자기 통제력 습관'이라고 부르자.

그러나 대중적인 오해와 달리 하기 싫을 때도 의지력을 써서 어려운 일을 하는 것이 자기 통제력의 전부가 아니다. 자기 통제력은 목표를 달성하는 데 도움이 되는 일을 쉽게 할 수 있도록 환경과 루틴을 재구성하는 것이기도 하다. 이런 변화가 동반되면 의지력을 많이 쓸 필요가 없다.

당신이 프로그래머로서 업무 환경에 적용하면 좋은 변화는 인지 부하를 줄이는 것이다.

## 인지 부하
## 줄이기

이런 습관이 있으면 유용한 작업에 집중할 수 있다. 습관이 길러질 때까지는 의지력을 발휘해야 한다. 앞서 이야기했듯이 의지력(하고 싶지 않은 일에 의식적으로 집중을 유지하는 것)은 한정된 자원이다. 의지력은 에너지를 다시 채울 무언가를 할 때까지 한정된 에너지를 소모한다.

하지만 에너지를 다시 채우려면 에너지를 고갈시키는 것보다 훨씬 더 오랜 시간이 걸린다. 그래서 인간에게는 평균 8시간의 수면이 필요하다. 반면 대부분의 사람들이 의식적으로 집중하는 활동을 유지할 수 있는 시간은 하루에 고작 두어 시간밖에 되지 않는다.

소프트웨어 개발처럼 인지적으로 부담이 되는 작업에서 가장 어려운 부분 중 하나는 그 일을 할지 결정하는 과정이다. 일을 하겠다고 결정하자마자 앉아서 작업에 돌입하는 것처럼 간단하게 되는 게 아니다. 해야 하는 작업은 작업 대신 할 수 있는 온갖 흥미로운 활동과 경쟁한다. 따라서 작업을 하기로 결심하려면 하고 싶은 다른 일과 비교하며 장단점을 평가해야 한다. 이런 평가는 의식적이거나 반쯤 무의식적인 수준에서 이루어진다. 그래서 이 과정이 그토록 피곤한 것이다.

의식적인 결정을 너무 많이 내리느라 지치는 것을 의사 결정 피로감 또는 자아 고갈이라고 한다. '자아 고갈'이라는 용어는 세계적인 사회심리학자인 로이 바우마이스터(Roy Baumeister)가 처음 사용했다. 그 이후 해당 주제에 대해 많은 연구가 이루어졌다.[11]

일부 성공적인 기업인은 이 개념을 직감적으로 이해했다. 예를 들어 스티브 잡스는 항상 똑같은 옷을 입었다. 그의 옷장에는 똑같은 옷이 여러 벌 있었다. 하지만 이는 의사 결정 피로감을 최소화하기 위해 그가 수행한 의식 중 잘 알려진 한 가지 예일 뿐이다. 그는 이런 의식을 여러 개 수행했다. 예컨대 자신에게 제시되는 거의 모든 아이디어에 '아니요'라고 한 것, 다른 사람에게 적극적으로 작업을 위임한 것으로 악명이 높았다.[12]

입을 옷을 선택하는 과정은 쉬워 보여도 멘탈 에너지를 조금씩 고갈시킨다. 그리고 이렇게 사소한 결정을 많이 내려야 한다면 그 모든 소소한 에너지 소비가 축적된다. 정기적으로 내려야 하는 의사 결정의 수를 최소한으로 관리하면 정말 어려운 결정을 내릴 에너지를 충분히 확보할 수 있을 텐데 스티브 잡스는 애플 CEO로서 이런 결정을 자주 많이 내려야 했을 것이다.

따라서 흥미로운 다른 일에 주의를 뺏기지 말고 집중해서 일하는 습관을 길러야 한다. 그리고 그러려면 자아 고갈을 가능한 한 줄여야 한다.

주변 환경에서 주위를 분산시키는 신호를 최대한 많이 제거하는 것은 좋은 전략이다. 그러면 훨씬 더 빠르게 탄탄한 습관을 기를 수 있다.

게임을 좋아하는 사람이 일하는 방에 좋아하는 게임 포스터를 붙여 두었다면 일에 집중하기 어렵다. 심지어 책상 바로 옆에 콘솔 게임기가 있다면 더 어려울 것이다. 소셜 미디어를 좋아하는 사람의 작업용 컴퓨터에 소셜 미디어 계정이 로그인되어 있다면 타임라인을 스크롤하고 싶다는 유혹에 저항하기 어렵다.

그러니 작업용 컴퓨터 브라우저에 있는 오락용 자원에 대한 로그인 정보를 전부 삭제하라. 모든 오락용 앱과 게임도 지워라. 휴대전화를 무음으로 설정하고 시야에서 치워라. 더 좋은 건 아예 다른 방에 두는 것이다.

옷장에 있는 옷을 전부 갖다 버리고 똑같은 옷을 여러 벌 사서 스티브 잡스를 제대로 따라 해도 좋다. 도움이 될 것이다. 하지만 그렇게까지 하는 건 대다수에게 과한 처사다.

보다시피 자기 통제력 습관을 발전시키는 가장 효과적인 방법은 어려운 일을 억지로 하는 게 아니라 환경을 재정비해서 이런 일을 쉽게 할 수 있게 하는 것이다. 생산적인 일에 집중하는 데 도움이 되는 환경에서는 많은 의지력을 발휘하지 않아도 집중할 수 있다. 자신의 주변 환경에서 인지적 잡동사니를 꾸준히 제거하면 무언가를 억지로 하지 않아도 자신을 잘 통제할 수 있다.

## 좋은 프로그래밍 습관 기르기

기본적인 자기 통제력 습관을 제대로 길렀다면 좋은 프로그래밍 습관도 분명히 길러야 한다. 코드를 직감적으로 타이핑하는 게 전부가 아니다. 오랜 기간 많이 코딩하면 이런 기술이 생기긴 하겠지만 이런 기술은 중요도가 낮다.

여러분은 올바른 방법으로 소프트웨어를 개발하는 습관을 기르도록 노력해야 한다. 코드를 아무렇게나 작성하지 말고 유지 보수하기 좋고 버그가 없는 클린 코드를 본능적으로 작성하는 능력을 길러야 한다.

마틴 파울러는 좋은 프로그래밍 습관을 개발하는 데 도움이 되는, 시대를 초월하는 조언을 했다.[13]

"오늘 작업을 오늘 완료하려고 내일 작업을 내일 완료할 수 없는 방식으로 일하면 실패한다."

"프로그램에 기능을 추가해야 할 때, 프로그램의 코드가 기능을 추가하기 불편한 구조로 되어 있다면 기능을 쉽게 추가할 수 있게 프로그램을 리팩터링한 후에 기능을 추가하라."

그가 수십 년에 걸쳐 개발한 이런 실천 방안이야말로 똑같은 세월을 코딩했지만 코딩을 잘하지 못하는 이들과 그가 차별화되는 이유일 것이다.

이런 인용구는 임의의 문장(statement)을 마구 작성하지 않고 코드를 적절히 구조화하는 목적을 요약하여 보여 준다. SOLID 원칙 같은 모범 사례 코딩 스타일 관례와 디자인 패턴이 존재하는 이유가 있다. 이런 모범 사례를 하나도 적용하지 않아도 문제를 해결하는 코드를 작성할 수 있다. 하지만 그 결과 코드 구조가 엉망이 되면 미래에 많은 문제가 발생할 것이다.

이것이 나쁘게 작성된 코드를 '기술 부채'라고 부르는 이유다. 한 걸음 물러서서 모범 사례를 생각하지 않고 문제에 대한 해결책을 작성하면 당장은 시간을 약간 절약할 수 있을지 모른다. 하지만 별 의미 없이 약간의 시간을 절약한 대가로 미래에 이런 코드를 재구성하면서 훨씬 더 많은 일을 해야 할 것이다. 마틴 파울러가 이런 코드를 볼 때마다 리팩터링하라고 말한 이유가 여기에 있다. 이렇게 소소한 추가 업무로 미래에 번거로운 작업을 크게 덜 수 있다.

그렇다면 구체적으로 어떤 모범 사례를 구현해야 할까? 모범 사례는 많고 모든 걸 기억하는 건 불가능하다. 사실 모든 걸 알 필요도 없다. SOLID, KISS, DRY 원칙은 앞서 언급한 코딩 스타일 관례와 디자인 패턴과 함께 이런 모범 사례의 예다. 하지만 모범 사례를 자세히 다루는 건 이 장의 주제를 벗어난다.

소프트웨어를 작성하는 동안 모범 사례를 적용하는 습관을 기르는 가장 쉬운 방법은 평소에 존경받는 소프트웨어 개발자가 쓴 책과 블로그 글을 읽으며 모범 사례의 세부 사항을 알아내서 주요 개념을 기록하고 본인 코드에 반영하는 것이다. 그러면 코드가 점점 더 좋아지고 어느새 이런 모범 사례를 완전히 직감적으로 수행하게 된다.

매주 일정한 요일 일정한 시간을 정해 두고 모범 사례를 배우는 건 일관된 루틴을 만드는 데 도움이 되며 그 자체로 습관이 된다. 생산성에 이렇게 접근하는 방식은 스콧 핸슬먼이 블로그와 강연에서 정기적으로 추천하는 방법이다.

프로그래밍 언어의 구문을 아는 것으로는 충분치 않다. 좋은 소프트웨어 개발자가 되려면 해당 언어를 잘 활용하는 방법을 알아야 한다. 그리고 그런 방법을 잘 규정해 놓은 것이 모범 사례다. 자기 분야에서 진정한 고수가 되려면 모범 사례를 습관으로 만들어라.

## 소프트 스킬도 중요하다

진정으로 뛰어난 소프트웨어 개발자가 되고 싶다면 소프트웨어 개발 실력을 키우는 것만으로는 충분하지 않다. 상당히 좋은 소프트 스킬도 습득해야 한다. 여기서 말하는 소프트 스킬에는 의사소통, 리더십, 판매 능력 같은 광범위한 대인 관계 능력이 포함된다.

물론 여러분은 대중 강연 전문가가 아니다(될 수 없다는 뜻으로 한 말은 아니다). 판매원도 아니다(소프트웨어 개발자도 때로 뭔가 팔 때가 있긴 하지만 그런 상황을 판매라고 지칭하지 않는다). 그러므로 전문 정치인과 정치 토론에서 이길 수 있는 수준까지 소프트 스킬을 개발할 필요는 없다. 그래도 분야를 막론하고 성공적인 경력을 쌓고 싶다면 적어도 다음 소프트 스킬은 일정 수준 이상으로 개발해야 한다.

- 코딩 실력은 연봉을 결정하는 유일한 요소가 아니다. 그러길 바라는 사람이 많지만 현실 세계는 그렇게 작동하지 않는다. **연봉**은 협상 능력에 따라 달라진다.

- 이력서로 접근할 수 있는 일자리는 제한적이다. 사실 일반적인 구직 절차를 통해 최상위 수준의 일자리를 얻는 일은 극히 드물다. 자신을 전문가로서 잘 표현하면 다른 방식으로도 일자리 제안을 받을 수 있다. 예를 들어 콘퍼런스에서 발표하는 모습을 본 다른 기업의 임원에게 입사 제안을 받을 수 있다. 또는 블로그를 본 채용 담당자가 입사 제안을 하기도 한다.

- 전문 기술이 뛰어나더라도 **의사소통** 기술이 좋지 않다면 경력을 크게 발전시키기 어렵다. 코딩 실력이 회사에서 가장 뛰어난 사람이라도 그 사람과 아무도 일하고 싶어 하지 않는다면 승진할 수 없다. 객관적으로 가장 좋은 아이디어를 내더라도 회의에서 그 아이디어를 납득시키지 못한다면 그 아이디어를 구현할 수 없다.

- 마지막으로 산업을 막론하고 높은 연봉을 받는 거의 모든 고위직에는 **리더 역할**이 포함된다. 시니어 소프트웨어 개발자는 더 이상 코딩만 하지 않는다. 그들은 팀에 영향을 미친다. 최소한의 영향력도 발휘하지 못하는 사람이라면 시니어 소프트웨어 개발자가 될 수 없다.

소프트 스킬을 배우고 습관으로 만드는 방식도 업무에 필요한 전문적인 하드 스킬을 익히는 방식과 비슷하다. 시간을 들여서 소프트 스킬을 배우고 배운 내용에 따라 행동과 말하는 방식을 조절하려고 의식적으로 노력하는 것이다.

시간이 지남에 따라 완벽하게 매력적인 사람이 되지는 않더라도 적어도 협업하기 좋은 사람이 되고 다른 사람들에게 영향을 미치는 사람은 될 수 있다. 아이디어를 잘 제시할 수 있기 때문에 그 아이디어가 실제로 구현될 가능성이 커진다. 당신의 행보에 호감을 느낀 사람이 갑자기 일자리를 제안하는 일도 있을 것이다.

나는 이런 일을 직접 체험했다. 예전에 나는 상당히 소심하고 내향적이었다. 의사소통을 잘하는 사람은 아니었다. 그리고 소프트웨어 개발 경력의 성공은 순전히 기술적 능력에 의해 좌우되어야 한다고 생각했다.

이런 태도를 바꾸기 전까지 중간 수준의 지위를 벗어나지 못했다. 하지만 소프트 스킬을 주도적으로 개선하자 경력이 극적으로 발전했다.

그래서 시작한 일이 프로그래밍에 대한 블로그를 운영하고 동영상 강의를 촬영하는 것이었다. 그 후로는 순전히 내 블로그나 강의를 보았다는 이유로 평판 좋은 여러 회사에서 일자리를 제안받았다.

대면 상호작용 능력을 발전시키자 이 또한 경력에 긍정적인 영향을 미쳤다. 나와 친분이 있던 사람이 최고 관리직 자리에 오른 후에 나를 책임 소프트웨어 엔지니어로 채용한 일도 있었다.

전문 기술이 프로그래밍 경력 개발에 극히 중요한 것은 사실이다. 하지만 소프트 스킬을 발전시키지 않으면 빠르게 한계에 부딪힌다.

하지만 좋은 습관을 기르는 데 그치지 말고 나쁜 습관이 생겨서 굳어지지 않도록 노력할 필요가 있다. 나쁜 습관은 당신을 경로에서 이탈시킬 수 있다. 좋은 습관을 잘 발전시켜 두더라도 마찬가지다.

## 발전에 방해가 되는
## 나쁜 습관을 없애라

습관에 관해 기억해야 할 가장 중요한 사항 중 한 가지는 습관 형성 과정을 통해 긍정적인 습관만 형성되는 게 아니라는 점이다. 이를 통해 어떤 습관이든 형성될 수 있다. 파괴적인 습관도 형성될 수 있다는 말이다. 따라서 목표 달성에 도움이 되는 습관을 기르려면 신중하게 노력하는 동시에 발전에 방해가 되는 습관이 생기지 않도록 주의해야 한다.

긍정적인 습관과 달리 부정적인 습관은 나도 모르는 새에 생긴다. 그런 습관에 대해 생각하지 않아도 그냥 저절로 생긴다. 그래서 일상적으로 하는 행동을 주의해야 한다.[14]

부정적인 습관의 또 다른 특징은 아무 노력 없이 생긴다는 점이다. 발전하기 위해 의식적으로 노력하지 않으면 자기도 모르게 생긴다.

과식, 과음, 흡연처럼 누구나 아는 부정적인 습관이 많다. 그런 습관은 건강에 좋지 않다. 그리고 그런 습관은 본격적인 중독으로 변할 수 있다. 하지만 이보다 덜 알려졌고 사회적으로 용인되지만 경력 발전을 방해하는 나쁜 습관도 존재한다.

앞서 언급한 미루는 습관도 그중 하나다. 다른 해로운 습관과 마찬가지로 이 습관도 아무 노력 없이 생긴다. 미루는 경향은 가끔 자연스럽게 나타난다. 그런 상황에 굴복하는 횟수가 늘어나면 어느새 몸에 깊이 배어서 없애기 정말 어려운 습관이 된다.

코딩할 때 모범 사례를 무시하는 습관도 마찬가지다. 코드를 적절히 구성할 방법을 고민하지 않고 그냥 코딩하기 쉽다. 하지만 이 습관 때문에 코드베이스가 유지 보수할 수 없는 엉망진창이 될 수 있다. 직업적인 명성과 경력도 희생시킬 수 있다. 몇 년 차 경력자임에도 코드를 엉망으로 작성한다고 소문이 날 수 있다. 그런 소문이 난 사람은 아무도 채용하려 하지 않을 것이다.

파괴적인 습관을 없애기 가장 좋은 시기는 습관이 완전히 자리를 잡기 전이다. 그 시점에는 아직 뇌에 신경 경로가 강력히 형성되지 않았을 것이다. 이미 강력히 자리 잡은 신경 경로를 약화시키려면 많은 시간과 노력이 필요하다.

그래서 성공적인 경력을 만드는 게 목표라면 하루 동안 본인이 어떤 생각과 행동을 하는지 정기적으로 검토하는 습관을 기를 필요가 있다. 그래야만 시간이 지남에 따라 원치 않는 습관으로 이어질 수 있는 행동 패턴을 발견할 수 있을 것이다.

## 마음챙김으로
## 나쁜 습관 방지하기

이런 목표를 달성할 방법은 많다. 마음챙김 명상도 많이 활용되는 방법 중 하나다. 마음챙김 명상을 하는 방법은 여러 가지가 있지만 가장 기본적인 방법은 눈을 감고 편안한 자세로 앉아 호흡에 주의를 기울이는 것이다. 어떤 생각이 든다는 걸 알아차릴 때마다 호흡에 다시 집중해야 한다.

마음챙김 전문가이자 스트레스 클리닉의 창립자인 존 카밧진(Jon Kabat-Zinn)은 이렇게 말했다. *"마음챙김은 깨어 있다는 뜻이다. 즉, 자신이 무엇을 하고 있는지 안다는 의미다."*[15]

마음챙김의 주요 이점은 정확히 자신이 무엇을 하고 있는지를 아는 것이다. 평소 많은 주의를 기울이지 않던 자신에 대해 알아가는 것이다. 그래서 마음챙김은 몰래 숨어들어서 단단히 뿌리를 내리려는 나쁜 습관을 발견하는 최상의 방법 중 하나다.

매일 10~30분 정도 명상을 실천하면 자신의 사고 패턴에 대한 더 나은 인지(awareness)를 얻을 수 있다. 그러면 부정적인 습관을 형성할 만한 생각이 드는 것을 발견하는 데 도움이 된다. 그런 생각이 눈에 띄면 적절한 조치를 취하여 제거할 수 있다.

# 저널 쓰기로
# 나쁜 습관 발견하기

그러나 눈을 감고 조용히 앉아 있는 게 맞지 않는 사람도 있다. 명상이 맞지 않는다면 자기 행동을 검토하는 다른 방법도 많다. 예를 들어 저널(journal)을 쓰는 습관을 기를 수도 있다.* 잠자리에 들기 전에 그날 무슨 일이 있었는지, 특히 자신이 어떤 행동을 했는지 기록하면서 자신의 행동에 주의를 기울이면 된다. 자랑스럽게 느껴지는 행동뿐 아니라 그다지 자랑스럽지 않은 행동도 기록해야 한다.

마르쿠스 아우렐리우스는 가장 유명한 로마 황제이자 스토아학파에서 가장 유명한 수행자로 알려져 있으며 꾸준히 저널을 작성했다. 아마도 이런 습관은 널리 알려진 그의 정직한 성격을 유지하는 데 도움이 된 주요 요인 중 하나였을 것이다. 사실 스토아학파 사상을 실천하는 사람이라면 누구나 읽었을 그의 저서 『명상록』은 저널 모음에 지나지 않는다.[16]

자기 생각을 종이에 적으면 더 또렷이 기억할 수 있다. 그리고 세월이 쌓이면 저널을 통해 바꿔야 할 행동 패턴이 드러날 것이다.

---

* 옮긴이 영어에서는 개인적인 경험, 일상, 감정을 정리하는 일기(diary)와 목표 설정, 성찰, 명상, 계획 등 다양한 주제와 관심사에 대한 의견이나 경험을 기록하는 저널(journal)이 구분되어 사용된다.

# 나쁜 습관을
# 좋은 습관으로 대체하기

부정적인 습관이 생기는 걸 발견했다면 어떻게 해야 할까? 가장 좋은 조치는 부정적인 습관을 좋은 습관으로 대체하는 것이다. 미루고 싶은 유혹을 조금이라도 느꼈다면 생산적인 다른 일로 주의를 돌려라. 그리고 이 생산적인 행동을 즉시 하라. 시간이 지남에 따라 미루고 싶다는 생각이 생산적인 행동을 촉진하는 신호가 될 것이다.

그런데 나쁜 습관을 좋은 습관으로 대체하는 것이 나쁜 습관을 없애는 가장 좋은 방법인 이유는 무엇일까? 다시 한번 뇌를 생물학적으로 살펴보자. 나쁜 습관을 대체하는 좋은 습관을 기를 때 하나의 신경 경로가 형성되고 나쁜 습관 신경 경로를 약화시킨다.

신경 경로가 형성될 때 신경 세포는 새로운 연결을 형성한다. 그런 연결을 자주 사용할수록 더 강해진다. 반대로 자주 쓰이지 않는 연결은 더 약해진다.

생산적인 일로 주의를 돌릴 때 미루는 습관이 없어지는 이유는 신경망을 기존 신호에서 멀리 떨어진 다른 곳으로 보내기 때문이다. 정기적으로 주의를 돌리면 새로운 신경 경로가 형성된다. 그러다 보면 미루려는 생각이 들 때마다 자연스럽게 주의력이 생산적인 일로 돌아간다. 무의식적으로 그렇게 된다. 그런 역할을 하는 신경 경로가 잘 자리를 잡았기 때문이다.

다만 좋은 습관을 기를 때든 나쁜 습관을 없앨 때든 습관을 기르는 데에는 시간이 든다는 걸 기억하라.

## 한동안 잘 되지 않아도 좌절하지 마라

생산적인 습관을 꾸준히 기르고 비생산적인 습관을 없애는 건 원하는 모습으로 자신을 만드는 가장 쉽고 좋은 방법이다. 하지만 가치 있는 일은 결코 쉽지 않다. 그래서 필요한 습관을 기르려면 시간이 들 것이다.

시간을 들였는데도 일이나 공부에 집중하는 일이 쉬워지지 않는다고 해서 좌절하지 마라. 이것은 의도된 일이다.

얼마나 오래 걸릴지, 얼마나 어려울지는 이미 길러 둔 습관이 얼마나 있는지, 좋은 습관과 나쁜 습관 중 어떤 쪽이 더 많은지에 달려 있다. 동료들에 비해 프로그래밍이 어렵다고 느낀다면 당신이 그들만큼 훌륭하지 않아서라기보다 생산성을 떨어뜨리는 짐을 당신의 뇌가 더 많이 짊어지고 있기 때문인지도 모른다.

천재여야만 모두가 고용하고 싶어 하는 뛰어난 프로그래머가 될 수 있는 게 아니다. 필요한 건 집중하는 능력, 앞서 우리가 논의한 좋은 습관을 기르는 능력이다. 당신을 돋보이게 하는 건 집중하는 능력이다.

우리는 모두 다르다. 아무 경험이 없는 젊은 사람은 프로그래밍을 정말 쉽게 배울 수 있다. 이런 사람은 아직 강력하게 뿌리 내린 습관이 없을 것이다. 뇌 안의 신경망이 아직 신선해서 무엇이든 만들 수 있다.

비생산적인 습관이 많은 사람은 생산적으로 변화하기가 어려울 것이다. 이런 사람이 생산적인 습관을 새로 기르려고 하면 이미 강력하게 자리 잡은 다양한 기존 신경 경로와 경쟁할 신경 경로를 만들어야 한다. 아마도 성공적인 사람으로 변하려면 많은 시간과 의지력을 들여야 할 것이다.

여러분이 아는 사람 중에 평생 생산성이 높은 사람도 있을 수 있다. 예를 들어 연구 과학자로 성공한 사람이 소프트웨어 개발자가 되기로 결심한다면 평범한 컴퓨터 과학 전공자보다 훨씬 더 짧은 시간 내에 완전히 유능한 프로그래머가 될지 모른다.

그런 사람은 이미 어떤 과학이나 공학 분야로도 적용 가능한 강력한 기본 습관을 형성했기 때문이다. 이들의 뇌 신경망은 이미 올바르게 구성되어 있다. 그리고 이것이 독학으로 성공적인 소프트웨어 개발자가 된 사람이 많은 이유다. 이들 중 다수는 공학이나 과학 분야에서 왔다.

유사한 현상을 신앙심 깊은 유대인 가정에서도 볼 수 있다. 유대인은 가장 불리한 상황에서도 평균적인 수준보다 더 높은 경제적 성공을 이루는 경향이 있다. 예를 들어 20세기 초에 사실상 아무것도 없이 미국에 도착한 유대인 대다수가 성공적으로 사업을 일구고 성공적인 경력을 쌓을 수 있었다.[17]

이는 유대교 전통에서는 자녀들이 공부를 많이 해야 한다고 규정하고 있기 때문이다. 복잡한 유대교 경전도 의무적으로 읽어야 한다.

모든 사람이 어른이 되어서까지 유대교에 남는 건 아니다. 하지만 어릴 적 습득한 학습 능력은 이들에게 평생 남는다. 그리고 그들은 이런 학습 능력을 바탕으로 시장에서 수요가 높은 기술을 익힌다.

진전이 없는 것 같아도 괜찮다. 긍정적인 모든 행동은 긍정적인 습관을 기르는 데 유익하다. 나쁜 습관 때문에 떠오르는 딴생각에 굴복하지 않을 때마다 딴생각에 굴복하지 않는 습관을 기르는 데 보탬이 된다. 그냥 올바른 습관을 꾸준히 기를 필요가 있다.

학습 경험이 많지 않거나 평생 부정적인 습관을 많이 쌓은 사람도 있을 수 있다. 하지만 그렇다고 진정한 성공을 거두지 못하리라는 법은 없다. 스스로를 변화시키는 데 시간이 조금 더 들 뿐이다.

다른 사람과 비교하지 마라. 대신 어제의 자신과 비교하라.

과정을 믿어라. 그러면 성과가 따를 것이다.

## 습관의 작동 방식을 기억하는 데
## 도움이 되는 비유

자기 마음을 정원이라고 상상해 보라. 이 정원을 돌보지 않는다면 어떤 일이 일어날까? 잡초로 뒤덮인다.

잡초는 아무 도움 없이 예상치 못한 곳에서 싹을 틔운다.

작은 잡초라면 큰 해는 끼치지 않는다. 쉽게 뽑을 수 있다.

하지만 이미 무성하게 자랐다면 피해가 심각해진다. 토양이 망가져서 정원에 심은 원예 식물이 자라지 못한다. 그리고 잡초를 뽑을 때 정원이 망가진다. 아니면 뿌리가 너무 깊어서 뿌리째 뽑지 못할 것이다.

반면 원예 식물을 키우려면 많은 노력이 든다. 토양 화학을 제대로 이해하지 못하면 식물이 죽는다. 물을 충분히 주지 않으면 죽는다. 죽지는 않더라도 원하는 대로 자라지 않는다.

더 아름다운 원예 식물일수록 더 적극적인 관리가 필요하다.

잡초는 저절로 생기는 습관을 나타낸다. 아무 노력 없이도 생긴다. 작다면 쉽게 없앨 수 있다. 어느 정도 크기로 자라면 해를 끼치기 시작할 수 있고, 없애는 게 불가능하지는 않더라도 더 어려워진다.

원예 식물은 긍정적인 습관과 같다. 이런 습관은 적극적으로 관리해야 한다. 그렇지 않으면 죽는다. 아니면 나쁜 습관으로 변한다.

예를 들어 끈기는 좋은 습관이다. 하지만 비생산적인 일을 끈기 있게 한다면 끈기는 나쁜 것이 될 수 있다.

가장 소중하고 아름다운 원예 식물은 탁월한 습관과 같다. 이런 습관이 있으면 제대로 두각을 나타낼 수 있다. 이런 습관은 가장 많은 유지 보수가 필요하다.

정원 일은 고되다. 특히 정말 아름다운 정원을 만들려면 더욱 힘들다. 뛰어난 프로그래머가 되기 위해 올바른 습관을 기르는 것도 마찬가지다. 하지만 아름다운 정원 같이 훌륭한 경력을 원한다면 절대적으로 거쳐야 하는 과정이다.

내가 정리해 둔 생산성 해킹 요령을 활용하면 이 과정이 조금 더 쉬워질 것이다.

https://simpleprogrammer.com/10hacks/

이제 여러분은 왜 올바른 습관과 딥 워크를 할 수 있는 능력이 프로그래머로서 성공적인 경력을 기르는 데 매우 중요한지 안다. 또한 현대의 스마트 기술, 특히 소셜 미디어가 성공적인 경력을 쌓는 데 큰 걸림돌로 작용하는지도 알게 되었다.

하지만 올바른 습관을 따르고 딥 워크하고 디지털 미니멀리즘을 실천하는 것만으로는 충분하지 않다. 올바른 마인드셋을 개발하지 않으면 이 모든 것이 아무 소용없다.

다음 장에서는 성공적인 소프트웨어 개발자가 되기 위해 올바른 마인드셋을 기르는 방법에 대해 이야기하겠다. 소위 '에코 체임버'라고 하는 올바른 사회적 환경을 조성하는 게 중요하다는 이야기로 그 첫머리를 열어 보자.

## 참고 문헌

1. 마이크 도 박사(Dr. Mike Dow), 『Your Subconscious Brain Can Change Your Life: Overcome Obstacles, Heal Your Body, and Reach Any Goal with a Revolutionary Technique(뇌의 잠재의식이 인생을 바꿀 수 있다: 혁신적인 기법으로 몸을 치유하고 모든 목표에 도달하라)』, Hay House Inc

2. 마이클 W. 리처드슨(Michael W. Richardson), How Much Energy Does the Brain Use?(뇌는 얼마나 많은 에너지를 사용할까?), https://www.brainfacts.org/brain-anatomy-and-function/anatomy/2019/how-much-energy-does-the-brain-use-020119

3. J. 스피어먼(J. Spearman), 존 티스달(Jon Tisdall), 『Moscow Marathon: World Chess Championship, 1984-85(모스크바 마라톤: 세계 체스 선수권 대회, 1984~85년)』, HarperCollins Publishers Ltd

4. 제임스 G. 페리(James G. Ferry), 크리스토퍼 H. 하우스(Christopher H. House), 『The Stepwise Evolution of Early Life Driven by Energy Conservation(에너지 보존에 의한 초기 생명의 단계적 진화)』, Molecular Biology and Evolution, Volume 23, Issue 6, June 2006

5. 브로드웰, 마틴 M.(Broadwell, Martin M., 20 February 1969), Teaching for

learning XVI(학습을 위한 교육 XVI), https://www.wordsfitlyspoken.org/gospel_guardian/v20/v20n41p1-3a.html. The Gospel Guardian. 2018년 5월 11일 검색.

6. 벤저민 가드너(Benjamin Gardner), 어맨다 L. 레바(Amanda L. Rebar), 「Habit Formation and Behavior Change(습관 형성과 행동 변화)」, Oxford Research Encyclopaedias

7. 대니얼 J. 시겔, 『알아차림: 현존의 과학 · 현존의 수행, 명상 수행의 혁명』, 한울림

8. 제인 B. 부르카(Jane B. Burka), 레노라 M. 유엔(Lenora M. Yuen), 『Procrastination: Why You Do It, What to Do About It Now(미루기: 왜 미루며 어떻게 대처하는가)』, Da Capo Lifelong Books

9. 스콧 핸슬먼, 스콧 핸슬먼의 생산성 요령 전체 목록, https://www.hanselman.com/blog/scott-hanselmans-complete-list-of-productivity-tips

10. 스콧 핸슬먼, 개발자의 삶 1.1.0 - 연결 끊기, https://www.hanselman.com/blog/this-developers-life-110-disconnecting

11. 로이 F. 바우마이스터(Roy F. Baumeister), 『의지력의 재발견』, 에코리브르

12. 월터 아이작슨(Walter Isaacson), 『스티브 잡스』, 민음사

13. https://martinfowler.com/

14. 웬디 우드(Wendy Wood), 『해빗』, 다산북스

15. 존 카밧진, 『존 카밧진의 마음챙김 명상』, 물푸레

16. 마르쿠스 아우렐리우스(Marcus Aurelius), 『명상록』

17. 에이미 추아, 『트리플 패키지』, 와이즈베리

# 4

## 에코 체임버는 경력에
## 어떻게 도움이 되는가

가장 많은 시간을 함께 보내는 다섯 사람의 평균이 당신이 된다.

짐 론(Jim Rohn)

엘리트 수준의 소프트웨어 개발자가 되고 싶은 사람이라면 올바른 습관을 기르는 게 중요하다는 것을 이미 알고 있을 것이다. 습관을 의식적으로 관리하지 않아도 좋은 개발자는 될 수 있을지 모르나 진짜 뛰어난 개발자는 될 수 없다.

지금쯤이면 프로그래밍처럼 사고력을 요하는 직업에서 딥 워크하는 능력이 얼마나 중요한지 충분히 이해했을 것이다. 이런 능력이 없다면 엘리트 수준의 프로그래머처럼 복잡한 문제를 풀고 빠르게 결과를 내는 게 불가능하다. 딥 워크는 또 하나의 습관일 뿐이다. 딥 워크에 능숙해지면 몰입 상태라고 알려진 진정으로 생산적인 정신 상태에 들어갈 수 있다.

그리고 여러분은 올바른 습관과 딥 워크하는 능력을 기르는 데 소셜 미디어만큼 방해되는 게 없다는 것도 안다. 소셜 미디어는 당신의 주의력을 독점하고 목표에 집중하지 못하게 방해하도록 의도적으로 설계되었다. 그리고 이를 위해 매우 강력한 메커니즘을 갖췄다.

우리는 지금까지 엘리트 수준의 소프트웨어 개발자가 되는 데 필요한 특정 전문 기술에 집중하지 않았다. 그 대신 필요한 전문 기술을 배우고 배운 기술을 실제 세상에 쉽게 적용할 능력을 갖춘 사람이 되기 위해 할 수 있는 것에 대해 이야기했다.

우리는 목표 달성에 도움이 되는 습관을 기르는 동시에 무의식 중에 목표 달성을 방해하는 부정적인 습관이 생기는 걸 방지하는 부분에 집중했다.

습관은 매우 중요하다. 하지만 습관은 방정식의 한 부분일 뿐이다. 매우 중요한 또 다른 부분은 마인드셋이다.

목표를 성취하려는 내재적 동기를 제공하는 것이 성장 마인드셋이다. 하고 싶지 않더라도 신중하게 습관을 관리하게 하는 것 또한 성장 마인드셋이다.

성장 마인드셋은 최소한의 필수품만 살 수 있을 정도의 그저 그런 일자리에 만족하지 말아야 하는 이유를 상기시키는 내면의 목소리를 만들어낸다. 저녁 내내 피자에 맥주 6개들이 한 묶음을 해치우면서 텔레비전 앞에 앉아 있으면 안 되는 이유를 알려 주는 바로 그 내면의 목소리다.

습관은 목표를 비롯해 인생에 있어 특별한 모든 것을 달성할 수단을 제공한다. 하지만 습관을 기르려면 노력해야 하고 노력할 이유를 제공하는 것이 성장 마인드셋이다. 성장 마인드셋이 있어야 목표를 달성하고 이미 가진 것 이상으로 나아갈 수 있다.

에코 체임버는 강력한 성장 마인드셋을 일구고 성장시키는 한 가지 방법이다. 과거에 동기와 야망이 별로 없었다고 하더라도 에코 체임버를 잘 활용하면 높은 성과를 내는 사람이 될 수 있다고 믿고 그렇게 되기 위해 무엇이든 하려는 강한 욕구를 느끼는 마인드셋을 만들 수 있다.

# 마인드셋이란
# 무엇인가?

이 책에서 '마인드셋'이라는 용어는 당신의 핵심 신념, 태도, 개인적인 원칙(자발적으로 지킴), 인생철학, 성격을 포함하는 포괄적인 용어로 사용한다.

어떻게 보면 마인드셋도 습관이다. 핵심 신념은 특정 대상의 작동 방식을 반복적으로 확인하다가 확인한 생각이 진실이라고 100% 확신하고 행동하기 시작할 때 형성된다. 태도는 경험에 의해 형성된다.

개인적인 원칙도 경험을 통해 형성되고 원칙을 꾸준히 지키는 능력은 연습을 통해 길러진다. 시간이 지남에 따라 인생 경험은 개인적인 철학으로 굳어진다. 그리고 그렇게 전체적인 성격이 만들어진다.[1]

하지만 스스로 기를 수 있는 습관과는 달리 마인드셋은 외부와 단절된 상태에서 형성되지 않는다. 우리의 마인드셋은 환경에서 끊임없이 받는 피드백의 영향을 받는다. 그리고 환경을 이루는 주요 요소는 직간접적으로 상호작용하는 사람들이다.

무엇이 사실인지, 얼마나 믿고 싶어 하는지는 중요하지 않다. 주변 환경에서 그게 사실이라고 확인해 주는 피드백을 받지 못한다면 절대 믿지 못한다. 그러면 그 사실은 당신의 핵심 신념, 다시 말해 마인드셋의 일부가 절대로 될 수 없다.

훌륭한 소프트웨어 개발자가 되길 열망하지만 사적으로 아는 훌륭한 소프트웨어 개발자가 없다면 자신이 엘리트 수준에 도달할 수 있다고 믿기가 매우 어렵다. 어디선가 들어본 적 있는 뛰어난 프로그래머들이 특수한 사례인 이유, 이들이 성공한 방법을 자신에게는 결코 적용하지 못하는 이유에 대한 변명이 저절로 머릿속에 떠오르기 시작할 것이다.[2]

누군가가 무언가를 믿는다고 할 때 그것이 객관적인 사실이어서 믿는 경우는 거의 없다. 대부분은 주변 환경에서 확인해 주는 피드백을 충분히 받아서 믿는 경우가 많다. 타당한 의견이라고 인식한 것이 인지 편향에 지나지 않더라도 마찬가지다.[3]

인지 편향이 반드시 나쁜 것만은 아니다. 도움이 되는 측면이 없었다면 진화 과정에서 살아남지 못했을 것이다. 다소 비현실적인 믿음이라 할지라도 목표를 달성하는 과정에 도움이 된다면 믿어도 괜찮다.

예를 들어 충분히 노력하면 백만장자가 될 수 있으리라고 확신하더라도 백만장자가 되지 못할 수 있다. 하지만 이런 노력 덕분에 안정된 생활을 보장하는 억대 연봉을 받게 될지 모른다.

반대로 자신이 백만장자가 될 수 있다고 믿지 않고 운 좋은 소수만 그렇게 될 수 있다고 믿더라도 노력해 볼 수는 있다. 하지만 그럴 때는 억지로 자신을 밀어붙여야 한다. 백만장자는 순전히 운이 좋아야 될 수 있고 노력이 중요하지 않다고 믿는다면 잠재의식이 이런 노력을 불필요한 자원 낭비로 볼 것이다.

또한 잠재의식은 인지 부조화를 좋아하지 않는다. 무언가를 확신하도록 프로그래밍했다가 틀렸다고 입증되는 걸 좋아하지 않는다. 그래서 이런 노력을 교묘하게 방해한다. '거봐. 내가 백만장자는 될 수 없다고 했잖아.'라고 할 수 있도록 말이다.[4]

그래서 객관적으로 맞는 핵심 신념보다 자신에게 도움이 되는 핵심 신념을 갖는 게 훨씬 더 중요하다. 통계적으로 보면 백만장자가 절대로 되지 못한다는 믿음이 될 수 있다는 믿음보다 더 현실적이다. 하지만 그 정도 부를 일굴 수 있다고 믿는 건 실제 백만장자가 된다는 최종 목표는 달성하지 못할지언정 더 멋진 인생을 사는 데에는 도움이 될 게 분명하다.

올바른 마인드셋을 구축하는 건 일상적인 행동을 적절히 조절하는 것만큼이나 중요하므로 대부분의 시간을 보내는 환경도 조절해야 한다. 성장 마인드셋을 일구고 목표를 달성하는 데 도움이 되는 피드백을 받을 수 있는 방식으로 환경을 구성해야 한다. 아마도 가장 중요한 건 대부분의 시간을 어떤 사람들과 보낼지 의식적으로 선택하는 것이다.

## 마인드셋은 평소
## 자주 대화하는 사람에 따라 달라진다

진부한 얘기지만 가장 많은 시간을 함께 보내는 다섯 사람의 평균이 당신이 된다라는 말을 들어본 적이 있을 것이다. 100% 맞는 말은 아닐지라도 현실의 작동 방식을 보여 주는 하나의 좋은 모델이다.

물론 어떤 집단의 구성원이 된다고 해서 타고난 성격이 달라지는 건 아니다. 단, 컬트 집단에 가입하는 건 예외다. 컬트 집단은 개개인의 고유한 특성을 모두 지워서 해당 집단의 지도자가 펼쳐둔 게임판에서 순종적인 말이 되도록 설계된다. 하지만 여전히 성격은 주변 사람의 영향을 받을 것이다.

우리의 잠재의식은 다른 사람과 상호작용하면서 상대의 생각을 흡수한다. 우리의 뇌에는 거울 신경 세포가 있고 우리는 주변 사람들, 특히 가장 많은 시간을 보내는 사람들과 친밀한 관계를 형성하도록 진화했다.[5]

거울 신경 세포는 우리를 집단에 적응시키는 뇌의 방식이다. 이는 중요한 생존 메커니즘이었다. 석기 시대에는 집단에서 추방되면 살아남지 못할 게 뻔했기 때문이다. 그래서 인간은 본래 홀로 지내지 않는다. 뇌는 거울 신경 세포를 통해 잠재의식 수준에서 우리의 행동을 조절해서 가장 많이 상호작용하는 사람들과 닮아가게 한다.

그리고 좋은 생각과 나쁜 생각을 구분하지 않고 흡수한다. 어떤 집단에서 한 가지 생각이 널리 받아들여지면 구성원 대부분이 이를 받아들인다. 뇌의 관점에서는 집단에 속하는 것이 올바른 생각을 하는 것보다 더 중요하다. 과거 석기시대에 부족에서 가장 똑똑하다고 한들 자기 의견을 내세우느라 집단에서 추방당한다면 득 될 게 없기 때문이다.

주위 사람들이 무심결에 당신에게 얼마나 많은 한계를 주입할 수 있는지 절대 과소평가하지 마라. 심리학에는 '크랩 멘탈리티(crab mentality)'라는 이론이 있다. 게 여러 마리를 양동이에 넣었을 때 일어나는 일을 묘사하는 비유에서 유래한 말이다.[6]

양동이에 게 한 마리를 넣어 두면 기어 나와서 사라진다. 하지만 여러 마리를 넣어 두면 한 마리도 탈출하지 못한다. 모든 게가 동시에 탈출하려 시도하다가 결국 서로를 끌어내린다.

인간 사회에서도 똑같은 일이 벌어진다. 누군가 이례적인 성과를 내려고 하면 의식적으로든 무의식적으로든 주변에서 그런 시도를 만류한다. 비유적으로 표현하자면 '끌어내리는 것'이다.

주변 모든 사람이 담배를 피우면 담배를 정말 끊고 싶어도 끊기가 무척 어렵다. 별 어려움 없이 혼자 뚝 끊었다가도 친구들을 만났는데 모두가 담뱃불을 붙이는 모습을 보면 참기 어려워진다.

친구들과 하는 일이 술을 진탕 마시는 게 전부라면 술을 적당히 마시거나 끊기가 무척 어렵다. 본인은 술을 마시지 않는 게 더 좋더라도 주위의 모든 사람이 술을 즐긴다면 저항하기 어렵다.

나는 상대적으로 더 빈곤한 동유럽 국가에서 영국으로 이민 왔을 무렵 크랩 멘탈리티를 본 적이 있다. 처음에는 그다지 훌륭하지 않은 도시의 노동자 계층 지역에 거주했다. 하지만 그 도시조차도 내가 떠나온 고국의 도시보다 훨씬 더 부유했다.

내가 보기엔 사방에 기회가 널려 있었다. 진짜 부자가 되는 방법이 아주 명확하게 보였던 건 아니지만, 안락한 중산층 생활로 진입하기 위해 해야 할 일은 매우 명확해 보였다.

영국에는 무료 직업 교육과 학교 교육이 존재했고 내가 살던 도시도 예외는 아니었다. 적절한 자격을 갖춘 전문 직업인에 대한 수요가 높았다. 그런 직업은 괜찮은 보수를 받았다. 물가가 저렴한 도시였기에 넉넉하다는 느낌을 받기에 충분한 액수였다. 개중에는 2년만 교육받으면 취업할 수 있는 직종도 있었다.

하지만 놀랍게도 그 지역에 사는 사람들 대부분은 이런 꿈을 꾸지 않았다. 이들에게는 자신이 사는 노동자 계층 지역 바깥에 있는 세계는 존재하지도 않았다. 심지어 평생 그 도시 밖을 한 번도 나가보지 않은 사람도 있었다!

이런 환경에서는 공장 노동이나 건설 공사 작업이 아닌 다른 일을 열망하는 모든 사람이 친구들의 조롱을 받았다. 지역 학교에서는 공부를 잘하면 괴롭힘을 당했다. 그리고 부모들이 자기 자녀에게 '지나치게 이기적인 중산층' 사람들이 나쁘다고 가르친다는 얘기를 너무 많이 들었다.

아직 어려서 비판적 사고를 키우기 전 가장 신뢰하는 환경에 속하는 가까운 사람들에게서 지속적으로 듣게 된 말은 당신의 뇌에 깊이 뿌리를 내린다. 그리고 그때 사회 경제적 사다리로 한 단계 위 계층에 있는 사람들이 나쁘다는 말을 들었다면 사다리 위로 올라갈 수 있다는 생각을 하기가 매우 어렵다. 더 나아가기 위해 거쳐야 하는 단계지만 잠재의식은 그 단계에 가려는 노력을 방해한다. 싫어하라고 배웠던 사람이 되려고 노력하는 것이기 때문이다.

그리고 그 공동체에서 본 또 다른 특징은 자녀가 본인보다 더 성공하는 걸 원치 않는 부모가 있었다는 점이다. 그런 특징은 실질적인 무언가를 성취하려는 자녀의 노력을 의식적으로든 무의식적으로든 방해하려는 충동으로 나타났다.

심지어 중등 교육이 무상인데도 학생들은 자기 용돈을 벌어야 했다. 중등 교육을 받는 십 대 아이가 가질 수 있는 가장 큰 자산은 자신을 지원해 주는 부모였다.

하지만 부모가 십 대 자녀에게 대학에 가면 네 몫의 집세부터 내라고 하는 걸 여러 차례 보았다. 그들 중 다수는 그 행동이 자녀에게 근면한 직업 의식을 심어 준다고 진심으로 믿었다. 하지만 현실은 이 때문에 자녀의 미래가 박탈되었다.

십 대가 집세를 내려면 일자리를 구해야 했다. 하지만 최소한의 교육만 받은 그들이 아무 경력도 없이 얻을 수 있는 일자리는 비숙런 최저 임금을 받는 자리뿐이었다. 대처 방법을 배우지 못한 채 이런 스트레스에 내몰린 십 대는 당장 벌 수 있는 수입을 교육보다 우선시했다. 그리고 이 때문에 이들이 선택할 수 있는 미래 경력은 심각하게 제한되었다. 맞다. 열심히 일하면 관리자 자리에 오를 수도 있다. 하지만 어릴 때 전문 기술을 열심히 배운 사람과 비교할 때 심각한 불이익을 떠안는 셈이었다.

하지만 이 상황에 아무런 악의도 개입되지 않았다는 걸 잊지 마라. 그 공동체의 사람들은 거친 노동자 계층의 삶이 자신에게 가능한 유일한 삶이라고 진심으로 믿었고 최선을 다해 다음 세대에게 이런 삶을 준비시켰다.

이 예시는 아마 환경이 인생에 큰 영향을 미치는 방식을 보여 주는 극단적인 예일 것이다. 하지만 환경이 이 정도 영향력을 끼친다는 사실은 어떤 공동체에나 적용된다.

앞서 든 복잡한 사회적 역학에 대한 예시가 정기적으로 함께 시간을 보내는 동료나 친구가 마인드셋 형성에 어떤 영향을 미치는지 이해하는 데 도움이 되었길 바란다. 당신이 속한 공동체가 그렇지 않더라도 크랩 멘탈리티 원칙은 적용된다. 직업적인 환경이라고 해도 마찬가지다. 근무 환경을 잘못 선택하면 경력 발전에 걸림돌이 될 수 있다.

최소한의 일만 해야 한다고 주장하는 프로그래머들이 당신 주위를 에워싸고 있을 수 있다. 그런 사람들은 모범 사례 하나 모르고 제대로 작동하지 않는 코드만 작성하다가 경력을 마칠지 모른다.

그런 환경에서는 일을 제대로 하자고 주장하면 비웃음만 산다. 블루칼라 지역 학교에서 공부를 잘하는 애들이 놀림을 받았던 것처럼 말이다.

좋은 프로그래밍 습관을 지닌 사람이 하나도 없는 환경에서 어떻게 그런 습관을 기르겠는가? 뛰어난 프로그래머를 한 명도 모르는데 주위에서 그런 프로그래머가 나올 거라고 어떻게 믿겠는가? 어쩌면 성공은 좋은 지역에 사는 부유한 아이들의 전유물일지 모른다.

그래서 가장 많이 상호작용하는 상대를 신중하게 고르는 게 매우 중요하다. 그렇게 할 수 있는 가장 효과적인 방법은 올바른 생각으로 계속 반향을 일으킬 에코 체임버를 만드는 것이다.

## 에코 체임버란
## 무엇인가?

'에코 체임버'라는 용어는 당신의 생각이 반향을 일으켜 당신에게로 되돌아오는 사회적 환경을 가리킨다. 에코 체임버 환경에서 이루어지는 대화에는 의견 차이가 거의 없다. 에코 체임버에 속하는 사람들은 많은 것에 동의하는 경향이 있다.

에코 체임버는 결코 무작위로 구성되지 않으며 관심사가 비슷한 사람들이 모여야 형성된다.

결국 우리의 뇌는 집단에 적응하려는 경향이 있으므로 이런 집단은 구성원의 관점이 서로 매우 가까워지도록 진화한다. 그렇게 에코 체임버가 형성된다.

에코 체임버는 반향(echo)이 많이 일어나는 비어 있는 커다란 방(chamber)과 같다. 한 구성원이 표현한 바가 나머지 구성원이 표현하는 바와 거의 같기 때문이다.

에코 체임버로 분류할 수 있는 사회 집단의 예는 많다. 에코 체임버의 가장 극단적인 예는 사이비 종교일 것이다. 그런 집단에서는 모든 구성원이 똑같은 신념을 갖도록 세뇌하고 반대 의견을 엄격히 처벌한다.

정당도 에코 체임버의 또 다른 예다. 더 급진적인 정당일수록 에코 체임버가 더 강력하다. 컬트(cult) 집단에 가까운 공산당의 에코 체임버는 온건한 중도 정당에 비해 더 강력할 것이다.[7]

사회적 맥락에서는 에코 체임버가 일종의 범위이므로 오래 지속되는 대부분의 사회 집단은 에코 체임버의 특성을 띤다. 대학의 토론반처럼 반대되는 생각을 논의하는 걸 장려하는 특수한 집단이 아닌 한 그렇다.

인간은 자연스럽게 에코 체임버를 형성하는 경향이 있다. 우리는 모두 사회적 동물이고 부족 구성원이라는 느낌은 진화적 측면에서 크게 유용한 자연적 본능이다. 소속되고자 하는 강력하고 자연스러운 욕구 때문에 인간은 선호도, 관심사, 인생관이 비슷한 사람들과 친분을 맺으며 이들과 어울리기 위해 행동을 조정하기도 한다.[8]

하지만 그와 동시에 에코 체임버 때문에 편향이 생기기도 한다. 똑같은 생각을 반복해서 들으면 객관적으로 사실이 아닌 내용도 더 이상 의문을 제기하지 않고 사실로 받아들인다.

인간으로서 우리에게는 많은 인지 편향이 있다. 에코 체임버가 강할수록 이런 편향이 더 강화된다. 왜곡된 현실관이 만들어지는 게 바로 이런 이유 때문이다. 어떤 생각이 객관적으로 정확한지 확인하고 품질이 좋은 출처를 다양하게 찾아보기보다 자신의 신념을 지지하는 모든 출처를 품질에 관계없이 받아들인다.

때로 지식을 얻기 위해서가 아니라 순전히 상대가 틀렸다는 걸 증명하기 위해 그렇게 하기도 한다. 어차피 확증 편향으로 인해 자기 생각은 머릿속에서 확실한 사실이 되었다.

에코 체임버의 문제점은 어떤 생각이 여러 차례 반복되면 뇌에 잘 발달된 신경 경로가 형성된다는 것이다. 그래서 모든 증거가 자기 생각이 틀렸다고 가리키더라도 이런 사실을 받아들이기가 매우 어려워진다.

디지털 시대가 되면서 에코 체임버의 모든 부정적인 특징이 웹, 특히 소셜 미디어로 인해 증폭되었다. 모든 콘텐츠 호스팅 플랫폼 뒤의 알고리즘은 우리에게 이전에 상호작용한 콘텐츠와 유사한 콘텐츠를 점점 더 많이 노출하도록 설계되었다. 시간이 지날수록 과거에 선호한다고 표현한 것과 유사한 콘텐츠만 보게 될 것이다.

에코 체임버가 불가피하게 당신의 의견을 특정한 방향으로 왜곡한다고 해서 모든 에코 체임버가 나쁜 건 아니다. 편향이라는 말에 일반적으로 부정적인 함의가 있는 건 사실이지만 편향도 나쁘지만은 않다.

첫째, 우리는 누구나 편향되어 있다. 편향에서 벗어날 방법은 없다. 누구에게나 어느 정도 선호가 있다.

둘째, 에코 체임버는 생각과 자기 신념을 효과적으로 전달하는 통로다. 에코 체임버와 관련된 온갖 부정적인 함의에도 불구하고 에코 체임버는 성장 마인드셋을 가장 빠르게 구축하는 최고의 도구가 될 수 있다.

많은 이들이 에코 체임버를 벗어나라고 권하지만 이는 꼭 따르지 않아도 되는 비생산적인 조언일 수 있다. 모든 에코 체임버가 나쁜 건 아니다.

## 모든 에코 체임버가
## 나쁜 건 아니다

에코 체임버가 그 자체로 나쁜 건 아니다. 좋은지 나쁜지는 해당 에코 체임버 내부에서 어떤 생각이 끊임없이 공유되느냐에 따라 결정된다.

그렇다. 사이비 종교도 에코 체임버의 한 예다. 하지만 성공적인 인생을 살고 있는 야심 찬 사람들이 모인 마스터 마인드 그룹*도 에코 체임버다. 전자는 피해야 하는 에코 체임버이고 후자는 노력해서 들어가야 할 에코 체임버다.

빅테크 기업은 이러한 에코 체임버 원칙을 잘 이해하고 있다. 그래서 높은 기준을 지닌 사람만 합격하도록 직원을 신중하게 선택한다. 그리고 직원에게 높은 직업적 기준을 가진 동료에게 둘러싸여 일할 수 있는 환경을 보장한다. 예를 들어 구글은 온보딩 기간 동안 신입 직원에게 '담당 동료'를 할당하여 회사에서 사회적 네트워크를 잘 형성할 수 있게 적극적으로 돕는다.[9]

성과 코치가 여는 세미나도 좋은 에코 체임버의 또 다른 예다. 토니 로빈스(Tony Robbins)** 같은 사람들이 왜 그렇게 인기가 있는지, 그들이 여는 세미나에 그렇게 많은 사람이 수백, 수천 달러를 지불하며 참가하는지 궁금하지 않은가?

세미나에서 얻는 정보 때문이 아니다. 훨씬 더 저렴하게 살 수 있는 책, 무료로 들을 수 있는 팟캐스트에서도 똑같은 정보를 얻을 수 있다.[10] 자기 계발서를 한 번 읽는 것으로는 부족하다. 성공 뒤에 숨어 있는 원칙에 대한 개념적인 이해만으로는 성공을 일구기에 충분하지 않다. 이런 원칙이 본능적인 습관으로 자리 잡을 때까지 연습

--------------------------------

* [옮긴이] 나폴레온 힐의 베스트셀러 『성공의 법칙』에 등장한 개념으로 서로 조언하고 지지하며 문제 해결을 돕는 사람들의 모임을 가리킨다.
** [옮긴이] 『네 안의 잠든 거인을 깨워라』, 『머니』 등 전 세계적인 베스트셀러 작가이자 동기 부여 전문가.

해야 한다. 하지만 최적의 환경에 있지 않거나 자신이 속한 사회 집단이 그런 생각을 적극적으로 반대한다면 연습하기가 매우 어렵다.

사람들이(전통적인 기준으로 볼 때 이미 성공한 사람들도 꽤 많이 참석한다) 그토록 큰돈을 기꺼이 지불하고 그 자리에 있으려는 건 도움이 되는 사람들에게 둘러싸이는 경험, 발전에 보탬이 될 생각에 몰입하고 동기를 얻는 경험을 위해서다.

며칠 내내 생각이 비슷한 사람들에게 둘러싸여 지내면 당신의 마음에는 생산적인 생각과 성장을 위한 비옥한 토양이 마련된다. 자기 생각이 타당하다는 걸 주변 환경을 통해 확인받는다. 그러면 잠재의식이 그런 생각을 더 쉽게 받아들일 것이다.

성장 마인드셋을 구축하고 성공을 열망하는 사람들로 구성된 에코 체임버를 추구하는 건 아마도 당신이 할 수 있는 최고의 일일 것이다.

특히 소프트웨어 개발자에게 에코 체임버의 좋은 예는 집중적인 코딩 부트캠프다. 부트캠프는 몇 개월 과정을 수료하는 것만으로도 몇 년을 들여 컴퓨터 과학 학사 학위를 취득한 사람을 앞서갈 정도로 매우 효과적이다.

집중적으로 진행하지 않는 코딩 부트캠프도 있지만 집중적인 부트캠프는 몇 달 동안 일주일에 70~80시간 정도를 투자해야 한다. 이런 부트캠프는 설사 시간제 근무라 하더라도 일과 병행하는 게 불가능하다.[11]

부트캠프에는 수강생을 한계까지 밀어붙이는 강사, 그리고 정기적으로 이야기를 나눌 수 있는 다른 수강생들이 있다. 그래서 몇 달 동안 여러분은 깨어 있는 내내 최대한 빠른 방법으로 코딩을 배우는 아이디어로 둘러싸인 환경에서 지낼 수 있다. 장시간 학습을 마다하지 않는 야심 찬 사람들에 둘러싸여 있으면 최선을 다하고 싶다는 동기가 생길 것이다.

코딩 부트캠프는 에코 체임버의 완벽한 정의다. 일정이 이 정도로 빡빡하면 부트캠프 외부 사람들과 어울릴 시간이 없다. 부트캠프와 무관한 콘텐츠를 소비할 만한 인지력이나 욕구도 그다지 남지 않을 것이다.

코딩 부트캠프를 수료하고 목표를 이룬 사람은 어렵지 않게 찾아볼 수 있다. 소프트웨어 개발자가 된 사람도 있고 더 나아가 창업한 사람도 있다. 가령 얼리사 라바시오(Alyssa Ravasio)는 코딩 부트캠프를 수료한 후에 온라인 텐트 예약 서비스 힙캠프(Hipcamp)를 시작했다.[12]

하지만 모든 사람에게 코딩 부트캠프를 다닐 만한 충분한 재정적 수단이나 시간이 있는 건 아니다. 마찬가지로 평판 좋은 부트캠프를 수료했다고 해도 어쩌다 나쁜 에코 체임버를 선택하면 열심히 구축한 좋은 마인드셋이 무너질 수 있다.

자, 이제 에코 체임버가 좋을 수도 있고 나쁠 수도 있다는 걸 알았다. 그렇다면 그 둘을 구분할 수 있는 신호는 무엇일까? 알고 보면 일반 원칙은 꽤 간단하다.

# 나쁜 에코 체임버
# 피하기

에코 체임버가 좋은지 나쁜지 구분하는 간단한 경험칙이 있다. 물론 다른 경험칙이 그렇듯이 모든 상황에 다 맞는 건 아니다. 하지만 대부분의 상황에 적용된다.

**좋은 에코 체임버는 당신이 신중히 찾아서 적극적으로 가입하려고 하는 곳이다.**

**나쁜 에코 체임버는 당신이 무심결에 끌려 들어간 곳이다.**

나쁜 에코 체임버에 들어가는 과정은 찬물에 개구리를 넣고 끓이는 것과 비슷하다.

끓고 있는 물에 개구리를 넣으면 개구리가 고통을 느끼고 즉시 뛰쳐나온다. 하지만 찬물로 채운 냄비에 개구리를 넣은 뒤에 물을 끓이기 시작하면 냉혈 동물인 개구리가 온도의 점진적인 변화를 눈치채지 못하다가 물이 끓어올라 죽을 때까지 냄비 안에 머문다.

나쁜 에코 체임버에 끌려 들어간 인간에게도 똑같은 일이 일어난다. 예를 들어 정치에 별 관심이 없는 한 사람이 있다고 상상해 보자. 사회에서 일어나는 많은 일 중에 간혹 강한 감정을 느끼는 일도 있지만 대체로 정치 문제를 신경 쓰지 않는다. 그럴 시간에 다른 할 일이 너무 많다.

하지만 어느 날 몇 안 되는 정치적 관심사 중 하나를 두고 누군가와 대화를 나눈다. 상대방은 특정 정치 운동을 적극적으로 지지하도록 이 사람을 설득한다. 이 사람의 견해와 그 운동에 일치하는 부분이 있기 때문이다.

이 사람도 그 운동에 동참하기로 한다. 본인이 강하게 확신하는 문제에 대해 의견이 일치하는 사람들에게 둘러싸여 있으면 기분이 좋기 때문이다. 그 운동이 대표하는 다른 가치 중에 반대할 만한 내용도 없어 보인다. 비록 그런 가치가 이 사람이 크게 신경 쓰는 문제가 아니고 그중 일부는 좀 어리석어 보이지만 무슨 상관인가?

처음에는 이 사람의 성격이 유지된다. 하지만 몇 년 후로 시간을 빨리 감으면 상황이 달라진다. 이 사람의 고유한 특성은 거의 남아 있지 않다. 이 사람은 자신이 몸담은 정치 운동의 전형적인 구성원처럼 말하고 행동한다. 지지 정당이 대표하는 가치에 대한 얘기만 한다. 정당이 대표하는 모든 가치에 동의할 뿐 아니라 과거에는 어리석다고 생각했던 생각까지 지지한다고 적극적으로 표현한다.

정확히 무슨 일이 일어난 걸까? 이 사람은 그 운동에 참여하기 시작한 이후 다른 지지자들과 꾸준히 상호작용했다. 그 운동 내부에서 순환되는 생각을 서서히 흡수하기 시작했다.

결국 이런 생각에 더 이상 의문을 제기하지 않았다. 마치 이런 생각을 자기 생각인 것처럼 받아들였다. 정치에 쏟는 시간이 늘어났고 과거에 관심이 있던 다른 일에 쏟는 시간은 줄어들었다. 마침내 정치에 강박이 생겼다.

정치 운동에 구성원을 세뇌시킬 힘이 있다고 하더라도 지나치게 급진적이거나 권위주의적이지 않다면 에코 체임버치고는 무해한 편이라고 볼 수 있다. 가장 파괴적인 최악의 에코 체임버는 사이비 종교다. 이런 집단은 인생을 망가뜨릴 수 있다.

프로그래머로서 접하는 부정적인 에코 체임버라면 인생을 망가뜨리진 않을 것이다. 하지만 그 때문에 경력 발전이 정체될 수 있다.

## 개발자가 접하는
## 유해한 노동 문화

만약 최소한의 일만 대충 하는 수준 이하의 소프트웨어 개발 팀에서 일하게 되면 시간이 지날수록 당신은 나머지 팀원을 닮아가기 쉽다. 멋진 프로그래밍 경력을 만들겠다는 모든 야망은 사라진다. 야망이 얼마나 큰지, 이 때문에 얼마나 노력했는지는 상관없다. 나쁜 에코 체임버 안에 있으면 최소한의 일만 하겠다는 마인드셋에 감염될 수 있다.

그러면 물이 끓기 시작한 걸 눈치채지 못한 개구리 신세가 된다. 처음에는 한층 더 노력하여 다른 팀원보다 나은 사람이 되겠다고 결심할지 모른다. 모든 팀원이 게으르다는 사실을 신경 쓰기보다 팀에 적응하려고 다른 팀원들과 어울릴 것이다.

그러나 당신 혼자서 여러 팀원을 상대해야 한다. 결국 당신을 둘러싼 그저 그런 환경을 받아들인다. 그래야 한다는 압박을 받을 수도 있다. 이를테면 관리자가 단위 테스트를 건너뛰라고 한다. 그들은 자신이 이해하지 못하는 이 이상한 관행 때문에 코드 작성 시간만 훨씬 더 길어진다고 생각한다.

최선을 다해서 모범 사례를 구현해야 하는 이유를 설명해도 팀원들이 동의하지 않을 수 있다. 당신이 팀에 합류하기 전에도 팀의 업무는 원활하게 진행되고 있었다. 그러면 바꿀 이유가 무엇이겠는가? 어차피 구글도 아닌데!

이런 상황이 문제인 가장 큰 이유는 이런 팀이 있는 그저 그런 회사도 소프트웨어 개발자에게 안락한 삶을 누릴 만한 꽤 두둑한 급여를 지급한다는 데 있다. 9시부터 5시까지 근무 시간을 채우면 그만인 일자리가 있다면 유혹에 굴복하고 야망을 잊기 너무 쉬워진다.

현재 그렇게 유해한 직장에서 일하고 있다면 최대한 빨리 그 회사를 떠나도록 노력해야 한다. 그런 직장을 항상 쉽게 떠날 수 있는 건 아니다. 막 경력을 시작했고 이직할 정도로 충분한 경력을 쌓지 못했다면 더 어려울 수 있다. 하지만 유해한 노동 문화를 견뎌야 하는 상황에서 업무 능력을 최상으로 유지하는 데 쓸 수 있는 도구를 곧 소개하겠다. 이런 도구는 유해한 직장을 떠나서 성장 마인드셋을 개발할 수 있는 직장을 쉽게 찾는 데 도움이 될 것이다.

그런데 개발자로서 만날 수 있는 유해한 에코 체임버는 직장에만 국한되지 않는다.

## 친구도 가족도
## 마인드셋이 다를 수 있다

당신의 연봉을 질투할 가능성이 있는 사람과 접하는 시간도 가능한 한 줄여라. 당신이 소프트웨어 개발자로서 받는 연봉은 아마 평균보다 높을 것이다. 규모가 작은 소프트웨어 개발 회사에 다닌다 하더라도 마찬가지다. 그러므로 그다지 유복하지 않은 환경에서 자랐다면 주위에 당신보다 수입이 훨씬 적은 사람이 많을 가능성이 높다.

그중 일부는 질투심을 느끼고 당신의 경력 발전을 의식적으로든 무의식적으로든 방해하려 할 수 있다. 부자는 나쁘다고 끊임없이 얘기하거나 당신의 근면한 직업의식을 비웃을지 모른다.

그러므로 '크랩 멘탈리티'가 발현되지 않도록 주의하라. 그리고 그런 상황에 처한 것을 깨닫게 된다면 가능한 빨리 거기서 벗어나라.

물론 당신을 끌어내리는 사람이 가족이나 어릴 적 친구여서 완전히 끊어낼 수 없을 때도 있다. 그들이 항상 질투나 악의에 사로잡

혀 그렇게 행동하는 건 아니다. 진심으로 좋은 조언을 한다는 생각
에 그렇게 말할 수도 있다.

그럴 때는 그들과의 연락을 최소로 유지하라. 연락을 끊지 말고
가끔 만나라. 하지만 어느 정도 거리를 유지하라. 가장 깊은 사적 영
역까지는 들어오지 못하게 하라.

## 지나치게 편하면
## 나쁜 에코 체임버에 빠질 수 있다

나쁜 에코 체임버를 의식적으로 선택하지 않는데도 무심결에 빠지
는 주된 이유는 나쁜 에코 체임버가 좋은 에코 체임버보다 더 편해
서다. 좋은 에코 체임버는 안전지대(comfort zone)를 떠나야 들어갈 수
있는 경우가 많다. 반면 안전지대에 머무르다 보면 자기도 모르게
나쁜 에코 체임버에 들어갈 수 있다. 따라서 나쁜 에코 체임버를 피
하기 위해 할 수 있는 최선은 너무 편안해지지 않는 방법을 배우는
것이다.

자기 경력에 안주하지 않도록 주의하는 게 좋다. 막 채용될 무렵
에는 정말 열심히 하는 야심 찬 개발자가 많다. 하지만 시간이 지나
모든 과정에 익숙해질수록 열정과 야망은 식어간다.

점점 편해지다 못해 어느새 편안함에 끌려다니기 시작한다. 그냥 흘러가는 대로 가다가 운이 좋으면 승진하기도 한다. 이런 사람이 조직에 많으면 앞서 말한 유해한 근무 환경이 만들어진다.

편안함이 얼마나 강력한 유혹인지 인식하라. 엘리트 수준의 개발자가 되고 싶은 당신에게 편안함은 적이다. 스티브 잡스가 말했듯이 굶주린 마음으로 지내라.[13]

편한 일보다 올바른 일을 하는 습관을 길러라. 어쨌든 그런 일도 시간이 지나면 편안해진다. 알다시피 습관이 이렇게 작동한다. 좋은 에코 체임버에 들어가는 것을 의도적으로 목표로 삼아라. 프로그래밍 경력에 도움이 될 에코 체임버가 꽤 많다.

## 좋은 에코 체임버를 통해
## 최고의 프로그래머가 돼라

전반적으로 훌륭한 소프트웨어 개발 경력을 쌓는 것이 목표라면 뛰어나다고 알려진 소프트웨어 개발자들, 당신과 비슷한 목표를 가진 사람들로 채워진 환경에서 최대한 많은 시간을 보내도록 노력하라. 다행히 이를 실현할 구체적인 방법은 많다.

# 부트캠프나 대학에
# 등록하라

이제 막 업계에 입문한 초보 개발자나 소프트웨어 개발자 지망생이 할 수 있는 가장 좋은 일은 코딩 부트캠프나 좋은 대학에 등록하는 것이다.

물론 이 선택지가 모두에게 적합한 건 아니다. 둘 다 상당한 금전적인 투자가 필요하다. 고등 교육이 무료인 국가도 있긴 하지만 그런 국가에서는 대학 문턱이 높기 마련이어서 학업 성과가 뛰어나야만 대학에 입학할 수 있다.

하지만 좋은 학업 성적을 받는다고 해서 좋은 전문 프로그래머가 될 자질을 갖추었다고 보긴 어렵다. 반대로 대학에 입학할 자격이 없다고 해서 뛰어난 프로그래머가 될 수 없는 건 아니다. 그냥 학업에 소질이 부족한 것이다.

대학 학비를 학생이 부담해야 하는 국가에서는 코딩 부트캠프가 더 저렴한 선택일 수 있다. 그 대신 상당한 시간을 투자해야 한다. 집중적인 부트캠프를 집중적이라고 부르는 데에는 이유가 있다. 대학 과정에 비해 훨씬 더 집중적이다. 모든 사람이 몇 달 동안 하루 최대 16시간을 코딩을 배우는 데 쏟을 만큼 헌신적이진 않다.

둘 다 우수한 전문 소프트웨어 개발자가 되기 위한 필수 과정은 아니다.

하지만 프로그래밍 관련 부트캠프나 대학(컴퓨터 과학, 소프트웨어 공학 등)에 다닐 여건이 된다면 다니는 게 좋다. 단기간 내에 올바른 마인드셋을 개발하는 데 도움이 된다.

코딩 부트캠프가 에코 체임버인 이유는 앞서 얘기했다. 깨어 있는 내내 전문 프로그래밍 강사와 열심히 공부하는 야심 찬 수강생에 둘러싸여 지내는 건 마인드셋에 긍정적인 영향을 준다. 하지만 이건 대학도 마찬가지다.

사람들은 단순히 새로운 기술을 배우려고 대학에 등록하는 게 아니다. 사실상 대학에서 가르치는 거의 모든 내용은 온라인에서 무료로 배울 수 있다. 아니면 훨씬 저렴한 직업 훈련 강의에서도 배울 수 있다.

사람들은 특수한 사회적 환경을 누리기 위해 대학에 다닌다. 이것이 대학 교육의 가치를 매우 높이는 요인이다.

어느 순간 나는 좋은 직장에 가기 위해 대학 학위가 필요 없다는 걸 깨달았다. 하지만 이런 사실을 대학 졸업 이후에야 깨달았다. 그래도 대학의 환경 덕분에 내 마인드셋이 바뀌었다.

좋은 대학에 가면 큰 야망을 품은 학생들, 각자 분야에 전념하는 교수들에게 둘러싸일 수 있다. 크랩 멘탈리티와 정반대다. 주변에 있는 모두가 당신을 끌어내리기는커녕 밀어 올려 주려고 한다.

대학 진학 여부와 상관없이 경력을 쌓는 동안 한두 개 이상의 유용한 에코 체임버를 유지하는 게 좋다. 정기적으로 개발자 콘퍼런스에 참석하는 것은 소프트웨어 공학 경력에 정말 큰 도움이 된다.

**부트캠프나 대학에 대한 주의사항**

코딩 부트캠프를 찾아보기 시작했다면 신중하게 좋은 곳을 골라라. 아직은 코딩 부트캠프에 대한 규제가 적어서 품질 차이가 클 수 있다. 프로그래머로서 당신의 경력에 발생할 수 있는 가장 나쁜 일은 고치기 어려운 나쁜 습관이나 잘못된 마인드셋을 습득하는 것이다. 극단적인 경우지만, 나쁜 부트캠프 코치를 만나 프로그래머가 자신에게 맞지 않는 직업이라고 생각할 수도 있다. 사실 당신에게 최고의 성취감을 안겨 줄 수 있는 직업일 수도 있는데 말이다.

아무나 사업을 시작하고 코딩 부트캠프라고 할 수 있다. 그러므로 부트캠프를 고를 때는 평판을 확인하라. 아예 새로 생긴 곳이라면 등록하지 않는 게 나을 수 있다. 물론 좋은 곳일 수 있다. 하지만 나쁜 곳일 확률도 똑같다. 그런데 이를 알 방법이 없다.

리뷰가 적거나 아예 없다면 선택하지 않는 게 낫다. 리뷰가 많지만 별 한 개 리뷰와 별 다섯 개 리뷰만 존재하는 곳도 주의하라. 업체를 고용해서 봇으로 긍정적인 가짜 리뷰를 생성하는 건 그리 어렵지 않다. 특정 제품이나 서비스에 대한 리뷰가 별 한 개나 별 다섯 개, 둘 중 하나라면 리뷰를 돈 주고 사는 업체일지 모른다는 신호다.

별 한 개 리뷰는 아마 진짜 리뷰일 것이고 별 다섯 개 리뷰는 부정적인 평가를 상쇄하기 위한 가짜 리뷰일 것이다. 따라서 그런 리뷰가 있는 부트캠프는 심하게 나쁜 곳일 수 있다.

나라면 업계에서 유명하고 좋은 평가를 받는 부트캠프를 선택하겠다. 유명

소프트웨어 개발사가 추천하는 곳이라면 그 회사의 승인 도장을 받은 셈이니 아마 좋은 부트캠프일 것이다.

대학처럼 기초가 탄탄한 교육 기관이 설립한 부트캠프라면 더욱 좋다. 이런 곳은 인증된 교육 기관이 보통 그렇듯이 높은 기준을 준수할 가능성이 높다.

대학에 등록할 때도 똑같은 원칙이 적용된다. 대학은 모두 수준이 다르다. 좋지 않은 대학도 존재한다. 나는 소프트웨어 개발자 면접관으로서 기본 지식도 없고 개발자라는 직업에 대한 열정도 보이지 않는 형편없는 컴퓨터 과학 졸업생을 상당히 많이 보았다.

그러므로 대학을 고를 때도 부트캠프를 고를 때처럼 대학 순위를 조사하라. 평판 좋은 회사에 채용된 졸업생이 몇 퍼센트인지 알아보라.

# 콘퍼런스에
# 참석하라

주요 소프트웨어 기업은 세간의 주목을 받는 개발자 콘퍼런스를 주최한다. 마이크로소프트는 연례 빌드 행사를, 구글은 구글 I/O를 연다.

시중에는 개발자 콘퍼런스가 많다. 참가비가 비싼 곳도 있고 저렴한 곳도 있고 완전히 무료인 곳도 있다. 며칠에 걸쳐 열리는 행사도 있고 몇 시간만 열리는 행사도 있다. 업계에서 유명한, 뛰어난 개발자들도 워크숍 강연자로 초대된다.

물론 행사의 콘텐츠를 녹화해서 유튜브에서 볼 수 있게 공개하는 행사가 대부분이므로 직접 가지 않고 훨씬 쉽게 접근하는 것도 가능하다. 그러면 녹화된 발표를 통해 실제 발표와 똑같은 정보를 얻을 수 있다. 하지만 콘퍼런스에 직접 참석했을 때 느끼는 것과 똑같은 에코 체임버 효과는 얻을 수 없다.

콘퍼런스는 당신과 비슷한 사람들에게 둘러싸일 수 있는 기회다. 업계 모두가 아는 슈퍼스타 개발자와 실제로 상호작용할 수 있는 자리이기도 하다.

유명 개발자를 만나서 그들도 특별할 것 없이 똑같은 사람이라는 것을 깨닫는 것이야 말로 콘퍼런스에서 얻는 가장 큰 혜택이다. 그들도 그냥 평범한 사람이다. 차이가 있다면 올바른 습관과 성장 마인드셋을 개발했다는 것뿐이다.

이런 경험은 성장 마인드셋을 개발하는 데에도 도움이 된다. 천재여야만 훌륭한 개발자가 될 수 있는 게 아니라는 걸 직접 확인하면 동기가 부여된다. 이런 사람들과 자주 상호작용하면 본인도 훌륭한 개발자가 될 수 있다는 신념이 더 단단해진다. 그리고 이것이 바로 가능한 한 더 나은 사람이 되기 위한 올바른 마인드셋을 구축하는 방법이다.

하지만 개발자 콘퍼런스는 날이면 날마다 열리는 게 아니다. 뛰어난 프로그래밍 경력을 쌓기 위한 올바른 마인드셋 개발에 좋은 환경을 유지할 더 좋은 방법이 존재한다. 그건 바로 FAANG이라 통칭되는 페이스북, 아마존, 애플, 넷플릭스, 구글 같은 빅테크 기업에 입사하는 것이다.

## 최고의 기술 기업을 목표로 하라

물론 FAANG만큼 좋은 다른 빅테크 기업도 많다. 마이크로소프트도 그중 하나다. 컨설팅 기업인 소트웍스(ThoughtWorks)도 그렇다. 들어본 적 있는 기술 기업이라면 아마 일하기 정말 좋은 기업일 것이다. 적어도 경력 개발의 관점에서는 그렇다.

빅테크 기업에서 일하는 게 좋은 주된 이유는 중소기업보다 더 높은 연봉을 주어서가 아니다. 업계에서 호감을 살 법한, 이력서에 넣기 좋은 이름이어서도 아니다. 물론 둘 다 사실이다. 하지만 가장 큰 혜택은 이런 기업에서 일하는 동안 여러분이 훌륭한 전문가로 성장할 수 있다는 사실에서 온다.

빅테크 기업은 궁극의 에코 체임버다. 이런 기업에는 모든 직원이 따르는 고유한 기업 문화가 있다. 그리고 이들 모두 직원 선정에 있어 극히 높은 기준을 적용한다.

특별히 똑똑해야만 이런 기업에 입사할 수 있는 건 아니다. 하지만 야망과 성실성만큼은 갖춰야 한다. 자신에게 높은 기준을 적용하는 개발자들에게 계속 둘러싸여 있으면 당신도 이런 개발자가 될 수밖에 없다. 자연스레 자신에게 높은 기준을 적용하게 된다. 당신이 대부분의 시간을 보내는 환경의 문화적 규범이 그렇기 때문이다.

그러나 빅테크 기업 입사를 준비하는 데에는 많은 시간이 든다. 그리고 많이 실패할 수도 있다. 그래서 입사하기 전에는 소프트웨어 개발 실력을 키우는 데 집중하는 모임이나 웹 포럼에 가입할 것을 추천한다.

## 관심사에 맞는
## 모임을 찾아라

그러나 올바른 마인드셋을 개발하려면 이런 모임을 눈팅하는 걸로는 부족하다는 걸 기억하라. 포럼에 참여하는 다른 사람들과 상호작용해야 한다.

마인드셋을 구축하는 건 기술을 개발하는 것과 비슷하다. 정보를 소비하는 것만으로는 마인드셋을 개발할 수 없다. 연습을 해야 개발된다. 특히 마인드셋은 여러 생각을 접하고 받아들이는 과정에서 만들어진다. 이런 생각을 받아들이는 가장 빠른 방법은 자기 생각을 표현하는 것이다. 바로 이런 이유 때문에 개발자 포럼에 적극적으로 참여해야 한다.

하지만 좋은 포럼이 맞는지부터 확인하라. 세상에는 나쁜 포럼도 많다. 그러니 가입하기 전에 항상 포럼의 평판부터 확인하라.

열정이 식게 내버려 두지 마라. 소프트웨어 개발 포럼에 꾸준히 적극적으로 참여하라. 콘퍼런스에 참석하라. 평소 자기 전문 분야의 모든 신기술에 대한 최신 정보를 파악하라. 이렇게 해야만 누구나 채용하고 싶어 하는 흔치 않은 소프트웨어 개발자가 될 수 있다. 그렇지 않으면 그저 그런 프로그래머들이 모인 회색 집단에서 눈에 띄지 않는 얼룩 같은 존재가 되어 버리고 만다.

에코 체임버와 관련해 마지막으로 중요한 점은 당신이 참여할 에코 체임버가 경력 개발에 있어 건설적인 방향으로만 편향되어야 한다는 것이다. 인생의 다른 영역에 있어서는 편향되는 것이 바람직하지 않다.

모든 에코 체임버는 구성원을 편향되게 한다. 그러므로 당신에게 유익한 방식으로 편향되게 하는 에코 체임버만 선택하라. 누구나 충분히 노력하면 훌륭한 소프트웨어 개발자가 될 수 있다는 편향은 좋은 편향이다. 하지만 다른 유형의 편향, 예컨대 현실을 심하게 왜곡시켜 보거나 특정 부류의 사람을 편협하게 보는 편향을 갖게 하는 에코 체임버라면 떠나는 게 좋다.

'에코 체임버'라는 용어에 부정적인 의미가 생기는 건 후자의 편향 때문이다. 정치, 과학 같은 분야에서는 다양한 의견을 구하고 당신이 동의하지 않는 사람의 의견도 지지하는 게 좋다. 하지만 경력개발에 있어서는 당신에게 유익한 에코 체임버에 머물러라.

요즘 기술을 활용하여 에코 체임버에 들어갈 수 있는 가장 좋은 도구 중 하나는 소셜 미디어다. 맞다. 앞서 소셜 미디어는 전문성 개발에 가장 큰 적이라고 말한 바 있다. 하지만 올바르게 활용한다면 원래 당신의 주의력을 훔치도록 설계된 똑같은 알고리즘을 의식적으로 활용하여 소셜 미디어 앱을 당신에게 유익한 에코 체임버로 만들 수 있다.

소셜 미디어 알고리즘을 가져다가 당신에게 유용한 도구로 변신시킬 다양한 방법이 있다. 바로 이것이 다음 장에서 논할 내용이다.

## 참고 문헌

1. 코트니 E. 애커먼(Courtney E. Ackerman), Big Five Personality Traits: The OCEAN Model Explained(성격의 5대 특징: OCEAN 모델 설명), https://positivepsychology.com/big-five-personality-theory/, 2021년 4월 15일

2. 도나 L. 라이블리(Donna L. Lively), 『How To Recognize and Overcome Victim Mentality: Learn why taking responsibility is the most important step to you health and well-being and the steps to take to open the door to anything you desire(피해 의식을 인식하고 극복하는 방법: 책임을 지는 게 건강과 웰빙에 가장 중요한 단계이자 원하는 모든 것으로 향하는 문을 여는 단계인 이유를 배워라)』

3. 제렐 포먼(Jerrell Forman), 『Critical Thinking: What You Should Have Been Taught About Decision-Making, Problem Solving, Cognitive Biases, Logical Fallacies and Winning Arguments(비판적 사고: 의사 결정, 문제 해결, 인지 편향, 논리적 오류, 이기는 주장에 대해 우리가 배웠어야 하는 것)』

4. 칼 헐스(Carl Hulse), 『Confirmation Bias: Inside Washington's War Over the Supreme Court, from Scalia's Death to Justice Kavanaugh(확증 편향: 스캘리아의 죽음부터 캐버노 대법관까지 대법원을 둘러싼 워싱턴 내부의 전쟁)』, Harper

5. 다비데 도넬리(Davide Donelli), 『I Am Your Mirror: Mirror Neurons and Empathy(저는 당신의 거울입니다: 거울 신경 세포와 공감)』, BlossomingBooks

6. 칼리스 D. 밀러(Carliss D. Miller), 『Exploring the Crabs in the Barrel Syndrome in Organizations(조직 내에서 양동이에 든 게 증후군 분석하기)』, Journal of Leadership & Organizational Studies, Vol 26, Issue 3, 2019

7. 러미 크로스(Remy Cross), 데이비드 A. 스노(David A. Snow), 『Radicalism within the Context of Social Movements: Processes and Types(사회 운동의 맥락에서 본 급진주의: 과정과 유형)』, The Journal of Strategic Security, Volume 4, winter 2011, https://digitalcommons.usf.edu/jss/vol4/iss4/6/

8. 세라 로즈 캐버너(Sarah Rose Cavanagh), 『패거리 심리학』, 비잉

9. 벤 멀홀랜드(Ben Mulholland), Why Google's Onboarding Process Works 25% Better Than Everyone Else's(구글 온보딩 절차가 다른 모든 것보다 25% 더 나은 이유), https://www.process.st/onboarding-process/, 2018년 8월 3일

10. 앤서니 라빈스, 『네 안에 잠든 거인을 깨워라』, 씨앗을뿌리는사람

11. The Ultimate Guide to Coding Bootcamps in 2023(2023년 코딩 부트캠프 최종 가이드), https://www.coursereport.com/coding-bootcamp-ultimate-guide

12. 로런 스튜어트(Lauren Stewart), These 10 Founders All Started at Coding Bootcamps(이 열 명의 창업자는 모두 코딩 부트캠프에서 시작했다), Course Report, 2016년 10월 25일, https://www.coursereport.com/blog/these-10-founders-all-started-at-coding-bootcamps

13. 스티브 잡스(Steve Jobs), How to live before you die(죽기 전에 어떻게 살 것인가), TED 콘퍼런스, 스탠퍼드대학교, 2005년 6월

# 5

## 적을 제압하기 -
## 소셜 미디어
## 유리하게 활용하기

오늘날 사람들이 페이스북을 어떻게 활용하는지 생각해 보라. 친구나 가족과 관계를 유지할 때도 쓰지만 자신의 이미지와 정체성을 구축하는 데에도 쓴다. 어떤 의미에서는 이것이 그들의 브랜드다. 그들은 연결하고 싶은 청중과 연결하고 있다. 이제 페이스북을 쓰지 않으면 불리할 지경이다.

마크 저커버그

소셜 미디어가 당신의 주의를 독점하도록 어떻게 의도적으로 설계되었는지 이미 잘 알고 있을 것이다. 그래서 소셜 미디어는 성공적인 소프트웨어 개발자가 되려는 사람에게 큰 장애물이 된다. 당신의 주의를 최대한 빼앗도록 개발된 알고리즘은 생산적인 습관의 형성을 방해하고 딥 워크를 극도로 어렵게 만들 수 있으며, 이 두 가지는 IT 업계에서 성공하려면 절대적으로 필요한 것들이다.

하지만 같은 알고리즘을 자신에게 유리하게 이용하는 것도 가능하다. 잘 설계된 알고리즘이긴 하지만 아주 똑똑한 건 아니어서 올바른 행동을 하도록 조작할 수 있다.

적절한 행동 수정을 통해 소셜 미디어 앱을 속여서 경력 목표를 달성하거나 더 나은 사람으로 발전하는 데 도움이 되는 콘텐츠만 표시하게 할 수 있다. 직관적으로 이해가 되지 않더라도 일단 수정하면 소셜 미디어가 경력의 발전을 방해하지 않고 경력을 빠르게 발전시키는 데 도움이 될 수 있다.

그러려면 정확히 어떻게 해야 할까? 소셜 미디어를 올바른 방식으로 활용할 때 얻는 이점은 크게 두 가지다.

- **더 나은 입력**: 소셜 미디어는 에코 체임버를 만드는 데 매우 효과적이고 이 때문에 꾸준히 비판받는다.[1] 하지만 모든 에코 체임버가 나쁜 건 아니다. 올바른 유형의 에코 체임버는 자신의 목표와 일치하는 성장 마인드셋을 기르는 데 가장 효과적인 도구다.

- **더 나은 노출**: 소셜 미디어는 올바른 정보에 둘러싸이는 데에만 유용한 게 아니고 개인 브랜드를 만드는 데에도 도움이 된다. 잠재적인 채용 담당자, 고용주, 고객의 눈에 띄도록 도와줄 수 있다. 오프라인으로만 브랜드를 구축하는 것보다 소셜 미디어의 도움을 받아서 노출되는 게 훨씬 더 쉽다.

그러나 소셜 미디어를 적극적으로 이용하기 전에 자제력 있게 사용하는 습관부터 길러야 한다. 그렇지 않으면 목표에 도달하는 속도를 높여 주는 도구가 아니라 목표로 향하는 경로를 막는 중대한 장애물이 될 것이다.

간단히 정리하자면 다음과 같은 습관을 들여야 한다.

- 불필요한 앱 삭제하기

- 앱 외부 알림 끄기

- 소셜 미디어 앱의 인앱 알림을 미세 조정하기

- 아무 생각 없이 추천 콘텐츠를 따라가지 않기

- 할 일과 사용 시간을 미리 계획하기

- 브라우저 도구를 써서 추천 콘텐츠를 줄이기

- 너무 뻔한 낚시글에 낚이지 않기

- 스크린 타임 제한하기

- 하루 중 소셜 미디어를 사용하지 않을 시간 지정하기

이런 생활에 익숙해져라. 일부는 적응하는 데 시간이 걸릴 것이다. 그러나 이런 부분을 주의하지 않으면 소셜 미디어의 알고리즘 때문에 소셜 미디어에 주의를 빼앗기던 습관이 서서히 되돌아올 것이다. 그런 습관은 이 책이 알려 줄 모든 기법에서 얻는 어떤 이점보다 경력 발전에 더 큰 단점이 될 수 있다.

소셜 미디어를 의식적으로 사용하기에 앞서 소셜 미디어에 이용당하지 않을 대비를 확실히 해야 한다.

하지만 소셜 미디어를 자제력 있게 사용하는 습관을 기른다면 알고리즘을 자신에게 유리하게 조작할 준비가 된 것이다.

## 소셜 미디어 알고리즘이
## 실제 어떤 도움이 될까?

소셜 미디어 알고리즘이 예상만큼 똑똑하지 않다는 게 핵심이다. 맞다. 알고리즘은 복잡하고 진짜 정교하다. 그러나 또한 매우 예측 가능하다. 이런 예측 가능성 때문에 소셜 미디어 알고리즘을 조작할 수 있다.

개인적으로 소셜 미디어의 부정적 측면에 대처하는 데 효과가 있다고 생각하는 세 가지 기법을 요약하자면 다음과 같다.

1. 자신과 의견이 크게 다른 콘텐츠를 꾸준히 올리는 사람의 팔로우를 취소하라.
2. 적어도 일주일에 하루는 소셜 미디어를 완전히 디톡스하는 날로 삼아라.
3. 목표 달성에 도움이 될 유용한 콘텐츠를 의식적으로 추구하라.

마지막 항목이 소셜 미디어 알고리즘을 어떻게 조작할 수 있는지 개요를 보여 준다.

소셜 미디어 알고리즘을 '조작'한다고 해서 사이버 범죄자가 쓸 만한 복잡하고 직관적이지 않은 해킹을 의미하는 게 아니다. 여기서 말하는 대부분의 조작은 사용자 행동에 대한 간단한 변화를 주는 것이며 시간이 지남에 따라 이런 행동 변화 덕분에 소셜 미디어 피드에 표시되는 콘텐츠가 완전히 바뀐다. 소셜 미디어가 주의를 분산시키는 주요 원천이 아니라 유용한 정보의 보물창고가 될 것이다.

요약하자면 알고리즘은 당신이 어떤 유형의 콘텐츠와 상호작용하는지 면밀히 관찰한다. 가장 흥미를 느끼는 콘텐츠가 무엇인지 알아내서 플랫폼에 더 오래 머물게 하려 한다. 그래서 과거에 상호작용한 콘텐츠와 비슷한 유형의 콘텐츠가 점점 더 많이 표시된다. 알고리즘이 이런 방식으로 설계됐다. 알고리즘을 만든 사람은 당신을 그 플랫폼에 최대한 오래 붙들어 두길 바라기 때문이다. 당신이 관심 있는 콘텐츠를 더 많이 볼수록 그 플랫폼에 더 오래 머물게 될 것이다.

그러므로 간단히 말해 소셜 미디어 피드를 주의를 분산시키는 콘텐츠 말고 진짜 유용한 콘텐츠로 채우려면 유용한 콘텐츠와 적극적으로 상호작용하고 나머지 모든 콘텐츠를 무시해야 한다.

그러나 이런 변화가 반드시 빠른 것은 아니다. 알고리즘이 당신의 콘텐츠 소비 습관에서 패턴을 인식하고 어떤 유형의 콘텐츠가 관련성이 없을 수 있다고 정하는 데에는 시간이 걸린다.

그러나 기억해 둬야 한다. 그 후에도 타임라인에서 주의를 분산시키는 콘텐츠가 완전히 사라지지는 않을 것이다. 온라인 세계를 충분히 경험한 사람이라면 추천 엔진이 가끔 최근에 본 내용과는 아무 관련이 없지만 과거에 자주 소비하던 콘텐츠와 비슷한 것을 보여 준다는 걸 눈치챌 수 있을 것이다.

아니면 간혹 당신이 소비한 콘텐츠와 아무 관련이 없는 콘텐츠가 무작위로 표시되기도 한다. 여기에는 다양한 원인이 있다. 당신이 그런 콘텐츠에 관심을 보일 가능성이 통계적으로 높은 그룹과 일부 특성을 공유하고 있는지도 모른다. 아니면 플랫폼이 당신 모르게 당신을 대상으로 실험을 하는 중일지 모른다.[2]

그러므로 페이스북 타임라인이 하루아침에 유용한 정보의 보고가 되는 건 아니다. 주의를 분산시키는 콘텐츠가 완전히 사라지지도 않는다. 그래도 소셜 미디어 플랫폼이 경력 발전의 장애물에서 유용한 도구로 변신한다. 유익한 콘텐츠가 주의를 분산시키는 콘텐츠보다 훨씬 더 많아질 것이다.

뛰어난 프로그래머가 되고 싶은 사람이라면 타임라인이 기술 관련 기사 링크, 소프트웨어 개발 팟캐스트, 업계의 사고 리더(thought leader)의 글을 비롯해 단순히 프로그래밍에만 국한되지 않는 개인적, 직업적 성장에 유용한 콘텐츠로 채워지길 바랄 것이다. 그리고 타임라인을 이런 콘텐츠로 채울 힘은 당신에게 있다.

그러나 매우 중요한 주의사항이 있다. 알고리즘 조작 기법을 활용하기 전에 자신에게 소셜 미디어 중독의 흔적이 없다고 완전히 확신할 수 있어야 한다.

## 디지털 미니멀리즘이
## 의도적인 알고리즘 조작보다 중요하다

소셜 미디어 알고리즘을 의도적으로 조작한다는 게 생각보다 어려울 수 있다. 특히 초반에는 더욱 어렵다. 전문성 개발에 실제로 유용한 콘텐츠는 복잡하고 똑똑한(clever) 경향이 있다. 그러나 기본적으로 소셜 미디어 알고리즘을 조작하기 전에는 소셜 미디어가 더 멍청하고(dumb) 훨씬 더 자극적인 콘텐츠로 채워져 있을 것이다. 우리 뇌는 똑똑하고 매력적인 콘텐츠보다 단순하고 자극적인 콘텐츠에 훨씬 더 큰 매력을 느낀다.[3]

아무 생각 없이 볼 수 있는 오락용 콘텐츠를 가끔 보는 건 아무 문제가 없다. 누구나 어려운 인지적 작업으로부터 휴식을 취할 필요가 있다. 하지만 재미있는 콘텐츠는 중독성이 있다. 우리가 이런 콘텐츠를 접하는 시간을 최대한 줄이려 노력해야 하는 이유가 바로 여기에 있다.

소셜 미디어를 수년간 꾸준히 사용해 왔다면 주로 자동 조종 모드에서 썼을 것이다. 그렇다면 아마 당신의 피드는 대부분 어리석지만 재미있는 게시물로 가득 채워져 있을 것이다. 그래서 콘텐츠 전달 알고리즘을 의도적으로 조작하기 전에 소셜 미디어를 자제력 있게 사용하는 습관부터 길러야 한다.

이러한 규율적인 원칙이 없다면 소셜 미디어를 무의식적으로 사용하는 습관에 다시 빠지기 쉽다. 소셜 미디어를 수년간 사용한 사람의 뇌는 그렇게 하도록 길들여졌기 때문이다. 그리고 소셜 미디어를 강박적으로 사용하는 습관에 다시 빠지면 소셜 미디어는 다시 한번 뛰어난 전문가로 성장하는 것을 막는 가장 큰 방해 요소가 될 것이다.

따라서 소셜 미디어를 자신에게 유리한 방식으로 활용하려면, 한동안 소셜 미디어를 아예 사용하지 않아도 괜찮은지부터 확인해야 한다. 소셜 미디어 단식을 귀찮게 생각해서는 안 된다. 소셜 미디어 중독과 비슷한 증상이 없는지 보려면 소셜 미디어 사용을 자제하더라도 소셜 미디어를 쓰고 싶다는 생각이 끊임없이 들지 않는지 확인해야 한다.

의지력이 왜 한정된 자원인지는 앞서 얘기했다. 중요하지 않은 활동에 너무 많은 의지력을 쓰면 정작 중요한 활동에 쓰지 못한다. 프로그래밍은 의지력이 필요한 어려운 작업으로 구성되므로 프로그래머가 의지력을 낭비하지 않는 것이 특히 중요하다.

따라서 수년간 소셜 미디어를 자주 사용한 습관이 있는 프로그래머가 며칠 동안 소셜 미디어를 완전히 끊겠다는 건 그다지 좋은 생각이 아닐 수 있다. 그보다는 소셜 미디어를 자제력 있게 사용하는 습관을 점진적으로 기르는 게 훨씬 낫다.

## 디지털 미니멀리스트가
## 되는 방법

우선 앞서 말한 방법으로 소셜 미디어 사용을 최소화하도록 노력해야 한다. 본인의 계정에 필요한 설정을 모두 적용해서 원치 않는 방해를 최소화하고 소셜 미디어를 강박적으로 쓰지 않고 의식적으로 사용하는 습관을 기른 후에 소셜 미디어를 자제하는 노력을 시작하라.

며칠 동안 타임라인을 열지 않았고 그렇게 하기가 비교적 쉬웠다는 걸 확인한 후에만 사용자 행동 조절을 통해 알고리즘을 조작하면서 타임라인을 미세 조정하기 시작해야 한다.

소셜 미디어를 강박적으로 쓰는 습관으로 되돌아가지 않기 위해 길러야 할 습관은 두 가지다. 우리가 앞서 1장에서 논의한 모든 행동 방침(앱 설정 수정 관련 항목 제외)은 이 두 가지 습관을 기르는 데 목적을 두고 있다.

- **정해둔 시간에만 소셜 미디어 사용하기**: 이렇게 하면 당신의 뇌는 하루 종일 강박적으로 스마트폰을 확인하지 않게 훈련된다. 그러면 소셜 미디어 플랫폼 방문 시점을 완전히 통제하게 된다.

- **표시되는 콘텐츠에 대한 반응 통제하기**: 낚시글에 반응하지 않고 자신과 크게 반대하는 글을 올린 사람과 무의미한 논쟁에 빠지지 않는다면 타임라인을 완전히 통제할 수 있다. 그러면 타임라인을 미세 조정할 준비가 된 것이다.

물론 한 번도 빠짐없이 이렇게 하는 건 불가능하다. 소셜 미디어가 어떻게 의도적으로 중독을 일으키고 주의를 분산시키도록 설계되었는지 기억할 것이다. 하지만 평소에 이 두 가지 행동을 실천하는 데 무리가 없다면 타임라인 미세 조정을 시작할 준비가 된 것이다.

그러나 소셜 미디어 알고리즘은 여러분에게 콘텐츠만 전달하는 게 아니다. 이 플랫폼은 원래 사람들의 사회적인 상호작용을 위해 만들어졌다.

중요한 점은 사회적인 상호작용과 개인 맞춤형 콘텐츠 전달 알고리즘 덕분에 소셜 미디어는 에코 체임버를 위한 완벽한 장소가 되었다는 것이다. 에코 체임버라는 용어는 소셜 미디어와 연관된 맥락에서 가장 빈번하게 쓰인다. 그리고 알다시피 에코 체임버는 좋을 수도 있고 나쁠 수도 있다. 이건 긍정적인 측면이다. 올바른 유형의 콘텐츠를 전달하도록 조작할 수 있는 바로 그 알고리즘으로 올바른 유형의 에코 체임버를 자동으로 만드는 것도 가능하다.

언제든 다시 자동 조종 모드에 빠질 수 있다는 걸 기억하라. 시간을 낭비하고 있다고 느낀 즉시 바로 앱을 떠날 수 있어야 한다. 또한, 필요할 경우 며칠 연속으로 소셜 미디어 사용을 중단할 준비도 되어 있어야 한다.

타임라인이 양질의 콘텐츠로만 채워진다고 해도 알림 아이콘, 무한 스크롤, '좋아요' 버튼은 여전히 매우 중독적인 기능이라는 걸 잊지 마라. 타임라인을 양질의 콘텐츠로 채우더라도 좀비 같은 자동 조종 모드로 빠져 몇 시간이고 낭비할 수 있다. 이것이 바로 소셜 미디어 사용을 일정 수준 통제하는 게 무척 중요한 이유다.

## 좋은 에코 체임버 형성을 자동화하라

'소셜' 미디어라는 이름에서도 알 수 있듯이 소셜 인터랙션은 소셜 미디어의 중요한 부분을 이룬다. 하지만 소셜 미디어에 이런 부분만 있는 건 아니다.

페이스북은 더 이상 단순한 '소셜 네트워크'가 아니다. 사용자에게 소셜 인터랙션과 별 관련 없는 많은 콘텐츠를 보여 주기 때문이다. 플랫폼에서 친구를 맺지 않은 사람이 공유한 콘텐츠도 타임라인에 많이 표시된다.

이것이 지금까지 논의한 방법들이 타임라인을 미세 조정하는 데 매우 효과적인 이유다. 당신이 정기적으로 상호작용한 콘텐츠와 유사한 콘텐츠를 전달하는 것이 바로 추천 엔진이다.

하지만 사회적인 요소도 여전히 존재한다. 친구를 맺은 사람이 올리는 게시물이나 자신이 참여 중인 그룹의 게시물도 정기적으로 표시될 것이다.

타임라인을 채우는 알고리즘은 당신이 정기적으로 상호작용하는 게시물의 콘텐츠만 해석하는 게 아니다. 어떤 사람이나 그룹과 상호작용하는지도 본다. 그래서 이들이 올리는 게시물이 타임라인에 더 많이 표시될 것이다.

주의 깊게 선별한 콘텐츠만 상호작용 대상으로 삼는 건 소셜 미디어 플랫폼을 유용한 정보의 보고로 만드는 데 도움이 된다. 하지만 그 잠재력을 극대화하려면 사회적 측면도 신경 써야 한다.

그러면 이제 당신이 친구를 맺은 사람과 그룹에서 오는 콘텐츠를 필터링하는 데 도움이 되는 몇 가지 구체적인 단계를 소개하겠다.

1. **주의를 분산시키는 콘텐츠를 정기적으로 올리는 사람에 대한 팔로우를 취소하라.** 자신과 의견이 크게 다른 콘텐츠를 정기적으로 올리는 모든 사람에 대한 팔로우를 취소하라고 이미 이야기한 바

있다. 하지만 여기서 한 걸음 더 나아가라.

팔로우 취소는 친구 삭제와 다르다. 팔로우 취소는 상대의 새 게시물이 내 타임라인에 표시되는 걸 막는 것뿐이고 친구 삭제는 연결을 아예 없애는 것이다.

실생활에서는 친구로 지내고 싶은 사람일 수 있다. 하지만 잘 알려진 바와 같이 사람들은 때로 실생활과 소셜 미디어에서 다르게 행동한다.[4]

당신이 반대하는 내용의 게시물을 정기적으로 올리는 사람에 대한 팔로우를 취소해야 하는 이유는 길고 무의미한 논쟁에 끌려 들어가지 않기 위해서다. 하지만 감정적 반응을 많이 유발하지는 않지만 주의를 분산시키는 게시물을 정기적으로 올리는 친구도 주의하는 게 좋다.

그 친구가 올리는 게시물이 웃기는 밈일 수도 있고, 원래 문맥을 벗어나면 말이 되지 않는 인용문일 수도 있다. 게시물 자체는 무해하더라도 당신의 주의력을 빼앗아서 집중 상태를 깨뜨릴 수 있다.

그래서 그런 사람에 대한 팔로우는 취소하는 게 낫다. 이들이 올린 게시물이 재미있다고 종종 느낀다면 일하지 않을 때 이들의 프로필에 방문해서 최신 게시물을 확인하면 된다. 하지만 소셜 미디어를 경력 발전에 도움이 되도록 활용하려면 그런 콘텐츠가 타임라인에 자동으로 표시되는 건 막는 게 좋다.

2. **친구 목록을 가끔 정리하라.** 가끔 친구 목록을 정리하는 건 마땅히 해야 할 일이다. 사람들은 별생각 없이 누군가를 추가한다. 심지어 직접 알지 못하는 사람일 수도 있다. 어쨌든 그 사람을 친구 목록에 유지하는 게 별 가치가 없다면 삭제하는 걸 고려하는 게 좋다.

친구 목록을 정리하는 건 의미 없는 콘텐츠를 정리하는 것뿐 아니라 다른 면에서도 도움이 된다. 예를 들어 자신의 모든 소셜 미디어 활동을 모두에게 공유하고 싶지 않은데 잘 알지 못하는 사람을 친구로 추가하면 '친구에게만 표시'로 분류될 게시물도 그 사람에게 공개될 것이다.

친구에게만 공유하려고 했던 사적인 정보에 알지 못하는 사람이 접근할 수 있다면 피싱 범죄에 악용될 우려가 있다. 아니면 친구에게만 공개하려던 게시물을 그들이 공개적으로 공유할 수도 있다. 자신의 네트워크에 아무나 들이는 건 일반적으로 좋은 행동 양식이 아니다.

3. **의도적으로 영감을 주는 사람을 찾아 팔로우하라.** 소셜 미디어에는 유명 인사가 많고 데이비드 파울러, 스콧 핸슬먼 같은 유명한 개발자도 여기에 포함된다. 이들은 유용하고 통찰력 있는 콘텐츠를 많이 게시한다.

물론 당신도 유명한 게 아니라면 이런 사람 중에 자기 페이스북 페이지에 당신을 친구로 받아들이는 사람은 극히 드물 것이다. 하지만 서로 친구를 맺지 않더라도 상대를 팔로우할 수 있는 소셜 미디어 플랫폼이 많다. 그렇게 하면 이들의 공개 게시물이 당신의 타임라인에 표시된다.

4. **참여 중인 그룹을 가끔 정리하라.** 소셜 미디어를 통해 다양한 그룹에 참여할 수 있다. 더 나은 소프트웨어 개발자가 되는 데 도움을 주는 그룹도 많다. 적어도 그들이 주장하는 바는 그렇다. 그리고 실제 도움이 되는 곳도 많다.

하지만 나쁜 그룹도 많다. 오로지 시간을 낭비하는 활동에 전념하는 그룹도 있다. 강력한 감정적 반응을 불러일으키는 콘텐츠를 게시하는 사람들로 가득한 곳도 있다. 아니면 활동이 거의 없는 그룹도 있다.

가끔 가입한 그룹 목록을 검토하며 '이 그룹에 참여해서 어떤 가치를 얻는가?' 자신에게 물어보는 게 좋다.

답이 '전혀 없음'이거나 명확한 답이 떠오르지 않는다면 그 그룹을 떠날 때가 된 것이다.

소프트웨어 엔지니어링이나 개인적, 직업적 발전의 다양한 측면에 전념하는 그룹이라고 하더라도 마찬가지다. 스스로 주장하는 바와 실제 활동이 다른 그룹도 있을 수 있다.

물론 아주 좋은 의도로 만든 그룹일 수 있다. 하지만 그 후에 뭔가 잘못된 것이다.

좋은 운영진이 없어서 스팸으로 가득할 수 있다. 아니면 광고로 도배가 되어 있는데 그게 의도된 바일 수 있다. 아니면 좋은 그룹이긴 하지만 이미 숙련된 개발자인 자신에 비해 너무 초보 프로그래머인 사람들만 모여 있을 수 있다.

이유가 무엇이든 도움이 되지 않는 그룹이라면 떠나라. 그러면 타임라인에서 의미 없는 게시물이 사라질 것이다.

5. **본받고 싶은 사람이 가득한 그룹에 가입하려 노력하라.** 소셜 미디어 플랫폼에는 전문가로서 성장하는 데 도움이 되는 그룹이 많다. 이런 그룹은 본받을 만한 사람들이 자주 방문할 것이다.

바로 이런 그룹이 당신이 찾는 에코 체임버다. 이런 그룹에는 적절한 양질의 콘텐츠가 있다. 그리고 유용한 토론에 참여할 수 있다.

앞서 말한 '크랩 멘탈리티'가 만연한 환경에서 자란 사람이고 주변에 생산적인 에코 체임버를 함께 형성할 만한 사람이 없다면 이런 그룹은 자신이 속한 일반적인 사회적 집단 바깥에서 사람을 만나는 데 활용할 수 있는 최고의 도구다. 평소 자신이 동경하는 사람을 만날 수 없는 환경에서 지내고 있다면 이런 온라인 그룹을 통해 그 그룹에 참여하지 않았다면 만날 수 없는 사람과 네트워크를 형성할 수 있다.

하지만 앞서 얘기했듯이 소셜 미디어에 있는 모든 그룹이 이름대로 운영되지 않는다는 걸 기억하라. 그룹 내부의 콘텐츠를 항상 미리 볼 수 있는 것도 아니다. 많은 그룹이 비공개로 운영되며 관리자가 가입 요청을 수락하기 전까지는 아무것도 보지 못하는 경우도 많다. 이것도 참여하는 그룹을 가끔 정리해야 하는 또 하나의 이유다.

여기까지다. 이렇게 꽤 간단한 몇 단계만 거치면 소셜 미디어 플랫폼이 올바른 에코 체임버로 변신한다. 이렇게 하면 주의를 분산시키는 콘텐츠, 유익하지 않은 콘텐츠가 타임라인에서 거의 사라진다. 그 대신 흥미롭고 통찰력 있는 게시물이 표시될 것이다.

하지만 소셜 미디어 콘텐츠 전달 알고리즘 미세 조정은 여기서 끝나지 않는다. 한 걸음 더 나아가 앱 내부 알림도 미세 조정할 수 있다.

## 정말 중요한 알림은 받아라

소셜 미디어 플랫폼에는 외부 알림과 내부 알림, 두 가지 종류의 알림이 있다. 외부 알림은 자신의 소셜 미디어 프로필에 주목할 만한 일이 일어났을 때 스마트폰이 울리는 알림이다. 내부 알림은 소셜 미디어 앱을 열거나 브라우저에서 그 웹사이트를 방문했을 때 알림 아이콘에 숫자가 표시되는 알림이다.

소셜 미디어 외부 알림은 완전히 꺼야 한다. 가장 우수한 소프트웨어 엔지니어가 되고자 하는 사람이라면 딥 워크하는 동안 누군가 자기 게시물에 '좋아요'를 눌렀다는 이유만으로 주의가 분산되는 걸 원치 않을 것이다. 하지만 내부 알림이라면 얘기가 다르다.

물론 앞서 이야기했듯이 내부 알림도 철저히 선별해야 한다. 알림 아이콘은 당신의 주의를 끌도록 의도적으로 설계되었다. 알림 아이콘 위의 숫자가 보통 밝은 색으로 표시되는 이유다. 그러므로 잘 모르는 친구 한 명이 아무 관심이 없는 어떤 게시물에 '좋아요'를 눌렀다는 이유로 당신의 주의력을 빼앗기고 싶지는 않을 것이다.

친구 목록 정리, 특정인 팔로우 취소, 필요 없는 그룹 정리처럼 앞서 논한 몇 단계를 수행하면 불필요한 알림이 상당히 줄어든다. 잘 알지도 못하는 사람이 라이브 방송을 한다거나 자신이 참여 중인 그룹에 모르는 사람이 게시물을 올렸다고 해서 알림을 받는 일은 더 이상 없을 것이다.

**1장**에서 말했듯이 자기 프로필과 개별 그룹의 전체 알림 설정을 미세 조정하면 불필요한 내부 알림이 거의 제로로 줄어든다.

어느 소셜 미디어 플랫폼에서나 쉽게 할 수 있는 설정이다. 이런 플랫폼을 운영하는 기업들은 사용자 행동 조작에 대해 지속적으로 감시를 받고 있기 때문에 알림 설정이 매우 쉽고 직관적이다.[5]

하지만 때로 일반적으로 꺼두는 일부 알림을 선택적으로 켜 두는 게 도움이 될 때도 있다. 예컨대 꾸준히 좋은 콘텐츠를 생산하는 특별히 유용한 그룹이 있을 것이다. 아니면 유익한 오프라인 행사를 주최할 때 참가자 수를 적게 제한하는 것으로 유명한 그룹도 있을 수 있다. 이런 행사는 게시물을 놓치면 참석하기 어려울 수 있다.

이런 그룹의 알림은 모두 켜 두어도 좋다. 모든 알림이 100% 의미 있지 않더라도 어느 정도 유용한 내용에 대한 알림을 받는 것이 중요하고, 시간이 민감한 공지를 놓치는 것보다는 낫다.

그렇다면 어떤 그룹을 알림을 켤지 끌지는 어떻게 정할까? 평소 내가 적용하는 기준은 이러하다.

- **전문성 개발에 도움이 되는 행사를 주최하는 그룹.** 소프트웨어 개발 업계에서는 해커톤 같은 행사가 여기에 해당한다. 유명한 IT 회사가 참여하는 콘퍼런스, 유명한 프로그래머들이 기획한 강연도 마찬가지다.

  우리는 이미 이런 행사가 성장 마인드셋을 기르는 데 얼마나 큰 도움이 되는지 안다. 이런 행사에 대한 안내는 놓치지 않는 게 좋다.

- **업계에서 유명하고 좋은 평가를 받는 구성원이 있는 그룹.** 이런 사람은 그룹에 참여할 때 자신의 경험과 통찰을 즐겁게 나누고 유용한 정보를 많이 알려 준다.

  이런 게시물을 놓치지 않으려면 이런 그룹에서는 모든 알림을 켜 두는 게 좋다.

  이런 사람이 순전히 재미로 가입해서 웃기는 밈만 올리는 그룹은 유일한 예외다. 그런 경우에도 그 그룹에 남아 있는 게 낫다. 이들은 자기 시간을 매우 아껴 쓰기 때문에 수준 이하의 포럼에는 거의 참여하지 않는다. 다만 이런 그룹의 게시물 알림은 모두 받을 필요가 없다.

- **건설적이고 전문적인 토론을 정기적으로 한다고 알려진 그룹.** 각 산업에 특화된 토론 그룹 같은 걸 가리킨다. 이런 그룹에서는 적극적으로 정보

를 공유하고 아이디어를 테스트하고 본받고 싶은 최고 수준의 개발자들과 유익한 대화를 나눌 수 있다. 아니면 이런 그룹을 염탐하며 경험이 풍부한 전문가들이 전문적인 주제에 대해 어떻게 토론하는지 관찰하는 것도 좋다.

이런 그룹에서는 모든 알림을 켜 두면 흥미로운 토론 주제를 놓치지 않을 수 있다.

그리고 마지막 항목은 소셜 미디어를 주의 깊게 사용할 때 얻는 또 하나의 큰 혜택을 알려 준다. 3장에서 소프트 스킬이 프로그래밍 경력에서 전문적인 하드 스킬만큼 중요한 이유를 설명했던 걸 기억할 것이다. 다른 기술과 마찬가지로 소프트 스킬도 뛰어난 전문가들만큼 발전시키려 노력할 필요가 있다. 적절한 타이밍에 적절한 말을 할 수 있는 능력을 기를 신경 경로를 만들어야 한다. 소셜 미디어는 안전한 환경에서 이런 연습을 할 수 있는 최고의 도구 중 하나다.

## 안전한 환경에서
## 소프트 스킬을 연습하라

소셜 미디어에 있는 수준 높은 기술 그룹에 참여해서 소프트 스킬 개발에 도움을 얻을 몇 가지 방법이 있다. 소프트 스킬은 대부분 대화와 관련이 있는데 이런 그룹은 전 세계적으로 분산되어 있는 대화

허브다.

활용할 수 있는 몇 가지 기술을 소개하자면 다음과 같다.

- **대화를 관찰하며 적절한 용어를 배워라.** 소프트웨어 개발 업계에서는 은어를 많이 쓴다. 업계에서 성공하려면 이런 은어를 알아야 한다.

  온라인 튜토리얼이나 문서에서는 전문 프로그래머들이 쓰는 모든 용어를 배울 수 없다. 다른 모든 직업이 그렇듯이 소프트웨어 공학 분야에서도 공식적인 기술 용어와 아무 관련 없이 만들어진 은어가 쓰인다.

  공식적인 용어를 배워서 해가 될 건 없다. 초보자라면 자신이 뭘 모르는지도 모르므로 그런 용어를 배우기 위해 어디를 찾아봐야 할지도 모를 수 있다. 하지만 경험이 풍부한 전문 개발자들과 나누는 대화에 참여하거나 그런 대화를 관찰하는 것만으로도 자연히 그런 용어를 배울 수 있다.

  그리고 은어를 아는 건 당연히 중요하다. 그러면 숙련된 업계 베테랑처럼 보여서 잠재적인 고용주에게 더 매력적으로 보일 수 있다.

  최고의 개발자들이 더 많은 대화를 나누는 그룹일수록 더 좋다.

- **협업할 사람을 찾아라.** 의사소통 기술은 소프트 스킬의 하위 집합에 불과하다. 시간 관리, 팀워크 같은 다른 요소도 소프트 스킬에 속한다. 이런 소프트 스킬은 다른 사람과 협업하며 연습할 수 있다.

  전문적인 소셜 미디어 그룹에는 오픈 소스 프로젝트에 참여하는 프로그래머가 많다. 이런 그룹에서는 협업할 사람을 찾기가 어렵지 않다.

  그런 프로젝트에 참여하면 단순히 좋은 팀워크 기술을 개발하는 것 이상의 소득이 있다. 기술 능력이 향상될 뿐 아니라 해당 프로젝트를 참여했던 프로젝트 포트폴리오에 넣을 수 있고, 이를 훗날 잠재적인 고용주에게 보여 줄 수도 있다.

- **아이디어 발표를 연습하라.** 소프트웨어 개발 업무라고 해서 코딩만 하는

게 아니다. 다양한 기획 회의에 참여해서 아이디어를 내야 한다. 더 높은 자리로 갈수록 참석할 회의는 더 많아진다.

따라서 사람들에게 아이디어를 발표하는 기술을 익혀야 한다. 그리고 소셜 미디어 그룹은 이런 목적에 매우 적합하다.

이런 그룹에서 하는 프로젝트는 실제 프로젝트가 아니다. 실제 프로젝트에서 논리 정연한 의사소통 기술을 선보이지 못하면 상사가 곱지 않게 볼 것이다. 명확하게 소통하는 능력을 아직 개발하지 못했다 해도 이런 그룹에서는 별 문제가 되지 않는다. 최악의 경우 당신의 게시물이나 댓글이 큰 반응을 얻지 못하는 정도에 그칠 것이다. 하지만 최선의 경우에는 실제로 대화에 참여한 누군가가 당신의 주장에서 부족한 부분을 지적해 줄 것이다. 이런 소통은 점진적으로 좋은 의사소통 기술을 쌓는 데 도움이 될 것이다.

그리고 다른 사람이 아이디어를 어떻게 발표하는지 관찰하고 따라 하는 것만으로도 의사소통 기술을 발전시키는 데 도움이 된다.

- **불편한 사람들과 논쟁 연습을 하라.** 소프트웨어 개발자로 일하는 내내 당신의 의견을 받아들이는 친절한 사람들에게만 둘러싸여 지내는 건 불가능하다. 때로 상사, 팀 동료, 타 부서 동료를 막론하고 당신의 의견에 동의하지 않는 사람과 의견을 조율해야 할 때가 있을 것이다.

앞서 프로그래머의 연봉은 오로지 전문 기술과 경력에 따라 결정되지 않는다고 했던 걸 기억할 것이다. 협상 능력도 여기에서 큰 역할을 한다.

그러나 연봉을 협상할 때 당신의 연봉을 최대한 낮게 유지하려는 상대방과 불가피하게 대립해야 한다. 그 연봉이 당신에게는 수입이지만 고용주나 고객에게는 지출이다. 따라서 자기 의견을 논리 정연하게 제시하고 반대 의견에 대처할 수 있어야 한다.

혹시 협상에서 이기지 못한다면 패배도 의연하게 받아들일 수 있어야 한다. 그러나 대부분은 '아니오'라는 대답을 받아들이기 어려워한다. 우리 뇌는 그런 대답을 사회적 거부로 받아들이기 때문이다.[6] 마찬가지로 다른 사람의 의견을 반박하는 것도 어려워한다. 인간은 본능적으로 분쟁을 두려워하며, 분쟁으로 인한 신체적, 정신적 피해를 두려워하기 때문이다.[7]

논쟁의 패배에 잘 대처하고 두려움 없이 논쟁을 시작할 수 있는 능력은 경력을 엄청나게 발전시킬 수 있는 기술이다. 타고난 성향을 극복하려면 연습할 수 있는 안전한 환경이 필요하다.

다시 말하지만 온라인에 있는 소셜 미디어 그룹보다 안전한 곳은 없다. 온라인에서 누군가의 의견에 적극적으로 반대하는 건 실생활에서 그렇게 하는 것보다 훨씬 더 쉽다. 우리의 의식은 대화 상대가 실제 사람이라는 걸 알지만 잠재의식은 상대를 화면상의 픽셀로만 인식한다.[8]

그러나 같은 이유로 온라인에서 받는 반응은 실생활보다 훨씬 더 신랄할 수 있다. 처음에는 그런 반응에 대처하기 어려울 것이다. 하지만 이런 경험은 실제 경력을 키우다 벌어지는 언어적 갈등에 잘 대처할 수 있을 정도로 강인해지는 데 도움이 된다.

소셜 미디어에서는 논쟁이 지나칠 정도로 진행되더라도 오프라인 세계에서 그런 논쟁을 벌일 때만큼 심각한 결과로 이어질 가능성은 낮다. 어쩌면 상대가 당신을 차단해 버릴 수 있다. 반대로 상대가 지나치다고 생각한다면 당신이 상대를 차단하면 그만이다. 하지만 동료나 고객은 그렇게 차단할 수 없다.

물론 말은 조심해야 한다. 일반적으로 부적절하다고 여겨질 만할 말을 한다면 오프라인 세계에까지 부정적인 영향을 미칠 수 있다. 당신이 지나치게 불쾌한 내용을 올리면 심지어 누군가가 당신의 고용주나 고객에게 알릴 수도 있다.[9]

이런 연습의 목적은 자기 의견에 반대하는 사람과 토론하는 능력을 길러서 그런 기술을 전문가로서 일하는 환경에서 재사용하는 데 있다는 걸 기억하라. 그러므로 무턱대고 논쟁을 위한 논쟁을 시작하지 마라. 상대의 의견에 진짜 문제가 있다고 생각할 때만 논쟁에 참여하라. 상대의 관점을 무작정 공격하지 말고 의미 있는 질문을 던지며 토론을 시작하려고 노력하라. 어쩌면 토론을 마칠 무렵에는 자신이 틀렸다는 걸 깨달을 수도 있다. 이런 방식의 토론이라면 참여한 모든 사람이 그 대화에서 얻는 가치가 있다.

전문적인 주제로만 토론을 제한하라. 일에 아무리 열정적으로 임하는 사람이라도 일과 관련된 주제는 정치나 종교처럼 감정적으로 반응하지 않는다. 그러므로 프로그래밍이라는 맥락 안에서 토론을 이어간다면 토론이 엉망진창으로 진행되지 않을 가능성이 더 높다.

무슨 일이 있더라도 예의 바르고 정중한 태도를 유지하라. 그러면 대화를 즐길 수 있을 뿐 아니라 예의 바르고 정중하게 토론하는 습관을 기를 수 있다. 그러면 미래의 논쟁에서 이길 가능성이 더욱 커질 것이다.

소셜 미디어에서 자신이나 상대, 양측 모두에 도움이 되는 생산적인 토론에 꾸준히 참여한다면 알고리즘이 알아차릴 것이다. 이런 토론도 여러분의 타임라인 공간을 내어 줄 만한 유용한 콘텐츠 유형이다.

꾸준히 상호작용하는 유용한 콘텐츠가 다양해질수록 쓸모없이 주의를 분산시키는 콘텐츠가 타임라인에서 차지하는 공간이 줄어든다. 이것이 타임라인을 자신에게 도움이 되는 궁극의 에코 체임버로 만드는 방법이다.

지금까지 소셜 미디어 앱을 유용한 에코 체임버로 변신시켜서 경력 발전을 위한 올바른 마인드셋을 개발할 방법을 상세히 논했다. 하지만 소셜 미디어에는 당신이 활용할 수 있는 또 다른 기능이 있다. 바로 잠재적 고용주와 고객에게 당신을 노출시키는 능력이다.

## 소셜 미디어는
## 개인 브랜드에 어떤 도움을 줄까

소셜 미디어는 성장 마인드셋 개발을 돕고 소프트 스킬 연습 기회를 제공하는 도구이자 자신을 세상에 보여 주는 방식을 정의하는 도구이기도 하다. 이 때문에 기술 분야 경력이 생길 수도, 망가질 수도 있다. 의사소통과 팀워크 기술이 뛰어난 경험 많은 프로그래머라고 해도 공개된 소셜 미디어 프로필이 좋아 보이지 않는다면 아무도 고용하려고 하지 않을 것이다.

당신이 웹에 올리는 콘텐츠는 좋든 싫든 당신의 개인 브랜드 개발에 기여한다. 영업이나 마케팅에 관심이 없더라도 잠재적 고용주나 고객과 협상할 때마다 무언가 파는 것이다. 더 정확히 이야기하자면 자신의 기술을 판매하는 것이다. 당신이 자기 기술을 제대로 보여 주지 못한다면 잘 보여 줄 수 있는 사람에게 뒤처질 것이다.

브랜드가 발명된 데에는 이유가 있다. 브랜드를 소유한 기업은 브랜드 평판을 최대한 좋게 만들기 위해 최선을 다한다. 이런 브랜드를 만드는 데 성공한다면 일반 대중은 브랜드 이름이 언급될 때 즉시 신뢰할 수 있다고 생각할 것이다.

그 반대도 마찬가지다. 기업에서 브랜드 평판을 소홀히 하면 무명의 브랜드로 전락하여 해당 분야의 다른 브랜드에 뒤처지거나 자기도 모르는 새에 나쁜 평판이 구축된다. 그런 경우에는 브랜드 이름이 언급될 때 부정적인 반응이 돌아온다. 그런 기업은 오래 살아남기 어렵다.

하지만 기업에만 브랜드가 있는 게 아니다. 고도의 기술을 갖춘 전문가도 개인 브랜드를 신경 써야 한다. 이름이 알려지지 않은 사람은 이름이 알려진 사람에게 취업 시장에서 밀린다. 당신이 유명한 사람보다 기술 면에서 훨씬 더 뛰어나더라도 달라질 건 없다. 평판 좋은 회사는 공개적인 온라인 이미지를 신중하게 관리하지 않는 사람을 채용하려 하지 않는다.

물론 온라인에서 인지도를 구축할 방법은 많다. 하지만 소셜 미디어와 그 알고리즘은 개인 브랜드 개발을 도울 최고의 도구 중 하나다.

## 온라인 브랜드를
## 만드는 방법

초반에 할 수 있는 상대적으로 간단한 조치는 다음과 같다.

- **공개 프로필을 정기적으로 점검하라.** 소셜 미디어에 올린 모든 게시물이 공개로 표시되는 건 아니다. 대부분의 플랫폼에서 친구만 볼 수 있게 친구 공개로 올리거나 자신만 볼 수 있게 비공개로 올리는 게 가능하다.

하지만 콘텐츠가 부적절한 경우 그 게시물을 본 친구가 스크린샷을 찍는 건 막을 수 없다. 설사 그 스크린샷을 공유하지는 못하더라도 말이다. 부적절한 콘텐츠는 전문가로서의 평판을 완전히 망가뜨릴 수 있다. 만약 누군가 그 콘텐츠를 공유한다면 인터넷에 영원히 남는다. 일단 공개되면 되돌릴 수 없다. 원본 게시물을 삭제하더라도 스크린샷으로 찍어서 공유된 콘텐츠는 삭제할 수 없다.

공개 콘텐츠는 더 심각한 문제를 일으킬 수 있다. 부적절하다고 생각하는 모든 콘텐츠를 누구나 스크린샷으로 찍을 수 있기 때문이다. 콘텐츠를 스크린샷으로 찍은 사람이 없다고 하더라도 누구나 볼 수 있다는 사실에는 변함이 없다. 잠재적인 고용주가 구글 검색을 통해 그렇게 부적절한 콘텐츠를 발견한다면 그 회사의 합격자 명단에 이름을 올리지 못할 것이다.

부적절하다고 여겨질 만한 게시물을 더 이상 올리지 않더라도 사려 깊지 못하고 미성숙하던 시절에 올린 예전 게시물 때문에 곤경에 처할 수 있다. 일부 유명 인사를 포함해 많은 사람이 여러 해 전에 올렸던 게시물 때문에 해고되었다.[10]

그래서 가끔 자신의 소셜 미디어 공개 프로필을 점검하는 게 좋다. 게시물을 훑어보고 다른 사람이 불쾌해한다거나 부적절하다고 볼 여지가 없는지 생각해 보라. 혹시 그런 게시물이 있다면 삭제하거나 비공개로 설정하라.

모두가 똑같은 유머에 웃지 않는다. 누군가는 재밌다고 생각하는 유머를 다른 누군가는 매우 불쾌하게 여길 수 있다.

잠시 웃고 잊어버릴 일 때문에 전문가로서의 평판을 위태롭게 만드는 건 현명한 처사가 아니다. 농담이나 이야기는 친한 친구들과 나누는 게 좋다.

> 표현의 자유가 결과로부터의 자유를 주지 않는다는 걸 기억하라.

- **정치, 종교처럼 민감한 주제에 대한 게시물을 올리지 마라.** 이 두 가지 주 제는 강렬한 감정적 반응을 불러일으킨다. 이런 주제에 대해 적극적으로 의견을 표현하면 어떤 사람에게는 강력한 동의를, 어떤 사람에게는 강력 한 반대를 끌어낼 수밖에 없다. 전문 기술과 아무 상관 없는 이유로 잠재 적인 고용주의 블랙리스트에 오르고 싶은 사람은 없을 것이다. 하지만 그 회사의 임원 중 한 명이 당신의 정치적 견해나 종교적 입장에 반대하는 이유만으로도 그렇게 될 수 있다.

  소셜 미디어에 정치나 종교 관련 의견을 공유하는 건 자신에게 아무 득이 되지 않는다. 1장에서 논한 소셜 미디어의 부정적인 측면이 부각될 뿐이 다. 감정을 격앙시키는 주제는 꼬리를 물고 이어지는 감정적인 논쟁을 촉 발한다. 소셜 미디어 기업은 사용자들이 긴 논쟁을 벌이며 플랫폼에 주의 력을 온통 빼앗기는 것을 두 손 들어 환영할 게 분명하다.

  그런 주제에 대한 이야기는 그런 대화를 좋아하는 사람들과 오프라인에 서 하는 게 낫다. 소셜 미디어에서 정말 하고 싶다면 특별히 그런 대화를 위해 만든 비공개 그룹에서만 하라.

  정치적 의견을 표현하는 가장 효과적인 수단은 투표함이다.

  사람들은 이렇게 감정적인 주제에 대한 의견을 잘 바꾸지 않는다. 의견에 동의하는 사람은 단순히 동의한다는 의견을 표명하겠지만 동의하지 않는 사람은 당신을 논쟁에 끌어들일 것이다. 이처럼 감정을 격앙시키는 논쟁 이야말로 실수로 부적절한 게시물을 남기게 할 위험이 가장 큰 논쟁이다.

- **정기적으로 통찰력 있는 콘텐츠를 올리고 공개하라.** 독창적인 콘텐츠를 만들 필요는 없다. 누구에게나 이런 콘텐츠를 만드는 재주가 있는 건 아니

다. 그리고 글솜씨가 꼭 뛰어날 필요도 없다.

공개 프로필을 통찰력 있는 콘텐츠로 채우는 가장 쉬운 방법은 다른 사람이 만든 콘텐츠를 공유하는 것이다. 특히 자신의 전문 분야와 관련 있는 유익한 정보가 담긴 게시물, 기사, 동영상이라면 더욱 좋다. 애초에 그 콘텐츠를 만든 크리에이터도 공유하려고 만든 콘텐츠다.

단, 그대로 공유하지 마라. 본인의 생각을 덧붙여라. 저자가 하려는 말을 짧게 설명해도 좋고 해당 콘텐츠에서 마음에 들었던 점, 그렇지 않은 점에 대한 의견을 적어도 좋다.

자신의 게시물에 적절한 해시태그를 붙여라. 그래야 알고리즘을 통해 해당 게시물이 올바른 키워드로 검색된다. 그러면 해당 주제에 관심 있는 다른 사람의 참여를 끌어내고 온라인 세상에 이름을 알리는 데 도움이 될 것이다.

한동안 이렇게 하면 당신이 어떤 사람인지 알고 싶어 하는 잠재적인 고용주나 고객에게 자신이 이렇게 유익한 정보를 적극적으로 소비하고 있다는 걸 알릴 수 있다. 심지어 실제로 그 콘텐츠를 읽었다는 증거 없이 아무 링크나 공유하는 게 아니므로 해당 전문 분야에 대해 자기 생각을 공유하는 모습을 보여 줄 수 있다.

블로그를 운영한다면 더욱 좋다. 전문 분야에 대한 자신의 생각을 소셜 미디어 공개 프로필에 정기적으로 공유한다면 해당 주제에 정말 관심이 있으며 해당 주제를 충분히 이해한 상태로 자기 의견을 낸다는 인상을 줄 것이다.

- **공개적으로 보여 주고 싶은 설명을 프로필에 넣어라.** 상업 브랜드라면 대중이 그 브랜드를 떠올릴 때 연상하기 바라는 스토리가 있다. 프로필에 설명을 적을 수 있는 플랫폼에서는 본인에 대해 적은 이런 설명이 그 사람의 개인 브랜드를 생각할 때 연상되는 스토리나 마찬가지다.

자신을 찾을 때 사용했으면 하는 키워드를 설명에 넣어라. 자신이 전문으로 하는 프로그래밍 언어나 기술이 여기에 해당할 수 있다. 자기 전문 분야에서 일한 경력의 연차나 성공적으로 수행한 프로젝트에 대한 간략한 설명을 넣어도 좋다.

이렇게 하는 게 중요한 이유는 두 가지다. 잠재적 고용주나 고객이 당신의 이름을 검색했을 때 가장 먼저 보는 건 그 설명이다. 그래야 사람들이 해당 키워드를 찾아볼 때 당신의 프로필이 검색 엔진 크롤러를 통해 쉽게 검색된다.

검색 엔진 최적화(Search Engine Optimization, SEO)는 키워드에 크게 의존한다.[11] 그러므로 적절한 키워드를 적어 두면 웹의 다양한 알고리즘 덕분에 예상치 못한 곳에서 채용 제안을 받을 수 있다.

- **전문가다운 외부 출처 링크를 추가하라.** 작성한 코드 샘플이 있는 깃허브 페이지가 있다면 잠재적인 고용주가 여러분의 코드 품질을 확인하는 데 도움이 될 것이다. 작업물의 품질이 상당히 괜찮다면 여러분의 프로필을 돋보이게 만드는 링크라고 볼 수 있다.

개인 웹사이트나 유튜브 채널이 있거나 유데미(Udemy), 스킬셰어(Skillshare) 같은 온라인 강의 사이트에서 강의를 한다면 이런 링크 또한 프로필에 잘 어울린다. 물론 거기서 만든 콘텐츠의 품질이 괜찮은 수준이어야 한다.

완벽할 필요는 없다. 100% 만족스럽지 않더라도 링크를 포함시키는 게 낫다. 합리적인 사람이라면 세상에 완벽한 기술을 가지고 태어나는 사람은 없다는 걸 이해할 것이다.

순전히 경험 부족으로 인해 코드나 콘텐츠의 품질이 모자랄 수도 있다. 하지만 지속적으로 발전하는 모습을 보인다면 이런 부분은 문제가 되지 않는다.

콘텐츠의 품질이 뛰어나다면 쉽게 찾을 수 있게 해 두는 것이 시장에서 우위를 차지하는 데 도움이 된다. 그러나 최상의 품질이 아니더라도 프로필에 올려 둔 링크를 통해 기술 발전을 위해 진심으로 노력하고 있는 사람이라는 걸 잠재적인 고용주에게 보여 줄 수 있다. 깃허브 저장소를 관리하지 않고 블로그도 운영하지 않으며 온라인 강의를 한 경험도 없는 사람들보다 시장에서 우위를 차지할 것이다.

프로젝트 링크를 공개 프로필에 올리지 말아야 하는 유일한 경우는 작업 품질이 좋지 않다고 생각하거나 해당 저장소의 내용이 기밀인 경우다. 그런 경우에는 여러분이 한 추가 작업이 오히려 전문가로서의 평판을 높이기는커녕 더 나빠지게 할 수 있다.

이런 활동을 통해 직업적인 기회를 더 쉽게 찾을 수 있다. 여러분의 이름을 적극적으로 검색한 사람들에게 좋은 인상을 남길 수 있을 뿐 아니라 해당 기술 분야의 전문가를 찾던 누군가가 여러분의 프로필을 발견할 수 있다. 공개 프로필을 이렇게 관리하는 사람은 상대적으로 적기 때문에 더욱 눈에 띌 것이다.

다양한 기법을 적용해 소셜 미디어 알고리즘을 자신에게 유리하게 활용하는 건 좋지만, 모든 소셜 미디어 플랫폼이 똑같이 만들어지지 않았다는 걸 기억해야 한다. 지금까지 논한 모든 기법을 적용할 수 있는 플랫폼도 있지만 오락용 외에 아무 쓸모가 없는 플랫폼도 있다.

## 모든 소셜 미디어 앱은
## 똑같지 않다

모든 소셜 미디어 플랫폼은 서로 다르다. 모든 소셜 미디어가 전문가로서의 경력에 도움이 되는 건 아니다. 그렇다고 아무 쓸모도 없다는 건 아니다. 가끔 오락용으로 쓸 수 있다. 하지만 그런 플랫폼에서는 앞서 언급한 알고리즘 최적화를 수행해 봐야 아무 성과가 없다. 소프트웨어 개발 세계에서 아무런 이점이 없기 때문이다.

틱톡, 인스타그램, 스냅챗이 여기에 속하는 가장 유명한 예다. 오로지 오락용으로 설계된 플랫폼이다. 그런 플랫폼을 사용하고 싶다면 조금만 사용하라.

## 도움이 되는
## 소셜 미디어 앱

하지만 경력 발전에 큰 도움이 되는 플랫폼도 있다. 그중 가장 중요한 예를 소개하자면 다음과 같다.

- 링크드인(https://www.linkedin.com) 전문 프로그래머에게 중요도 면

에서 첫 번째로 손꼽는 소셜 미디어 플랫폼이 링크드인이다. 경력 개발을 위해 특별히 고안된 플랫폼이다. 여기에는 경력 개발과 관련이 없거나 주의를 분산시키는 콘텐츠가 거의 없다.

이 플랫폼에서는 앞서 얘기한 모든 기법이 잘 통한다.

- **쿼라(https://www.quora.com/)** 쿼라는 질문과 장문의 답변을 올리는데 특화된 소셜 네트워크다. 그리고 각 답변 아래 달리는 중첩된 댓글 시스템을 통해 사람들과 토론할 수 있다.

관련 없는 콘텐츠를 걸러내기에 완벽한 플랫폼이다. 질문은 주제별로 분류되고 자신이 팔로우할 주제를 세밀하게 제어할 수 있다. 토론 그룹도 있다.

이 플랫폼에 올린 답변은 구글이 색인을 생성한다. 그래서 여러분이 어떤 주제에 대해 좋은 답변을 올려 두면 누군가 해당 주제를 조사할 때 구글 검색 결과 첫 페이지에 그 답변이 표시될 수 있다.

전문가로서 자신을 돋보이게 해 줄 프로필 설정 방법을 포함해 앞서 논한 모든 기법은 쿼라에서 잘 통한다.

- **페이스북(https://www.facebook.com/)** 페이스북은 가장 보편적으로 사용되는 소셜 미디어 플랫폼이다. 처음에는 친구들끼리 꾸준히 연락을 주고받기 위해 만들어졌던 서비스였지만 그 이후 다양한 기능을 갖춘 허브로 진화했다.

프로필 설정의 특정 부분만 제외하고 앞서 말한 거의 모든 기법이 이 플랫폼에서 통한다.

하지만 주의해야 하는 플랫폼이다. 온갖 유형의 콘텐츠가 엄청나게 많은데 그중 대부분이 시간 낭비를 부추기고 주의를 분산시키는 내용이다. 그리고 페이스북의 행동 수정 알고리즘이 아마 소셜 미디어 중에서 가장 강력할 것이다. 그러므로 이 플랫폼을 조종할 능력을 갖추려면 상당한 자제력이 필요하다. 그렇지 못한 사람은 이 플랫폼에 조종당할 수 있다.

- **X(구 트위터)(https://twitter.com/)** X는 게시물당 입력 글자수를 제한하는 마이크로블로깅 웹사이트다. 링크나 짧은 통찰을 공유하기 좋지만 장문의 콘텐츠를 공유하기에는 적합하지 않다.

  엄격한 글자수 제한 때문에 토론을 벌이기에 적합한 플랫폼은 아니다. 하지만 공개 프로필을 통찰력 있는 게시물로 채워서 개인 브랜드를 만들기 좋다.

  그리고 X의 타임라인은 원하는 유형의 콘텐츠만 표시하도록 미세 조정하여 자신이 원하는 에코 체임버 효과를 얻기에도 좋다.

- **레딧(https://www.reddit.com/)** 레딧은 프로그래머들이 많이 사용하는 플랫폼이다. 사용자에게 익명성을 제공하는 것으로 특히 유명하다. 익명성 때문에 개인 브랜드를 만들기 좋은 플랫폼은 아니다. 하지만 전문성을 개발하는 데 활용할 방법은 있다.

  레딧은 서브레딧이라고 부르는 다양한 영역으로 구성되기 때문에 관련 없는 콘텐츠를 손쉽게 거를 수 있다. 더 보고 싶은 유익한 콘텐츠 전용 서브레딧도 일부 존재한다.

  레딧은 기술 전문가들이 자주 방문하는 플랫폼이어서 팔로우할 수 있는 좋은 서브레딧을 꽤 쉽게 찾을 수 있다. 사용자 간 토론도 어느 정도 용이한 플랫폼이다.

  하지만 주의하라. 익명성 때문에 토론이 꽤 거칠어질 수 있다. 올린 글에 오류가 있으면 예의 바르고 정중한 태도와는 거리가 먼 답글이 달릴 것이다. 따라서 통찰을 공유하기에 좋은 플랫폼이지만 토론을 위한 최고의 플랫폼이라고 보기는 어렵다.

지금까지 주변 환경을 조정하여 성장 마인드셋을 수월하게 기르고 소프트웨어 개발자 경력을 발전시킬 방법을 살펴보았다. 처음에는 자신이 속한 사회 집단에서 조정할 수 있는 부분을 다뤘다. 그리고 소셜 미디어 알고리즘을 조정하는 방법으로 넘어가서 이런 플랫폼을 통해 올바른 유형의 신호를 꾸준히 제공받는 방법을 배웠다.

이러한 조치는 모두 외부적인 것이었다. 그러나 자신을 개인과 전문가로서 최상의 버전으로 발전시키는 데 도움이 될 내부적인 조치도 있다. 다음 장에서는 자신의 영향력 범위에서 일어나는 모든 일에 대한 태도를 적극적으로 개발하는 방법에 대해 이야기하겠다.

우리가 다룰 주제는 극한의 오너십이라는 개념이다. 미국 해군 특수부대 네이비 실에서 처음 고안되었지만 높은 성과를 내고 싶은 사람이라면 누구나 어떤 분야에서든 활용할 수 있는 개념이다. 여기에는 엘리트 수준의 소프트웨어 개발자가 되기를 열망하는 사람도 당연히 포함된다.

## 참고 문헌

1. 마테오 치넬리(Matteo Cinelli), 잔마르코 데 프란치시 모랄레스(Gianmarco De Francisci Morales), 알레산드로 갈레아치(Alessandro Galeazzi), 월터 콰트로치오키(Walter Quattrociocchi), The echo chamber effect on social media(소셜 미디어에서 에코 체임버 효과), PNAS, 2021년 3월 2일, https://

www.pnas.org/doi/10.1073/pnas.2023301118

2. 카슈미르 힐(Kashmir Hill), Facebook Manipulated 689,003 Users' Emotions For Science(페이스북이 과학을 위해 사용자 689,003명의 감정을 조작하다) – Forbes, 2014년 6월 28일, https://www.forbes.com/sites/kashmirhill/2014/06/28/facebook-manipulated-689003-users-emotions-for-science/?sh=23a8a540197c

3. 피터 G. 스트롬버그(Peter G. Stromberg) 박사, Why is Entertainment so Entertaining(오락거리는 왜 재미있을까)?, Psychology Today, 2009년 8월 29일, https://www.psychologytoday.com/us/blog/sex-drugs-and-boredom/200908/why-is-entertainment-so-entertaining

4. 가이아 빈스(Gaia Vince), Evolution explains why we act differently online(우리가 온라인에서 다르게 행동하는 이유가 진화를 통해 설명된다), BBC Future, 2018년 4월 3일, https://www.bbc.com/future/article/20180403-why-do-people-become-trolls-online-and-in-social-media

5. 에릭 레이븐스크래프트(Eric Ravenscraft), Facebook's Notifications Are Out of Control. Here's How to Tame Them(페이스북의 알림은 통제 불능이다. 이를 길들이는 방법은 다음과 같다.), New York Times, 2019년 5월 30일, https://www.nytimes.com/2019/05/30/smarter-living/stop-facebook-notifications.html

6. 키어스틴 위어(Kirsten Weir), The pain of social rejection(사회적 거부의 고통), American Psychological Association, 2012, Vol 43, No. 4, https://www.apa.org/monitor/2012/04/rejection

7. F. 다이앤 바르트 L.C.S.W.(F. Diane Barth L.C.S.W.), Why Is It Hard to Say "No" and How Can You Get Better at It?('아니오'라고 말하기 어려운 이유는 무엇이며 어떻게 하면 더 잘할 수 있을까?), Psychology Today, 2016년 1월 15

일, https://www.psychologytoday.com/intl/blog/off-the-couch/201601/
why-is-it-hard-to-say-no-and-how-can-you-get-better-at-it

8. 앰버 댄스(Amber Dance), Communication: Antisocial media(의사소통: 반
사회적 매체), Nature, 2017년 3월 9일, https://www.nature.com/articles/
nj7644-275a

9. Americans and 'Cancel Culture': Where Some See Calls for
Accountability, Others See Censorship, Punishment(미국인과 '캔슬
컬처': 누군가는 책임감을 요구하고 누군가는 검열과 처벌이라고 본다), Pew
Research Center, 2021년 5월 19일, https://www.pewresearch.org/
internet/2021/05/19/americans-and-cancel-culture-where-some-
see-calls-for-accountability-others-see-censorship-punishment/

10. 브라이언 비숍(Bryan Bishop), Writer-director James Gunn fired
from Guardians of the Galaxy Vol. 3 over offensive tweets(작가
겸 감독인 제임스 건이 공격적인 트윗 때문에 가디언즈 오브 갤럭시 3편에
서 해임되다), The Verge, 2018년 7월 20일, https://www.theverge.
com/2018/7/20/17596452/guardians-of-the-galaxy-marvel-james-
gunn-fired-pedophile-tweets-mike-cernovich

11. 브라이언 딘(Brian Dean), 2021년 검색 엔진 최적화 최종 가이드, Backlinco,
https://www.youtube.com/watch?v=9Cu4EgGHKEw

# 6

## 극한의 오너십 - 프로그래머가 미국 해군 네이비 실에서 배울 수 있는 것

극한의 오너십. 리더라면 자기 세계의 모든 것을 책임져야 한다. 다른 사람을 탓할 수 없다.

조코 윌링크(Jocko Willink)

4, 5장에서 전문 프로그래머로서 성장하는 데 도움이 되는 사회적 환경을 구축하는 방법을 살펴보았다. 우선 올바른 유형의 에코 체임버에 의도적으로 둘러싸이는 게 중요하다는 것을 배웠고 다음으로는 기술을 활용해서 이 과정을 자동화하는 방법을 살펴봤다.

여기에는 자신의 성장에 유익하도록 바꿀 수 있는 외부 환경의 가장 중요한 요소들이 포함되었다. 그리고 이제 자신의 내부에서 바꿀 수 있는 것, 즉 핵심 신념에 관해 알아보려고 한다.

핵심 신념은 외부와 단절된 상태에서 발전하지 않는다. 올바른 유형의 사람들에게 지속적으로 둘러싸여 있는 건 당신의 핵심 신념에 영향을 미칠 것이다. 인간은 꾸준히 교류하는 사람들의 신념을 어느 정도 받아들인다. 하지만 가장 강력한 핵심 신념은 자신의 발전을 위해 의도적으로 노력해서 얻는 신념이다.

극한의 오너십이라는 개념은 의도적으로 노력해야 얻을 수 있으며 노력하다 보면 당신의 정체성과 인생관이 완전히 바뀔 것이다. 이는 자신의 모든 문제를 고치고, 과거 자신의 실수를 평가하고, 동료와 상급자 사이에서 신뢰를 얻고, 인생의 현실적인 한계 내에서 얻고자 하는 모든 것을 성취하도록 도와준다.

극한의 오너십은 자기 주변 환경에서 일어나는 모든 일에 책임을 진다는 개념이다. 어떤 사건이 정말로 자신의 통제 밖에서 일어났다고 하더라도 그에 앞서 그런 결과로 이어질 일련의 선택을 했을 것이다. 같은 맥락에서 극한의 오너십 개념에 따르면 통제할 수 없는 상황에서도 그 상황에 어떻게 반응할지는 당신이 통제할 수 있다.

개념적으로는 간단한 아이디어다. 하지만 단순하다고 해서 꼭 실천하기 쉬운 건 아니다. 마인드셋이 어떤지에 따라 이 개념을 완전히 받아들이기까지 시간이 걸릴 수 있다. 자신의 성공과 실패가 자기 통제 밖에 있는 외부 요소에 의해 정해진다고 생각하는 습관이 있는 사람이라면 극한의 오너십이 요구하는 태도를 실천하기 어려울 수 있다. 자신의 성패를 자신이 책임지는 습관이 있는 사람에 비하면 이런 원칙에 따라 살기까지 더 오랜 시간과 노력이 든다.

그러나 좋은 소식은 특정한 이상에 따라 사는 건 습관에 불과하다는 것이다. 처음에는 그 이상을 받아들이기 어렵더라도 실천할수록 점점 쉬워진다. 그리고 시간이 지나면 그런 이상이 당신의 핵심 신념이 된다. 당신의 정체성을 구성하는 일부가 된다는 것이다.

통제위치(locus of control)*가 외부에 있는 사람이라도 극한의 오너십 원칙을 기반으로 살 수 있다. 시간이 더 오래 걸릴 수는 있지만 꾸준히 실천하면 결국 익숙해진다.[1]

---

\* 옮긴이 주어진 상황을 통제하는 데 자신이 얼마나 영향을 미칠 수 있는지 믿는 정도를 가리키는 사회심리학 개념.

극한의 오너십이 지나치게 무거운 짐처럼 보일 수 있지만 절대 그렇지 않다. 의미를 오해하는 사람에게만 무거워 보이는 것이다. 그래서 극한의 오너십이 무엇인지 살펴보기 전에, 극한의 오너십이 아닌 것부터 살펴보자.

- **극한의 오너십은 다른 사람의 문제를 해결하는 것이 아니다.** 누군가의 문제가 자신에게 직간접적으로 영향을 미칠 때는 거기에 대응해야 한다. 하지만 무턱대고 다른 사람의 문제를 해결하는 건 올바른 대응이 아니다.

  상황을 평가하고 결정을 내리고 그 결정에 따르는 결과를 책임지는 건 당신의 몫이다. 하지만 상황에 따라 상대가 개인적으로 책임지게 하는 것이 옳은 결정일 수 있다. 아니면 상대에게 문제 해결 방법을 안내해야 할 때도 있고, 당신이 그 상황을 완전히 벗어나야 할 때도 있다.

- **극한의 오너십은 다른 사람이 한 일을 자신의 탓으로 돌리는 것이 아니다.** 다시 말하지만 다른 사람이 자기 행동에 대해 책임을 져야 할 때는 당사자에게 책임을 맡겨야 한다. 하지만 사고를 방지하기 위해 자신이 사전에 할 수 있는 일이 있었는지, 지금이라도 피해를 통제하기 위해 할 수 있는 일이 있는지, 미래에 같은 사고가 발생하는 걸 방지하기 위해 할 수 있는 조치가 있을지 평가하는 건 당신의 몫이다.

- **극한의 오너십은 피해자를 비난하는 것이 아니다.** 극한의 오너십은 당신이 전도하고 다녀야 하는 종교적인 사상이 아니다. 그러므로 주변 사람들이 극한의 오너십을 실천하길 기대하지 마라.

  현실은 불공평하다. 아무 잘못이 없는 사람에게도 안 좋은 일이 일어난다. 그들을 탓하는 건 당신이 해야 할 일이 아니다. 당신이 할 일은 어떤 방식으로든 자신에게 영향을 미치는 결과에 대처하는 것이다.

- **극한의 오너십은 불의를 참는 것이 아니다.** 오히려 그 반대다. 불의를 막기 위해 할 수 있는 모든 일을 하는 것이 극한의 오너십이다.

  당신이 영향을 받는 억압의 형태와 싸우는 것이 아닐 수 있다. 억압받는 것을 멈추는 것이 목표라면 그 상황에서 빠져나오는 게 현명한 결정일 수 있다. 핵심은 결정을 내리고 결과를 책임지는 것이다.

  예를 들어 극한의 오너십은 여러분에게 해로운 회사의 문화를 바꾸라고 강요하지 않는다. 오히려 해로운 회사나 팀에서 일하지 말 것을 강요한다.

자, 중요한 부분에 대한 확인이 끝났으니 이제 극한의 오너십이 어떤 아이디어이고 어디에서 비롯되었는지 살펴볼 차례. 그리고 극한의 오너십을 받아들이는 것이 소프트웨어 개발 경력의 발전에 확실히 도움이 될 만한 구체적인 예를 소개하겠다. 그다음에는 이 아이디어를 받아들이기 특별히 어려울 때에 대처하는 방법을 알아보겠다.

## 극한의 오너십이라는 아이디어는 어디에서 왔는가

'극한의 오너십'이라는 용어는 퇴역한 미 해군 네이비 실 장교인 조코 윌링크가 만들었다. 퇴역 이후 그는 유명한 작가이자 팟캐스트 운영자 겸 사업가가 되었다. 용어 자체는 꽤 새롭지만 이 용어가 나타내는

철학은 수천 년간 실천되어 왔다. 유명한 스토아 철학자들이 가르친 내용과 매우 비슷하다.[2]

조코 윌링크는 미 해군 네이비 실의 전 대원들과 함께 극한의 오너십이라는 개념을 집중적으로 다루는 책을 공동 집필했다.[3] 이 책의 출간 이후 그는 팟캐스트, 인터뷰, 공개 강연에서 이 개념에 대해 상세히 이야기했다.

그가 여러 차례 들려준 개인적인 이야기가 하나 있다. 이 얘기는 아마 극한의 오너십이 적용되는 최고의 사례일 것이다. 이라크 라마디에 소대와 함께 반군 진압 작전을 하는 도중에 일어난 이 일화를 짧게 요약하자면 이러하다.

미군이 아군인 이라크 군인을 반군으로 오인해 교전 상황에 빠졌다. 그 결과 이라크군에 사망자 1명, 부상자 2명이 발생했고 미국 해군 네이비 실에도 부상자 1명이 발생했다.

최고 사령부는 결과에 분노했고 해당 사고를 책임지고 해임할 사람을 찾았다. 사고에 연루된 소대의 지휘관으로서 조코 윌링크는 무엇이 문제였는지 확인하고 책임자가 누구인지 상부에 보고해야 했다.

조코는 수사관 앞에 소대를 집합시키고 모든 소대원에게 사고의 책임이 누구에게 있다고 생각하는지 물었다. 모든 소대원은 자신이 그 사건에 책임을 져야 한다고 말했다. 자신의 행동이 사고에 원인을 제공한 바가 있기 때문이었다.

그러나 소대원들의 말을 들은 후에 조코는 모두가 틀렸다고 이야기했다. 그들 중 누구에게도 책임이 없었다. 지휘관으로서 모든 소대의 행동에 책임을 지는 건 조코 자신이었다.

그가 개인적으로 아군인 이라크군을 반군으로 오인한 건 아마 아닐 것이다. 그가 개인적으로 한 행동 때문에 상황이 계획대로 흘러가지 않은 것도 아마 아닐 것이다. 그러나 모든 계획을 승인하고 만일의 사태에 대비해야 하는 사람은 그였다. 그래서 그는 지휘관으로서 자기가 할 일을 제대로 수행하지 못했다고 한 것이다.

그는 이렇게 하는 게 어려웠다고 인정했다. 그의 자아는 큰 타격을 입었다. 하지만 그 대가로 많은 걸 얻었다. 그는 그의 상급자와 소대원들에게 더 큰 신임을 얻었다. 그 결과 해임된 사람은 한 명도 없었다. 비난할 사람을 찾는 대신 그런 일이 다시는 일어나지 않도록 보장하기 위한 조치를 취했다.

## 극한의 오너십 개념의 바탕에 있는 원칙은 무엇일까?

그렇다면 '극한'의 오너십을 받아들이게 하는 건 무엇일까? 조코 윌링크가 전적인 책임을 지리라 여겨지는 상황도 아니었다. 조코에게는 작전 중에 실수를 저지른 대원을 찾아서 모든 책임을 지울 권리가 있었다. 해당 대원이 처벌을 받으면 사건이 마무리될 터였다.

그러나 그렇게 했다면 그가 지휘하는 소대원들에게 신임을 잃었을 것이다. 누구나 실수는 하기 마련인데 의도치 않은 실수로 가혹한 처벌을 받는다면 상관을 완전히 정직하고 투명하게 대하도록 권장되는 환경이라고 보기 어렵다.

그러나 극한의 오너십은 나쁜 일이 일어났을 때 자기 탓으로 돌리라는 의미가 아니다. 그렇다. 만약 자신의 잘못이라고 진심으로 느낀다면 실수를 인정하는 것이다. 그러나 극한의 오너십의 핵심적인 특징은 자신이 영향을 미친 모든 상황에 대해 개인적인 책임을 받아들이는 것이다.

책임을 진다는 건 문제를 자신의 탓으로 돌리는 것과 다르다. 전자는 상황을 해결하기 위해 할 수 있는 한 최선을 다하되 자신이 하는 일을 지켜보는 사람들을 정직하고 투명하게 대하는 것이다. 후자는 포기하고 처벌을 받아들이는 것이다.

조코 윌링크는 겸손한 모습을 보여 주려고 개인적인 책임을 진게 아니었다. 그는 다음과 같은 극한의 오너십 원칙을 따른 것이다.

- **적어도 어느 정도 통제권이 있는 상황이라면 할 수 있는 모든 것을 해서 최상의 결과를 내라.** 이 경우 최상의 결과는 그런 상황이 다시 일어나지 않게 하는 것이다. 이미 일어난 일은 되돌릴 수 없고 누군가를 처벌한다고 한들 아무에게도 득이 되지 않는다.

- **대처하는 동안 완전히 정직하고 투명하게 행동하라.** 조코는 다양한 방법으로 상황을 해결할 수 있었다. 예를 들어 소대원들이 처벌을 받지 않도록 지휘관을 속일 수 있었다. 하지만 그랬다가는 미래에 큰 대가를 치를 수 있다.

  극한의 오너십을 실천한다는 건 단순히 해결할 수 있는 상황을 해결하는 데 그치는 게 아니다. 문제를 정직하고 투명한 방식으로 해결해야 한다. 그러면 그 상황에 대한 오너십을 발휘하는 모습을 사람들에게 보여 줄 수 있다. 정직하게 행하는 데에서 오는 위험 요소도 있지만, 정직함에서 얻을 수 있는 이점이 위험보다 훨씬 크다.

이쯤이면 극한의 오너십이 일종의 유사 종교나 임의로 만든 철학적 가르침이 아니라는 걸 알 수 있을 것이다. 철학자나 영적 지도자들이 가르쳐 온 내용과 매우 비슷하지만 극한의 오너십은 현실에 기반을 두고 있으며 완전히 실용적인 개념이다.

그러나 여러분은 이렇게 물을 수도 있다. 극한의 오너십과 프로그래밍 세계가 얼마나 관련이 있을까? 프로그래밍 세계는 군인들의 세계와 아무 상관이 없지 않은가!

이 원칙은 모든 유형의 경력, 그리고 경력을 넘어서는 인생의 다양한 영역에 적용된다. 특히 엘리트가 되려고 노력하는 사람들에게 의미가 있다.

## 엘리트 프로그래머가
## 엘리트 군인에게 배울 수 있는 것

기술 기업의 사무실 환경은 교전 지역과 너무 다르고 당신이 프로그래머로서 생사를 넘나드는 상황을 다룰 가능성은 거의 없다. 그런데도 프로그래머가 다루는 많은 상황이 군인이 다루는 것과 비슷한 면이 있다.

물론 당신이 아군 오발 사고와 비슷한 사고를 경험하거나 누군가 죽거나 다치는 상황을 겪는 일은 없을 것이다. 하지만 꽤 많은 불의의 사고를 다뤄야 한다.

예를 들어 당신이나 다른 누군가가 실수로 프로덕션 서버에 버그를 배포하여 고용주에게 막대한 금전적 손해를 입힐 수 있다. 회사 서버가 다운될 수 있다. 아니면 당신이 만든 소프트웨어가 사이버 공격의 대상이 될 수도 있다.

그리고 군대와 마찬가지로 기술 세계에도 엘리트 팀원과 일반 팀원이 있다. 엘리트 여부를 판가름하는 기준도 군대에서나 기술 세계에서나 정확히 똑같다. 그건 바로 업무에 필요한 전문 기술 이상의 것, 즉 태도다. 구체적으로 말하자면 기꺼이 개인적인 책임을 지고, 실수로부터 배우고, 옳은 일을 하려는 의지다.

프로그래머로 일하는 동안 조코 윌링크처럼 아군 오발 사고의 여파에 대처해야 할 일은 없을 것이다. 가끔 심각한 사고 정도만 처리하면 된다.

아군 오발 사고의 여파는 파국적인 소프트웨어 오류의 후유증과 크게 다르지 않다. 두 경우 모두 사람들이 서로 비난하는 모습을 종종 볼 수 있다. 하지만 비난으로는 상황이 절대로 해결되지 않는다. 따라서 기술적인 사고에 대처하는 가장 좋은 방법도 군사적 사고에 대처하는 방법과 정확히 똑같다. 오너십을 발휘하는 것이다.

기술적인 사고에 대처할 때 누가 사고를 일으켰는지는 중요하지 않다. 사고를 해결하는 게 중요하다. 바로 이때 극한의 오너십이 중요한 역할을 한다.

## 어떤 분야에서나
## 신뢰를 얻는 최고의 방법

조코 윌링크는 아군 오발 사고에 책임을 질 때 최고의 방법으로 상황을 해결했을 뿐 아니라 상관과 자기 휘하 소대원들의 신임도 얻었다. 어떤 분야에서든 극한의 오너십 원칙을 적용하는 사람이라면 누구나 이렇게 될 것이다.

예기치 않은 상황이 발생했을 때 사고에 직접적인 책임이 없는 경우 사람들은 스스로 나서지 않는다. 문제를 해결할 사람이 지명되고 그 상황이 해결되는 것을 지켜볼 뿐이다.

그렇게 해도 아무 문제가 없다. 직접적으로 자신에게 할당된 일만 책임지기로 선택해도 여전히 일은 하는 것이다. 그러나 당신이 나서지 않는 한 현재 위치에서 승진할 가능성은 낮을 것이다.

당신이 하는 업무는 더 큰 비즈니스의 일부다. 비즈니스의 전반적인 성과가 당신에게 영향을 미친다. 비즈니스가 잘 안 되면 성과급이나 연봉 인상을 받지 못하는 건 당신이다. 비즈니스가 최악의 성과를 낸다면 심지어 일자리를 잃을 수도 있다.

리더가 되고자 열망하는 사람이라면 이런 상황을 이해해야 한다. 이들은 평소에는 정규 업무를 수행하지만 기회가 있을 때마다 비즈니스 전체에 영향을 미칠 더 큰 문제를 해결하기 위해 나선다.

때로 당신이 일으킨 문제가 비즈니스에 문제가 되기도 한다. 이런 경우, 이 문제를 해결하는 것은 마땅히 해야 할 일이다. 하지만 문제가 드러났을 때 어떤 말을 하느냐도 중요하다.

이런 상황에 처하면 대다수 사람들은 자신의 자존심을 지키려 한다. 책임을 일부 인정하더라도 개인적인 책임의 정도를 줄이려고 변명을 늘어놓는다.

그들은 이런 문제를 일으키는 데 영향을 미친, 자기 통제 밖에 있는 다양한 상황에 책임을 돌린다.

변명에 거짓이 없을 수도 있다. 실제로 통제를 벗어난 상황이 발생했을 수 있다. 하지만 이는 극한의 오너십이 추구하는 방식이 아니다.

극한의 오너십은 자존심을 버리고 실패를 인정하는 것이다. 그렇다고 비굴한 태도를 보이거나 과도하게 사과하라는 것이 아니며, 문제를 해결할 최선의 방법을 제시하는 것이다.

변명하거나 과하게 사과하는 사람을 보면 어떤 생각이 드는가? 설사 모든 변명이 사실이라고 해도 그런 변명이나 사과는 신뢰가 가지 않는다. 자기 책임인 일에 대해 개인적 책임이 없다고 잡아떼는 사람은 더 신뢰가 가지 않는다.

정치권에서 그런 예를 많이 접할 수 있다. 정치인이 공약 이행에 실패하고 나중에 자신의 개인적인 책임을 부인한 사례를 많이 떠올릴 수 있을 것이다. 그래서 정치는 가장 신뢰할 수 없는 직업 중 하나로 여겨진다.

반대로 지금껏 만난 사람 중에 가장 신뢰가 가는 사람은 누구였는가? 변명하지 않고 개인적 책임을 지는 사람이었을 것이다. 개인적인 이익을 위해서만 행동하지 않고 조직의 이익을 위해 행동하는 모습을 보여 주는 사람도 신뢰가 간다. 특히 일관되게 이렇게 행동한다면 더욱 그럴 것이다. 그러므로 극한의 오너십을 발휘하는 것보다 경력에 있어 신뢰를 얻을 더 좋은 방법은 없다.

예를 들어 영국 여왕 엘리자베스 2세는 일반적으로 신뢰할 만하다고 손꼽히는 인물이다. 그녀는 일관된 대중적 이미지를 유지했다.

영국 왕실 내부에서 공개적인 스캔들이 많았음에도 엘리자베스 2세가 개인적으로 스캔들에 휘말린 적은 없었다.

마하트마 간디에게도 같은 말을 할 수 있다. 그는 인도를 식민 지배에서 해방시킨 인도 독립운동의 지도자였다. 간디는 자신이 설파한 바를 실천했다. 그래서 많은 인도인들이 그를 따르고 식민지 행정관들도 그를 존경했다.[4]

이는 다른 모든 직업과 마찬가지로 프로그래머에게도 적용된다. 극한의 오너십을 발휘하는 것보다 주목받기 더 좋은 방법은 없다.

## 오너십을 높여서
## 유능한 프로그래머가 되는 방법

프로그래머로서 새로운 기능을 개발하거나 버그를 수정한 경우, 이러한 변경사항이 제대로 작동하게 하는 것은 당연하고 시스템의 다른 부분을 망가뜨리지 않을 책임이 있다. 그리고 작성한 코드는 모범 사례를 준수해서 읽기 쉽고 유지 보수하기 쉬워야 한다.

프로그래머들은 바로 이 지점, 가장 기본적인 수준에서 극한의 오너십을 적용할 수 있다. 새 단위 테스트를 작성하거나 코드를 리팩터링할 때 시간에 너무 쫓겨서 SOLID 원칙과 디자인 패턴을 따를 수 없다고 변명하지 말고 필요한 모든 절차를 제대로 수행해야 한다. 모든 추가 단계를 완료하기 전에는 작업을 완료했다고 표시해서는 안 된다. 극한의 오너십이 무엇인지 알든 모르든 훌륭한 프로그래머라면 누구나 마땅히 이렇게 해야 한다.

프로그래밍은 코드 작성이 전부가 아니다. 자신을 고용한 비즈니스에 가치를 제공하는 것이다. 극한의 오너십 원칙을 따르는 프로그래머는 이러한 사실을 이해한다. 이런 프로그래머는 자신이 작업하는 코드베이스뿐 아니라 비즈니스의 원활한 운영에 대해서도 책임을 질 것이다. 적어도 자신이 실제 영향을 미칠 수 있는 부분에 대해서는 그러하다.

새로운 기능을 개발하는 동안 웹사이트가 다운되었다고 가정해보자. 물론 당신의 직접적인 업무는 기능 개발일 수 있다. 하지만 전체적으로 보면 웹사이트 중단의 우선순위가 훨씬 더 높다. 기능을 추가할 웹사이트가 없다면 새로운 기능이 무슨 소용이겠는가?

새로운 기능이 일정에 맞게 개발되는지 회사 경영진이 신경이나 쓸까? 어쩌면 신경 쓸 수도 있겠지만 중단된 웹사이트를 최대한 빨리 복구하는 게 그보다 더 중요하다. 기능 릴리스가 늦어진다고 큰 문제가 일어나는 건 아니지만 웹사이트 중단은 비즈니스 운영에 차질을 빚는다. 비즈니스 운영의 최대한 빠른 재개를 보장하기 위해 개인적인 책임을 받아들인다면 그러한 사실을 경영진이 알아차릴 것이다.

아니면 당신이 새로운 소프트웨어 기능을 개발하는 팀에 있고, 별도의 팀이 프로덕션에 소프트웨어를 릴리스하는 업무를 담당하고 있을 수 있다. 그런데 릴리스를 맡은 팀에 소프트웨어 새 버전을 제때 릴리스하지 못하게 하는 문제가 발생했다고 상상해 보라.

당신은 자기 문제가 아니라는 생각에 신규 기능 개발을 계속해 나갈 수도 있다. 하지만 큰 그림을 보면 릴리스가 이루어져야만 새로운 기능에 의미가 있다. 릴리스 문제를 빨리 해결해야 현재 작업 중인 기능도 더 빨리 릴리스할 수 있다.

아니면 제때 적용하지 못하면 비즈니스를 접어야 할 정도로 중요한 버그 수정 릴리스도 있을 수 있다. 그런 일이 일어난다면 지금 작업 중인 멋진 새로운 기능이 아무 쓸모가 없다.

그렇지만 극한의 오너십은 기업이 대응해야 하는 사고에만 적용되는 게 아니다. 사고 발생을 예방하고 앱에 나쁜 기능이 추가되는 걸 방지하려 할 때도 극한의 오너십은 발휘된다.

그저 자신이 맡은 소프트웨어 개발 업무를 계속할 수도 있다. 그래도 괜찮다. 대부분의 소프트웨어 개발자가 그렇게 한다. 하지만 더 나아가 애초에 업무 목록에 어떤 업무를 넣을지, 그중에서 어떤 업무를 우선시할지에도 영향을 미칠 수 있다.

소프트웨어 개발 과정의 전체적인 방향을 책임진다면 언젠가 실제 소프트웨어 개발 과정의 전체적인 방향을 책임지는 직위로 승진할 수 있다. 이것이 테크 리드나 아키텍트로 가는 가장 빠른 길이다.

직장에서 극한의 오너십을 실천한다는 건 리더 역할을 하는 것과 마찬가지다. 다른 모든 습관이 그렇듯이 실천할수록 나아진다. 당신이 리더 역할을 능숙하게 하는 모습이 합리적인 관리자의 눈에 띈다면 기꺼이 당신에게 실제 리더 역할을 맡길 것이다.

극한의 오너십은 진정한 리더가 갖춰야 할 자질이며 아키텍트 같은 시니어 기술 직위에도 완벽하게 적용된다. 유명한 아키텍트이자 저자인 예고르 부가옌코(Yegor Bugayenko)는 이렇게 말했다.

"모든 소프트웨어 프로젝트에는 팀이 내리는 기술적 결정을 책임지고 이런 결정을 내릴 충분한 권한이 있는 테크 리드가 필요하다. 책임과 권한은 아키텍트 역할을 맡은 사람에게 반드시 필요한 두 요소다."[5]

그러나 아무리 뛰어나게 테크 리드를 역할을 소화한다고 해도 기술과 관련이 없는 프로젝트 이해관계자의 모습을 한 장애물이 때로 당신의 앞길을 가로막을 것이다. 이들은 소프트웨어의 작동 방식을 잘 이해하지 못할 때가 많다. 안타깝게도 이들이 프로젝트의 중요한 결정을 내리기도 한다.

그러나 다행히도 이런 사람을 대할 때도 극한의 오너십 원칙을 적용할 수 있다. 극한의 오너십 원칙을 적용함으로써 상대와 유익하며 만족스러운 관계를 형성하는 동시에 프로젝트가 불합리한 요건에 휘둘리는 걸 막을 수 있을 것이다.

## 극한의 오너십으로 기술과 관련 없는
## 프로젝트 이해관계자를 대하라

기술 부분을 잘 모르는 이해관계자를 대하기가 어렵다는 프로그래머가 많다. 상사나 고객의 무지를 불평하는 프로그래머의 글이 웹 포럼이나 레딧 스레드에 수없이 넘쳐난다.

상사에 대한 불만으로는 그들이 프로그래밍 모범 사례를 무시하고 이를 릴리스 절차를 지연시키는 유행일 뿐이라고 치부한다는 말을 자주 듣는다. 아니면 소프트웨어 복원력보다 릴리스 빈도를 중요시한다는 둥 기술과 관련 없는 관리자들이 부적절한 성능 지표를 사용한다거나 적절치 못한 인물을 승진시킨다는 얘기도 많다.

언뜻 보기에는 통제할 수 없는 상황인 것 같다. 다른 사람의 머릿속으로 들어가 생각을 바꿀 수 없는 노릇이니 말이다. 그저 운이 없어서 그런 상사를 만났다고 생각할 수 있다. 하지만 한걸음 물러나 극한의 오너십 관점에서 상황을 살펴보면 당신이 할 수 있는 게 많다.

우선 웹 포럼에 보이는 일부 개발자의 말과 달리 기술과 관련 없는 관리자가 멍청하지 않다는 걸 기억하라. 멍청하다면 기술 회사의 최고위직에 오를 수 없다. 이들은 하나같이 비즈니스 관련 경력을 풍부하게 쌓았거나 높은 학력을 갖춘 덕에 그 자리에 오를 수 있었다.

기술에 대해서는 비전문가일지 몰라도 프로그래밍 모범 사례의 중요성을 이해할 정도의 지성은 갖춘 사람들이다. 혹시 이해하지 못하고 있다면 아직 이를 제대로 전달한 사람이 없었기 때문일 가능성이 높다.

그들은 자신이 무엇을 모르는지 모른다. 필요한 모든 절차를 수행하고 프로그래밍 모범 사례를 구현해야 하는 이유를 설명해 주지 않는 한 이들에게는 이런 작업이 릴리스 과정을 지연시키는 장애물로만 보일 것이다.

따라서 관리자가 모범 사례의 중요성을 이해하지 못할 때는 그 중요성을 당신이 알려 주어야 한다. 테스트를 너무 많이 작성한다고 관리자가 못마땅해할 때 테스트 작성에 약간의 추가 시간을 들이는 정도의 적은 비용으로 비즈니스에 심각한 지장을 초래할 만한 소프트웨어 오류를 막을 수 있다고 설명하라. 테스트를 거치지 않은 코드가 프로덕션에서 오류를 일으킬 수 있기 때문이다. 코드 리팩터링에 드는 시간을 마땅찮게 여긴다면 지금 리팩터링에 들이는 짧은 시간으로 코드가 읽기 어렵고 관리할 수 없는 상태로 망가지는 걸 막을 수 있다고 설명하라. 코드가 망가지면 새로운 기능을 구현할 때마다 불필요하게 오랜 시간이 들 것이다.

당신은 중요하다고 생각하는데 상대는 그 중요성을 파악하지 못하고 있을 때가 간혹 있다. 극한의 오너십 개념에 따르면 당신에게는 최선의 방법으로 상대에게 그 중요성을 전달할 의무가 있다.

합리적인 사람이라면 당신의 이런 행동을 고마워하고 당신을 적절한 시점에 소중한 피드백을 제공해 주는 사람이라고 생각할 것이다.

잘못된 성과 지표를 사용하는 관리자에게도 똑같은 원칙이 적용된다. 아마도 더 나은 지표가 무엇인지 몰라서 그렇게 하고 있을 것이다. 그러므로 왜 그게 잘못된 지표인지, 그리고 실제로 어떤 지표가 중요한지 알려 주어라.

## 극한의 오너십으로
## 승진하라

기술과 관련이 없는 관리자에 대해 자주 하는 불평 중 하나는 적절치 못한 인물을 승진시킨다는 것이다. 많은 프로그래머들이 뛰어난 기술이 아니라 유창한 언변 덕분에 승진하는 사람을 보면 분노한다.

하지만 그게 꼭 나쁜 건 아니다. 경력이 발전할수록 의사소통 기술은 더 중요해진다. 경력 초반에는 전문 기술이 경력에 있어 가장 중요한 측면이다. 하지만 리더 역할을 맡기 시작하면 소프트 스킬이 점점 더 중요해진다.[6]

전문 기술이 부족한 사람들이 승진하고 자신은 승진 대상에서 누락된다는 사실에 분노하기보다 이런 상황을 당신이 통제할 수 있다고 보는 건 어떨까?

의사소통 기술이 뛰어난 사람이 승진한다는 사실을 깨달았으니 극한의 오너십을 발휘해서 자신의 의사소통 기술을 그들과 동등한 수준으로 개발해라.

당신이 좁은 영역의 특정 업무가 아니라 전체 프로젝트에 오너십을 발휘하는 직원인데 훌륭한 의사소통 기술까지 갖추었다고 가정해 보자. 정상적인 관리자라면 리더 자리가 날 때 그런 직원이야말로 그 역할을 맡길 적임자라고 생각할 것이다. 하지만 만약 자신이 몸담은 조직이 학연, 지연 등 옳지 않은 이유로 직원들을 승진시킨다면 거리낌 없이 그 조직을 떠나라. 결국 당신의 경력은 다른 누구의 소유가 아니다. 당신의 소유다.

하지만 소프트웨어 개발자들이 불만을 표하는 건 기술과 관련 없는 관리자나 사내 정치만이 아니다. 경력이 풍부한 프로그래머들이 주니어 개발자가 저지르는 어이없는 실수에 대해 하는 불평도 셀 수 없이 들었다. 하지만 이 또한 극한의 오너십으로 대처할 수 있다.

## 극한의 오너십으로
## 무능한 신입을 상대하라

쿼라에 이런 질문이 올라왔다.

"초보 프로그래머가 하는 행동 중에 전문 프로그래머들이 불편하게 느끼는 행동은 뭐가 있을까?"[7]

이 질문에 80개 이상의 답변이 달렸다. 많은 답변 중에서 몇 가지만 꼽자면 다음과 같다.

- 소스 제어 쓰지 않기
- 메인 브랜치에 바로 커밋하기
- 단위 테스트 작성하지 않기

이런 일은 성가시며 시니어 개발자가 많은 시간과 노력을 들여야 고칠 수 있다. 하지만 극한의 오너십 관점에서 보면 사실 모두 당신의 책임이다. 하나도 빠짐없이.

일단 주니어 개발자가 무엇을 모르는지 모른다는 사실에서 시작하자. 그렇다. 특정 프로그래밍 언어의 구문은 아는데 기업에서 어떻게 일하는지는 모를 수 있다. 경험 많은 개발자로서 여러분의 임무는 주니어 개발자를 가르치는 것이다. 가르치지 않으면 이들은 절대 알 수 없고 당신은 영원히 그런 문제를 직접 수정하며 온라인 포럼에서 불평이나 하는 형벌을 받을 것이다.

주니어 개발자가 소스 제어 사용법을 모른다? 가르쳐라. 이들이 소스 제어를 사용해야 하는 이유를 이해하게 만들어라.

변경 사항을 메인 브랜치에 바로 체크인한다? 그 문제를 막을 시스템을 구현하라. 시니어 개발자가 검토한 코드만 메인 브랜치에 병

합할 수 있는 도구를 마련하라.

단위 테스트를 작성하지 않는다? 아마 단위 테스트가 무엇인지도 몰라서 일 수 있다. 가르쳐라. 이런 테스트의 중요성을 이해하게 하라.

초보 프로그래머들이 하면 안 되는 다른 일을 할 때도 똑같은 방식으로 접근하라. 다만 한 가지 주의해야 할 점이 있다. 반복적으로 가르치는 데도 바뀌지 않는다면 그때는 그들이 책임을 질 차례다.

다른 사람의 행동에 대한 개인적인 책임도 받아들인다는 건 그들의 모든 책임을 떠맡는다는 의미는 아니다. 오히려 기대치를 명확히 설정하고 충분한 자원을 제공한 후 본인의 성과에 대한 책임을 본인이 지게 해야 한다. 조코 윌링크는 이렇게 말했다.

"기대치를 글로든 말로든 어떻게 설정했든 간에 기준 이하의 성과가 허용되고 누구도 책임을 지지 않는다면, 즉 아무 처벌이 없다면 저조한 성과가 새로운 기준이 된다."[3]

징계 조치가 적절하다면 이를 집행하는 것이 당신의 책임이다. 다른 모든 대안이 실패하고 해당 개발자를 팀에서 내보내는 것이 적절하다면 그렇게 해야 한다.

극한의 오너십은 회사 생활뿐 아니라 구직 과정에도 적용할 수 있다. 특히 강압적인 리쿠르터를 상대할 때 유용하다.

# 극한의 오너십으로
# 강압적인 리쿠르터를 상대하라

지역에 따라 리쿠르터, 또는 헤드헌터라고 부르는 이들이 도움이 된다. 이런 직업이 존재하기 때문에 전문 소프트웨어 개발자인 당신이 더 이상 여러 회사에 입사 지원서를 손수 제출하지 않아도 된다. 업계에서 경험을 충분히 쌓은 개발자라면 본인의 이력서를 다른 사람이 검색해서 찾을 수 있게 해 두면 그만이다. 그러면 나머지는 리쿠르터가 알아서 한다. 당신에게 적합한 자리가 나면 리쿠르터에게서 연락이 올 것이다.

그러나 리쿠르터는 위탁받은, 즉 수수료를 받는 영업사원이다. 위탁 판매가 있는 업종이 대개 그렇듯이 채용 업계에도 나쁜 사람들이 존재한다. 지나치게 강압적인 사람도 있고 노골적으로 부정직한 사람도 있다. 그래서 자신이 찾던 자리보다 좋지 않은 자리에 가게 되는 개발자도 많다. 아니면 오랜 시간을 들여서 채용의 여러 단계를 거쳤는데 알고 보니 자신에게 맞지 않는 자리인 경우도 있다.

하지만 자신의 경력 방향에 대해 전적인 오너십을 갖는다면 나쁜 리쿠르터 때문에 겪는 불편을 훨씬 더 쉽게 피할 수 있다. 면접 절차는 고용주가 미래의 직원을 평가하는 동시에 지원자도 미래의 고용주를 평가할 수 있도록 설계되었다는 점을 잊지 마라. 모든 고용주가 미래의 직원이 갖춰야 할 최소한의 기준 목록을 가지고 있듯이 당신도 미래의 고용주가 갖춰야 할 기준 목록을 마련해 두어야 한다.

부적절한 일자리 제안을 걸러내는 가장 쉬운 방법은 어떤 상황에서도 타협하지 않을 요건 목록을 만드는 것이다. 예를 들어 일정 수준 이상의 통근 시간은 받아들이지 않겠다는 규칙을 세울 수 있다. 또는 일정 수준에 못 미치는 연봉을 거절할 수도 있다. 아니면 더 높은 연봉이 제시되는 경우에만 추가 금액에 따라 통근 거리를 늘리는 방식으로 규칙을 조금 더 정교하게 설정해도 좋다.

자신에게 중요하다면 무엇이든 조건이 될 수 있다. 연봉이나 통근 거리는 신경 쓰지 않지만, 일과 삶의 균형을 잘 유지하는 게 중요할 수 있다. 아니면 개발자들을 당직으로 근무시키고 기존에 배포된 소프트웨어의 기술 지원 업무를 맡기는 회사에서는 일하고 싶지 않을 수도 있다.

선호하는 요건이 무엇이든 그런 목록을 만드는 건 당신의 책임이다. 요건을 명확히 정해 두면 요건을 충족하지 않는 어떤 일자리 제안도 즉시 거절할 수 있다. 그러면 시간 낭비가 없다.

리쿠르터에게 거절 의사를 밝히는 게 어려운 사람도 있을 수 있다. 리쿠르터가 유난히 예의 바른 사람이라면 더욱 그럴 것이다. 하지만 자기 경력 방향에 대해 온전한 오너십을 발휘하는 사람이라면 리쿠르터가 당신에게 최선의 이익을 제공하는 것보다 본인이 챙길 수수료에 더 관심이 있다는 걸 기억해야 한다.

리쿠르터의 제안이 당신이 세운 요건을 충족하지 않을 때 리쿠르터의 기분이 상할까 걱정하지 마라. 그들은 전문 영업직이고 거절에 대처하는 건 그들 업무의 중요한 부분이다.

그리고 리쿠르터는 영업직으로서 상대를 설득하는 훈련을 받는다는 걸 기억하라. 그러므로 그들이 보여 주는 친절함은 모두 무시하고 무엇이 나에게 최선의 이익일지를 생각하라.

이 책에서는 프로그래머 경력에서 극한의 오너십 개념이 크게 유용한 몇 가지 상황만 다뤘다. 하지만 똑같은 원칙을 다른 상황에도 적용할 수 있다. 예를 들어 당신이 주니어 개발자라면 시니어 개발자에게 존중받을지는 당신이 어떻게 하느냐에 달려 있다. 그리고 만약 다니고 있는 회사의 관료주의적인 절차가 지나쳐서 모두가 불평한다면 이를 바꾸기 위해 당신이 할 수 있는 일이 있을지 모른다.

극한의 오너십은 강력한 도구다. 하지만 어떤 사람에게는 실천하기에 너무 부담스러워 보일 수 있다. 하지만 앞서 이야기했듯이 극한의 오너십 원칙은 다른 습관과 마찬가지로 작동한다. 더 많이 실천할수록 더 잘하게 된다. 극한의 오너십을 실천하는 가장 좋은 방법은 말 그대로 모든 상황에 이를 적용해 보는 것이다.

## 개인적인 책임을 받아들이는 것이
## 기본 설정값이어야 한다

어쩌면 여러분은 자신의 통제 범위를 벗어난 상황에서 일어난 일에 대한 책임을 받아들이는 게 익숙한 사람이 아닐 수 있다. 그런 사람이라면 경력이 위태로운 상황에서 극한의 오너십을 발휘하긴 어렵다.

그러나 다행히도 인생에는 훨씬 더 작고 긴급하지 않은 상황이 많이 있으며 익숙해질 때까지 극한의 오너십을 연습할 수 있는 상황이 많다. 이런 상황에서는 잘못된 판단을 하는 최악의 상황이라도 안전하게 느껴질 것이다.

작은 일부터 시작하라. 예를 들어 교통 체증 때문에 늦었을 때 사과하거나 변명하기보다 단순히 늦었다는 사실을 인정하라. 교통 체증이 여러분의 통제 범위를 벗어난 요인 때문에 발생했다고 해도 예기치 못한 일은 가끔 일어나기 마련이므로 유사시 계획을 세워 두었어야 한다는 걸 인정하려고 노력하라. 그래서 어떤 면에서 보면 지각에 대한 책임은 자신에게 있는 것이다.

그 외에도 실천해 볼 수 있는 상황은 많다. 예를 들어 친구가 이사 갈 때 먼저 나서서 도움의 손길을 내밀어라. 극한의 오너십 관점에서 볼 때 우정도 삶의 일부다. 따라서 기회가 있을 때 우정을 돈독히 할 책임은 당신에게 있다.

이외에도 극한의 오너십을 실천할 수 있는 사소한 일은 많다. 실천을 통해 익숙해지면 그 바탕에 있는 세계관을 받아들이고 경력이나 비즈니스에 적용하는 것을 시작할 수 있다.

하지만 극한의 오너십 개념의 적용과 실천에 대해 읽은 다음에 이런 궁금증이 들 수 있다. 이 때문에 내가 이용당하진 않을까? 그리고 인생의 모든 일을 개인적인 책임으로 본다니 금세 지치지 않을까? 그런데 두 가지 질문에 대한 답은 '아니요'다. 물론 극한의 오너십 원칙을 제대로 적용할 때의 이야기다.

## 개인적인 책임이라는 부담에도
## 지치지 않는 방법

직장에서 적극적으로 나서고 선제적으로 행동할 때 한 가지 주의할 점은 이런 방식이 당신에게 유리하게 작용하는 건 합리적이고 양심적인 사람들에 둘러싸여 일할 때만 그렇다는 점이다. 하지만 안타깝게도 모든 직장 환경이 그렇지는 않다.

회사는 합리적인데 상사나 팀 환경이 해로울 수 있다. 그런 환경에서는 선제적으로 일하는 게 약점이 될 수 있다. 주변에서 그런 점을 악용하려 들고 당신에게 점점 더 많은 일을 떠넘기는 상황을 만들 것이다.

그러나 극한의 오너십은 다른 사람의 책임을 떠맡는 게 아니라 자기 주변 환경을 자신이 소유하는 것이다. 즉, 다른 사람에게 이용당하고도 가만히 있는 것과는 정반대의 개념이다.

극한의 오너십은 직면한 문제를 최선의 방법으로 해결하는 것이다. 특정 업무를 다른 사람에게 위임하는 것이 적절한 상황이라면 극한의 오너십이라는 틀 안에서 그렇게 해야 한다. 단, 업무를 위임하더라도 그 업무는 여전히 당신이 소유한다. 따라서 업무가 제대로 완료되는지 확인하는 건 당신의 책임이다.

마찬가지로 필요할 때는 '아니요'라고 말하는 것 또한 극한의 오너십이다. 당신의 업무만 당신의 소유가 아니다. 당신의 인생과 개인적인 경계도 당신의 소유다. 따라서 독성(toxic) 업무 문화, 상사, 고객의 불합리한 요구에 대처할 때 그런 경계를 지키는 것이 당신의 의무다.

항공기를 타면 타인의 산소마스크 착용을 돕기 전에 본인의 산소마스크부터 착용하라는 안내 방송이 나온다. 이런 안내가 냉혹하게 들릴지 모르지만 이유를 이해한다면 이 또한 오너십의 한 형태라는 걸 알 수 있다. 본인에게 의식이 없다면 타인의 마스크 착용도 도울 수 없기 때문이다. 그리고 이런 원칙은 극한의 오너십 개념에도 적용된다. 자신의 정신 건강과 웰빙을 회사 프로젝트보다 우선시해야 한다. 당신의 기본적인 요구사항이 완전히 충족되지 않는다면 생산성을 충분히 발휘할 수도, 다른 사람을 도울 수도 없다.

극한의 오너십은 자신의 삶 전체를 소유하는 것이다. 그러려면 실제 얼마나 많은 책임을 질 수 있는지 판단할 수 있어야 한다. 늘어나는 책임의 부담이 정신 건강 같은 인생의 다른 중요한 측면에 부정적인 영향을 미친다면 무슨 수를 써서라도 부담을 줄여라. 이렇게 하는 것이 극한의 오너십의 원칙을 따르는 것이다.

최선을 다했음에도 주변 환경이 자신에게 잘 맞지 않는다면 다른 환경으로 옮기는 걸 부끄러워하거나 미안해할 필요가 전혀 없다. 기존 환경을 변화시키기 위해 자신이 할 수 있는 일을 했다면 더욱 그렇다. 그런 환경을 떠날 때 양심에 거리낄 게 전혀 없을 것이다.

극한의 오너십은 근육과 같다. 연습할수록 더 나아진다. 따라서 많은 책임을 지는 데 익숙하지 않다면 전체 프로젝트를 책임지려고 노력할 필요가 없다. 작은 단계에서 실천하라. 극한의 오너십을 실천할 때마다 안전지대를 조금씩 벗어나라. 시간이 지나면 다른 사람이 되어 있을 것이다. 동료와 상사로부터 존경과 신뢰를 받는 매우 유능한 사람 말이다.

지금까지는 올바른 태도를 길러서 누구나 채용하고 싶어 하는 엘리트 프로그래머가 되는 데 유용한 몇 가지 방법을 살펴봤다. 우선 올바른 유형의 사람들에게 둘러싸이고 올바른 에코 체임버를 만드는 게 중요하다는 이야기를 했다. 그다음으로는 기술을 활용해서 에코 체임버를 자동으로 만드는 방법을 살펴봤다. 마지막으로 자신의 태도를 개선하여 극한의 오너십을 기를 방법을 살펴봤다. 극한의 오너십을 익히는 건 유능한 리더의 관점으로 세상을 보는 것과 마찬가지다.

이제 하루 루틴을 설계해서 올바른 습관과 마인드셋을 기를 방법을 살펴보겠다. 이를 위해 수천 년간 다양한 종교의 수도자들이 활용한 원칙을 빌릴 것이다. 뜻밖이라고 생각할지 모르나 이런 원칙은 프로그래밍의 세계에서도 매우 유용하다.

하지만 예상만큼 지루하지 않을 것이다. 종교적인 관행이나 금욕적인 의식은 다루지 않을 생각이다. 우리에게 효과가 있는 부분만 취하고 나머지는 건너뛸 것이다.

이런 실천 방법으로 구성된 적절한 루틴이 지루함과는 거리가 멀다는 걸 알게 될 것이다. 오히려 여러분의 삶을 꽤 흥미롭게 만들어 주는 동시에 시간을 낭비하는 활동을 최소로 줄이는 데 도움이 될 것이다.

## 참고 문헌

1. Reorienting Locus of Control in Individuals Who Have Offended Through Strengths-Based Interventions: Personal Agency and the Good Lives Model(강점을 기반으로 개입하여 공격적인 개인의 통제위치를 재조정하기: 개인 대행과 좋은 인생 모델), Frontiers in Psychology, 2020년 9월

15일, https://www.frontiersin.org/articles/10.3389/fpsyg.2020.553240/full

2. 세네카(Seneca), 『Letters from a stoic(스토아 철학자의 편지)』

3. 조코 윌링크(Jocko Willink), 레이프 바빈(Leif Babin), 『네이비씰 승리의 기술』

4. 간디, 『간디 자서전』, 한길사

5. 예고르 부가옌코(Yegor Bugayenko), 『Code Ahead: Volume 1(코드부터: 제 1권)』

6. 수전 A. 딘(Susan A. Dean), 줄리아 I. 이스트(Julia I. East), Soft Skills Needed for the 21st-Century Workforce(21세기 인력에 필요한 소프트 스킬), International Journal of Applied Management and Technology, 2019, Volume 18, Issue 1, https://scholarworks.waldenu.edu/ijamt/vol18/iss1/5/

7. 쿼라, What do novice programmers do that professional programmers find cringe-y(초보 프로그래머들이 하는 행동 중에 전문 프로그래머들이 불편하게 느끼는 행동은 뭐가 있을까요?), https://www.quora.com/What-do-novice-programmers-do-that-professional-programmers-find-cringe-y

# 7

## 수도자 정신은 성공적인
## 프로그래머가 되는 데
## 어떤 도움을 주는가

품질 기준을 최대한 높이 올리고, 일상적인 문제로 시간을 낭비하지 말고, 항상 자기 능력의 한계에 최대한 가깝게 일하라. 그래야만 한계를 어떻게 넘어서야 할지 알 수 있기 때문이다.

에츠허르 W. 데이크스트라(Edsger W. Dijkstra)

수도자 생활양식은 프로그래밍 세계와 거리가 매우 멀어 보일 수 있다. '수도자'라는 단어를 들으면 특이한 옷을 입고 현대 문명에서 멀리 떨어진 곳에서 생활하며 열정적으로 헌신하는 종교인들이 떠오른다. 이런 사람들은 아마도 세속적인 쾌락을 멀리하며 극도로 지루한 삶을 살 것이다.

하지만 프로그래머인 당신의 삶은 이와 정반대다. 당신은 현대 문명을 피하긴커녕 현대 문명을 구축하는 데 적극적으로 참여한다. 장담컨대 흥미로운 일을 거부하지 않을 것이다. 높은 연봉을 받고 원하는 생활양식을 누리겠다는 것도 소프트웨어 개발자를 직업으로 택하는 이유 중 하나다.

그러나 수도자 같은 사고방식이 지루한 생활양식을 따르고 현대적인 모든 걸 거부하는 게 아니라면 어떨까? 그리고 어떤 종교의 열성 신자가 되는 것과도 관련이 없다면? 당신이 과격한 무신론자라 해도 수도자 정신을 활용할 수 있다.

그렇다. 수도자 운동은 종교에서 기원한다. 주로 기독교, 힌두교, 불교 같은 세계적인 주요 종교에서 왔다. 하지만 여러 수도자 운동을 해부해서 유사점을 찾아보면 핵심 원칙이 전혀 종교적이지 않다

는 걸 알 수 있다.[1]

외딴 수도원에 사는 것도, 기도하는 것도 핵심 원칙이 아니다. 특정 종파가 핵심 원칙을 그렇게 구현한 것뿐이다.

수도자처럼 생각한다는 건 일상적인 사건이 무작위로 발생하도록 내버려 두지 않고 생활양식을 의도적으로 설계하는 것을 가리킨다. 생활양식도 무작위로 설계하는 게 아니라 자신이 선택한 영역에서 가능한 한 최고가 될 수 있도록 한다.

열성 신자는 현대 문명을 벗어나 자신과 비슷하게 생각하는 사람들이 모인 공동체에 스스로를 고립시킨다. 그렇게 하는 것이 본인의 종교가 정의하는 이상적인 사람에 최대한 가까워지겠다는 목표를 이루는 데 도움이 되기 때문이다. 이것이 그들이 그렇게 사는 이유다.

수도자 운동의 핵심 원칙을 프로그래밍 기술과 경력을 개발하는 데 적용하면 당신이 해당 분야에서 실력을 최대한 키우는 데 도움이 될 것이다.

수도자처럼 생각하고 수도자 같은 원칙에 따라 생활양식을 설계하는 건 올바른 습관과 성장 마인드셋을 개발하고 잠재력을 극대화하는, 즉 최고의 프로그래머가 되는 가장 빠른 방법일 것이다.

수도자 정신을 채택한다고 해서 특이한 옷을 입고 하루 종일 기도하는 게 아닌 걸 알았으니 이제 수도자 정신이 정확히 무엇인지 살펴보자.

# 수도자 정신이란
# 무엇인가?

종교와 종교적인 신념을 완전히 배제하면 여러 수도자 운동이 공유하는 몇 가지 핵심 원칙이 보일 것이다.

- **수도자는 정해진 루틴에 따라 산다.** 수도자는 자유 시간이 별로 없다. 이들의 하루 일정은 미리 계획되어 있다. 모든 것이 루틴에 따라 이루어지며 루틴을 벗어나는 일은 없다.

  이들은 일정한 시간에 잠자리에 든다. 일정한 시간에 잠에서 깬다. 그리고 일정한 시간에 식사한다.

- **수도자는 자기 계발을 위해 끊임없이 노력한다.** 수도자는 자신이 믿는 종교에서 말하는 이상적인 인간이 되기 위해 헌신한다. 여러 수도자 운동은 이상적인 상태에 도달하는 건 불가능하더라도 그런 상태에 가능한 한 가까워지도록 노력하는 것이 모든 수도자의 의무라는 믿음을 공유한다.

  종파에 따라 수도자가 하는 구체적인 행동은 다르다. 종파가 다르면 완전함(perfection)에 대한 정의가 다르기 때문이다. 하지만 끊임없이 자신을 발전시킨다는 일반적인 원칙은 모든 수도자 운동에 적용된다.

- **수도자는 정해진 방식으로 산다.** 수도자는 먹고 싶은 대로 먹지 않는다. 식사 예절만의 문제는 아니다. 예를 들어 아토스산에 거주하는 동방 정교회 수도자들은 침묵 속에서 식사한다.[2]

  이는 수도자가 하는 모든 일에 적용된다. 그들은 모든 일을 하는 방식을 종교적으로 확고히 정해 두고 그 규칙을 엄격히 지킨다. 이들은 특정한 방식으로 걷는다. 특정한 방식으로 기도한다. 그리고 특정한 방식으로 앉는다. 이들이 하는 모든 것은 의식이다.

- **수도자가 하는 모든 일에는 목적이 있다.** 수도자 공동체의 사람들은 서로 공유하고 있는 종교적 신념 또는 영적 신념을 기반으로 공동체를 형성한다. 이런 신념 체계에는 이상적인 인간이 되는 방법도 포함된다. 수도자가 수행하는 모든 의식은 가능한 한 이상적인 인간에 가까워지는 데 도움이 되도록 명시적으로 설계되어 있다.

특정 수도자 공동체의 신념 체계에 동의할 필요는 없다. '이상적인 인간'이라는 게 존재할 수 있다고 믿을 필요도 없다. 목적이 있는 방식으로 인생을 산다는 핵심 원칙은 '이상적인 인간'이 되는 것이 목표가 아닐 때도 여전히 유용하다. 훌륭한 프로그래머가 되겠다는 목표를 달성하기 위해서도 그렇게 살 수 있다.

- **수도자는 목표 달성을 막는 방해 요소를 완벽히 제거한다.** 종교에는 많은 금기가 존재한다. 종교는 핵심 가치와 모순되는 모든 것을 '죄악'으로 정의한다. 하지만 음식, 성관계, 도박 등 죄악으로 여겨지는 것은 유혹적인 경우가 많다.

하지만 수도자 공동체는 이런 유혹적인 대상을 생활에서 배제하는 방식으로 설계되었다. 수도원을 보통 외딴곳에 세우는 이유가 바로 여기에 있다. 해당 종교에서 '나쁘다'고 여기는 게 무엇이든 그렇게 외딴곳까지 전달하는 건 물리적으로 어렵다.

이를 실행하기 위한 매우 엄격한 수도원 규칙도 존재한다. 예를 들어 남성 수도자만 있는 아토스산 수도원에는 여성의 방문이 허용되지 않는다.[2]

하지만 수도원을 외진 곳에 짓고 엄격한 규칙을 세우는 것만으로 모든 유혹을 없애는 데 도움이 되는 건 아니다. 수도자들이 정해진 루틴대로 산다는 점도 도움이 된다. 매일 다양한 의식과 의무를 따르느라 수도자들에게는 목표 달성에 방해되는 활동을 할 시간은커녕 그런 방해 요소를 생각할 시간조차 없다.

보다시피 수도원 생활의 핵심 원칙이 본질상 종교적이라고 보긴 어렵다. 이런 원칙은 다양한 환경에서 적용할 수 있다.

간단히 말해 수도자 정신이란 어떤 목표를 성취하고자 하는 사람이 목표 달성에 도움이 되는 활동으로 채워진 생활을 설계하는 걸 가리킨다. 목표 달성에 도움이 되지 않는 모든 활동은 완전히 배제한다.

전 세계에 있는 수도원에서 이런 원칙을 일관되게 실천하기 때문에 일정 기간 동안 최대한 많은 방해 요소를 배제한 상태로 상대적으로 엄격한 일정을 준수하는 것을 '수도자 모드'라고 부르기도 한다.[3] 이런 원칙을 지키기 위해 의식적으로 헌신하는 것을 '수도자 정신'이라고 부른다. 본질적으로 수도자와 같은 사고방식을 채택하는 것이다. 수도원 원칙에 따른 생활을 일시적으로 유지하는 것에 지나지 않는다고 할지라도 말이다.

종교적 믿음을 제외한 수도원 생활의 핵심 원칙은 신병 훈련소나 엘리트 운동선수 훈련소에서 사용하는 원칙과 똑같다. 이런 원칙은 민간인을 몇 년이 아니라 몇 달 만에 제대로 훈련된 군인으로 만든다. 마찬가지로 이 원칙은 엘리트 스포츠 이벤트를 준비하는 유일한 훈련 방법이다. 일정 기간 동안 운동선수는 오로지 훈련과 회복에만 전념한다.

한 직군의 엘리트에게 통하는 방법은 다른 직군의 엘리트에게도 동일하게 적용할 수 있다. 따라서 엘리트 프로그래머가 되기를 열망하는 사람이 수도자처럼 생각하는 방법을 배우고 가끔이라도 '수도자 모드'로 들어갈 수 있다면 얻는 게 많을 것이다.

## 프로그래머가 수도자의 의식을 알아야 하는 이유

종교에 관심이 많거나 수도원 생활에 호기심을 느끼는 사람이 아니라면 수도자가 정확히 어떤 의식을 수행하는지 별 관심이 없을 것이다. 그리고 누구나 알다시피 수도자는 분명 소프트웨어 개발의 세계와는 멀리 떨어져 있는 것처럼 보인다.

그러나 정확한 의식, 특히 특정 종교 단체의 수도자가 어떻게 기도하고 언제 식사하는지에 대해서 관심을 갖거나 모방하려 노력해야 하는 것은 아니다. 중요한 것은 모든 수도자 운동에서 이런 의식을 개발하기 위해 사용한 핵심 원칙이다. 이러한 지식을 템플릿으로 활용하여 자신에게 완벽한 루틴을 설계할 수 있으며 이를 통해 빠르게 목표를 달성할 수 있다. 사실 수도자 정신은 당신이 목표를 가장 빠르게 달성하도록 도와줄 수단이다.

마치 수도원에서 사는 것처럼 수도자 정신에 따라 살면 당신의 인생이 의식으로 채워지고 방해 요소가 사라진 상태가 될 것이다. 하지만 당신의 의식은 수도자의 의식과 똑같지는 않다. 당신의 의식은 하루 루틴을 목록으로 만들어 당신을 더 나은 프로그래머가 되게 하며, 이 목적에 부합하지 않는 모든 방해 요소를 적극적으로 제거하는 것을 목표로 한다.

## 수도원 핵심 원칙
## 구현하기

객체 지향 프로그래밍 패러다임에 익숙한 사람이라면 *인터페이스와 구현*이라는 개념을 알 것이다. 이러한 개념에는 수도자 운동의 핵심 원칙이 프로그래밍에 어떻게 적용되는지 설명하기에 좋은 완벽한 유사성이 있다.

객체 지향 프로그래밍에 익숙하지 않은 사람을 위해 설명하자면 인터페이스는 구현에 필요한 기능을 정의하는 구조다. 하지만 구체적인 로직은 정의되어 있지 않다. 정확한 로직은 인터페이스를 구현하는 구조 안에 속하며, 이를 보통 *클래스*라고 부른다.

수도자 생활의 핵심 원칙은 인터페이스다. 하지만 프로그래밍에 적용하려면 나만의 구현으로 만들어야 한다. 그러려면 다음과 같이 하면 된다.

- **고정불변의 루틴을 정하라.** 프로그래머로서 타협할 수 없는 루틴을 만들어 둘 때 얻는 이점이 많다. 사실상 단점은 없다.

  정확히 어떤 루틴을 따를지는 스스로 정하면 된다. 완벽한 루틴을 만들 때까지 시행착오를 거쳐야 한다. 나에게 최적화된 루틴은 아마 당신에게 최적화된 루틴이 아닐 것이다.

  일반적으로 당신을 더 나은 프로그래머로 만들어 줄 활동으로 루틴을 구성해야 한다. 예컨대 매일 일정 시간을 정해 두고 공부하거나 코딩 연습을 할 수 있다. 아니면 요일과 시간을 정해서 프로그래밍 포럼에 참여할 수도 있다. 심지어 일상적인 업무도 작업 유형별로 나눌 수 있을 것이다.

- **루틴을 통해 특정 분야의 자기 계발에 전념하라.** 수도자에게 배울 수 있는 또 다른 점은 루틴에 의도적으로 공부를 포함시키는 것이다. 수도자는 단순히 더 나은 신자가 되려고 노력하지 않는다. 그들은 더 나은 사람이 된다는 게 어떤 의미인지에 대한 이해를 높이기 위해 정기적으로 경전을 연구한다.

  똑같은 원칙이 프로그래머에게도 적용된다. 당신도 모범 사례를 연구할 시간을 의도적으로 마련해 두어야 한다. 그러면 단순히 코드 작성 습관을 기르는 것뿐만 아니라 여러분이 작성하는 코드의 품질을 지속적으로 개선할 수 있게 해 줄 것이다.

- **정확하게 정해진 방식으로 작업을 수행하라.** 수도자들은 해야 할 일을 대충 하지 않는다. 완수하기로 한 모든 작업에 전적으로 헌신하고 주의를 기울인다. 인생의 거의 모든 일을 종교적인 숭배의 한 형태로 대한다. 당신도 프로그래밍 경력을 종교처럼 대해 보는 게 어떨까?

수도자 정신을 채택한 사람은 루틴에 포함된 일을 단순히 체크 표시를 하려는 목적으로 완수하지 않는다. 주어진 모든 작업에 모든 주의를 기울여 수행할 것이다. 바로 여기가 딥 워크라는 개념이 등장하는 지점이다.

하지만 단순히 집중해서 일하는 게 아니다. 각 작업을 자신이 아는 한 최상의 방식으로 수행해야 한다. 예를 들어 특정 문제를 해결하는 아무 해결책이나 생산해서는 안 된다. 자신이 아는 모든 모범 사례에 부합하는 해결책을 생각해야 한다. 그래야 오늘의 해결책이 내일의 문제가 되지 않는다.

저명한 컴퓨터 과학자인 에츠허르 W. 데이크스트라는 소프트웨어 개발이나 과학적 연구에서 뛰어난 성과를 내고자 하는 이들을 향해 이런 말을 남겼다.

> *"품질 기준을 최대한 높이 올리고, 일상적인 문제로 시간을 낭비하지 말고, 항상 자기 능력의 한계에 최대한 가깝게 일하라. 그래야만 한계를 어떻게 넘어서야 할지 알 수 있기 때문이다."*[4]

- **루틴에 포함된 모든 일에는 목적이 있어야 한다.** 루틴의 최종 목적은 가능한 한 최고의 프로그래머가 되는 것이지만 머리에 떠오르는 모든 프로그래밍 관련 작업이 여기에 도움이 되는 건 아니다. 반대로 프로그래밍과 관련 없는 작업도 도움이 될 수 있다.

수도자처럼 루틴을 설계하는 목적은 주어진 시간을 최대로 활용하기 위한 것이다. 따라서 좋아 보이는 아무 작업이나 루틴에 포함시키면 안 된다.

예를 들어 앞으로 절대 쓸 일이 없을 것 같은 오래된 프로그래밍 언어를 공부해 보고 싶은 마음이 든다고 해보자. 프로그래밍과 관련 있는 작업이지만, 시간을 가장 효과적으로 활용한다고 보기는 어렵다. 이런 추가 작업 때문에 번아웃이 올 수 있다.

반면 루틴에 운동하기, 친구 만나기, 걷기 같은 활동을 추가하는 건 경력 발전에 큰 도움이 될 수 있다. 여가 활동은 재충전에 도움이 되므로 다시 한번 어려운 코딩 문제 해결에 도전할 힘이 생긴다.

따라서 루틴에 프로그래밍과 직접 관련된 활동만 추가할 필요는 없다. 하지만 루틴에 포함시킨 모든 활동에는 반드시 목적이 있어야 한다.

- **모든 방해 요소를 최대한 제거하라.** 고정된 루틴이 있으면 방해 요소가 어느 정도 제거된다. 아침에 눈을 떠서 어디로 가고 무엇을 해야 할지 정확히 알면 되는대로 인터넷을 들여다볼 가능성이 적다.

하루를 루틴으로 채우면 방해 요소에 주의를 빼앗길 시간이 줄어든다. 미리 정해 둔 여가 활동이 루틴에 포함되어 있으면 아무 생각 없이 소셜 미디어를 사용하며 예정에 없던 휴식을 취하고 싶다는 유혹이 줄어들 것이다.

그 외에 프로그래머가 특히 취약한 방해 요소를 어떻게 제거할 수 있는지에 대해서는 1, 2, 3장에서 이야기했다. 그리고 4, 5장에서는 주변에 에코 체임버를 만들 방법을 살펴봤다. 에코 체임버를 만드는 건 생각이 비슷한 사람들의 공동체에 속하기 위해 여러분이 할 수 있는 최선이다. 수도자들처럼 말이다.

소프트웨어 개발 경력에 수도자 정신을 어떻게 적용할지 기본적인 아이디어 몇 가지를 살펴봤다. 그럼 이제 앞서 습관의 작동 방식에 대해 배운 내용을 바탕으로 경력을 종교처럼 여기며 수도자 같은 생활양식을 따를 때 어떤 일이 일어나는지 확인해 보자.

## 루틴
## 설계하기

수도자 모드를 시도해 보고 싶을 때 그 효과를 최대로 높일 여러 방법이 있다. 방해 요소를 제거하고 최적화된 수도자 루틴을 설계할 방법을 곧 간략히 살펴보겠다. 그러나 우선은 잘 설계된 루틴이 최고의 자기 계발 도구 중 하나인 이유부터 확인해 보자.

## 루틴이 일관되면
## 매일 발전한다

3장에서 뇌의 신경 경로가 어떻게 형성되는지, 반복이 어떻게 신경 경로 형성의 기초가 되는지 다뤘다. 그래서 충분히 오래 일관된 루틴을 따르면 강력한 신경 경로가 형성된다. 당신이 루틴의 일부로 선택한 생산적인 활동은 습관이 될 것이다.

예를 들어 매일 같은 시간에 일어나서 한 시간 동안 알고리즘을 공부하면 결국 그 행동을 자동으로 하게 된다. 공부할지 말지 생각할 필요가 없다. 늘 하던 일이기 때문에 그냥 공부를 시작하게 될 것이다. 완전히 자동화된 행동이 되는 것이다.

그러나 수도자 정신에 따라 일을 하는 것은 단순히 루틴을 따르는 게 아니다. 모든 일을 최선의 방법으로 하려고 노력하는 것이다. 가능한 성실하게, 최대한 집중해서 작업하려고 매일 의식적으로 노력하면 결국 이것이 당신의 기본 작업 방식이 된다.

그리고 바로 이것이 프로그래밍 기술을 가장 빠르게 익히는 올바른 습관을 얻는 방법이다.

기술을 익히는 과정이 수도원에서 최초로 개발된 여러 기법과 자주 비교되는 건 우연이 아니다. 예를 들어 원래 불교 승려들이 만든 마음챙김 명상 수련은 2장에서 논한 딥 워크에 필요한 집중을 달성하는 도구로 종종 추천된다.

『권력의 법칙』 저자인 로버트 그린(Robert Greene)은 마스터리를 달성할 도구로 마음챙김을 강력히 추천한다. 그는 『마스터리의 법칙』이라는 저서를 쓰려고 조사할 때 숙련된 전사이자 참선 수행자인 일본 사무라이 전사에 대한 문헌을 연구했다. 그리고 마스터리와 참선 같은 강렬한 집중의 관계에 대해 이렇게 말했다.

"마스터리를 달성하는 데 필요한 시간은 집중의 강도에 달려 있다."[5]

모든 방해 요소가 사라진, 일관된 집중 루틴만큼 습관을 바꾸고 기술을 발전시키는 더 빠른 것은 없다. 수도원에 들어간 사람이 순식간에 변하는 것처럼 보이는 이유도 여기에 있다. 수도원에 들어간

후에 과음이나 약물 남용처럼 좋지 않은 여러 습관에서 완전히 벗어나는 사람도 많다. 그전에는 수년간 노력해도 버리지 못했던 습관인데 말이다.[6]

하지만 새로운 신경 경로가 형성되어야만 수도자 정신의 혜택을 누리는 건 아니다. 수도자 마음가짐을 실천하자마자 얻을 수 있는 이점이 있다. 그중 하나는 여러분의 삶에서 망설임이 사라지고 분석 마비 상태에 빠지지 않는 것이다.

## 분석 마비에
## 절대 빠지지 않는 방법

목표가 무엇인지 어렴풋이 알고 있음에도 당장 무엇을 해야 할지 파악하기 어려웠던 경험이 한 번이라도 있는가? 여러 선택지가 있었고 어느 것이든 괜찮아 보였을 것이다.

코딩 튜토리얼을 보는 게 좋을까? 아니면 코딩 연습? 그것도 아니면 사이드 프로젝트를 해야 할까?

그러면 이러한 선택지 중에 하나를 고르는 대신에 미루게 된다. 아니면 생산적인 활동을 선택했지만 결정하기까지 오랜 시간이 걸렸다. 실제 활동에 쓸 수 있었던 귀중한 시간을 여러 활동과 비교하는 데 낭비했을 것이다.

이런 현상을 '분석 마비'라고 한다.[7] 그리고 수도자 정신은 이를 극복하는 가장 좋은 방법 중 하나다.

루틴을 만들고 타협할 수 없다고 못 박으면 특정 시간에 무슨 활동을 할지 고민할 필요가 없다. 여러분의 하루는 미리 계획되어 있기 때문이다. 그냥 지금 시간대에 목록에 있는 활동 중에 어떤 것을 할지 고르기만 하면 된다.

루틴을 계획하는 시간도 별도로 있을 테니 그때는 무엇을 해야 할지 생각하는 데 필요한 만큼 시간을 써도 괜찮다. 계획을 세우는 데 전념하기로 한 시간이므로 그렇게 해도 실제 활동을 방해하지 않을 것이다.

어떤 활동이 실제로 유익한지도 이때 결정한다. 루틴에 넣는 모든 활동에는 반드시 목적이 있어야 한다. 불필요한 일에 시간을 낭비하지 않는 게 좋다. 번아웃이 온다고 느낄 정도까지 업무량을 늘리는 것도 좋지 않다. 하지만 유익한 활동과 그렇지 않은 활동을 언제나 바로 구분할 수 있는 건 아니다.

루틴에 정확히 무슨 활동을 넣을지 시간을 들여 평가해야 하는 이유가 여기에 있다. 이런 평가가 활동을 수행하기 직전에 할 일이 아니라는 것은 확실하다.

# 루틴에서 걸러야 할
# 활동 유형

나는 소프트웨어 개발자로서 경력을 시작할 당시 최대한 뛰어난 개발자가 되고 싶었다. 그리고 이를 위해 처음에는 시간을 내서 C와 어셈블리어 같은 저수준과 중간 수준 언어를 배웠다.

내 경력에서는 쓸 일이 없는 언어였다. 하지만 막연히 이런 언어는 내가 실제 사용하는 언어보다 저수준에서 작동하므로 컴퓨터가 어떻게 작동하는지 더 잘 이해하는 데 도움이 될 거라고 생각했다.

그런 언어는 어려웠다. 의도적으로 어렵게 만들어진 언어였기 때문이다. 본업이 있는 와중에 그런 공부까지 하려니 정신적으로 지쳤다. 그러나 나중에 돌이켜보니 그런 공부는 내게 별 도움이 되지 않았다.

대다수의 소프트웨어 개발자들처럼 고수준 언어를 사용하는 개발자라면 기본적인 하드웨어 작동 방식에 대해 상세히 알 필요가 없다. 물론 기본 하드웨어 지식은 필요한데, 기본 지식은 습득하는 데 많은 시간이 걸리지 않는다.

하지만 저수준 언어를 공부할 때는 배워야 할 게 많다. 이런 언어에서는 메모리를 수동으로 관리하고 코드를 최적화하는 데 많은 시간을 들여야 한다.

C나 C++ 같은 중간 수준의 언어를 공부하는 건 어느 정도 유용하지만, 실제 어셈블리 코드를 작성하거나 CPU 아키텍처를 다루는 일을 하지 않는 한 어셈블리어 같은 저수준 언어를 공부하는 건 시간 낭비일 것이다. 저수준 언어는 인간이 읽기 쉽지 않다. 그리고 이런 언어는 기본적인 계산처럼 누구나 익숙한 직관적인 작업을 수행하지 않는다. 그 대신 CPU 내부 한 레지스터에서 다른 레지스터로 데이터 덩어리(chunk)를 옮긴다. 고수준 언어의 작동 방식과 너무 다르기 때문에 어셈블리어를 공부해서 얻는 지식은 당신의 평소 전문 분야에 적용되지 않는다.

물론 고수준 언어의 전문가가 어셈블리어를 배우면 안 된다는 건 아니다. 고수준 언어가 저수준 명령어로 컴파일되는 방법이 진짜 궁금하다면 배우지 않을 이유가 무엇이겠는가? 다만 나에게는 적합하지 않은 활동이었다. 많은 시간과 노력을 들였지만 현실적인 이점이 하나도 없었다.

어셈블리어 공부는 한 예에 불과하다. 소프트웨어 개발은 수많은 틈새 분야가 존재하는 방대한 분야다. 모든 것을 배우는 건 불가능하며 대개 하나의 전문 분야를 선택하게 된다. 그러나 자기 분야와 전혀 상관없는 업무 외적인 활동에 빠지기 쉽다.

프로그래밍은 어렵고 프로그래밍 분야에서 새로운 걸 공부하는 건 이보다 더 어렵다. 그래서 프로그래밍 기술을 발전시키기 위한 활동은 멘탈 에너지를 고갈시킨다. 그래서 루틴에 업무 외적인 활동을 넣을 때는 신중하게 골라야 한다.

루틴에 추가하는 모든 활동은 반드시 목적이 있어야 한다. 그래서 유명한 프로그래밍 블로거나 사고 리더가 프로그래머라면 어떤 기술, 기법, 언어를 알아야 한다고 말할 때마다 잠시 멈춰서 생각해보라. 그 지식을 얻는 것이 경력 관련 목표나 자기 계발 목표를 이루는 데 어떻게 도움이 될지 명확한 답을 내릴 수 없다면 넘어가라.

루틴에 넣을 활동을 고를 때 본인의 목표와 직접 관련이 있는 것을 우선시해야 한다. 개발자 지망생이나 현직 개발자라면 다음과 같은 항목을 포함시킬 수 있다.

- 본인이 사용하는 언어로 하는 코딩 과제
- 이런 언어를 심도 있게 공부하기
- 이런 언어를 사용한 모범 사례

이외에 나머지 항목은 명확한 이점이 보이지 않는다면 넘어가라. 이미 정신적으로 지친 상태에서 절대 사용할 일 없는 언어를 공부하는 것보다 기분 좋게 숲속을 산책하는 게 훨씬 더 유익할 것이다.

타협할 수 없는 루틴을 갖는다는 게 생각만 해도 부담스러운 사람도 있을 수 있다. 하지만 다행히 루틴에 압도되는 걸 막기 위해 추가적으로 할 수 있는 일들이 존재한다.

## 루틴에
## 압도되지 않는 방법

기억해야 할 한 가지 중요한 점은 경력 발전에 적용하는 수도자 루틴은 도구에 불과하다는 것이다. 당신은 실제 수도원에 살지 않으며 자신을 불편하게 하는 임의의 규칙을 꾹 참고 따를 필요가 없다. 즉, 당신은 자신에게 맞는 루틴을 자유롭게 설계할 수 있다.

수도자 모드라고 해서 따분하게 일만 하고 놀면 안 되는 지루한 생활이 되어서는 안 된다. 루틴을 업무와 관련된 활동으로만 구성해서도 안 된다.

만약 수도자 생활양식을 온전히 따른다면 아마도 하루가 루틴으로 거의 채워질 것이다. 그 대신 루틴에는 업무뿐 아니라 여가 활동도 포함시켜야 한다. 루틴에 넣을 활동을 선택할 때 따라야 하는 유일한 규칙은 루틴에 포함된 모든 활동에는 이유가 있어야 한다는 것뿐이다.

따라서 올바르게 설계한 루틴은 일과 삶의 균형에 부정적인 영향을 미치지 않는다. 오히려 컴퓨터를 끄고 업무와 무관한 활동을 하는 시간을 확실하게 정해 두는 것이다.

『딥 워크』의 저자 칼 뉴포트는 업무와 관련한 모든 활동을 마친 후 정해진 대로 갖는 휴식 시간의 중요성에 대해 이렇게 말했다.

"퇴근 후에 이메일을 확인하고 답하느라 계속 휴식을 방해받거나 저녁 식사 후에 잠시 시간을 내서 다가오는 마감을 따라잡으려고 하는 건 주의력을 모아 둔 센터에서 회복하는 데 필요한 중단 없는 휴식을 훔치는 것이나 다름없다. 이렇게 업무에 쓰는 시간은 잠깐일지언정 당신이 깊은 이완에 도달해서 주의력을 회복하는 걸 방해한다. 오늘 할 일을 마쳤다는 확신이 있어야만 뇌가 저속으로 기어를 변속해서 다음날을 위한 재충전을 시작한다. 달리 말해, 저녁 시간에 조금 더 일을 뽑아내려고 노력하면 다음날 업무 효율이 떨어진다. 그러면 제대로 쉬는 날에 비해 작업량이 줄어들 것이다."[8]

여가 활동은 시간 낭비가 아니다. 당신이 더 효과적으로 일할 수 있게 도와주는 도구다. 운동과 관련된 비유를 들자면 근육은 체육관에서 훈련할 때가 아니라 휴식할 때 성장한다. 똑같은 원칙이 업무의 모든 분야에 적용된다. 신체적 활동이든 지적 활동이든 마찬가지다.

그리고 일정에 여가 활동을 구체적으로 넣었을 때 얻을 수 있는 큰 장점이 있다. 작업할 때와 마찬가지로 휴식 중에도 분석 마비가 최소화된다는 점이다. 그래서 아무 생각 없이 인터넷을 떠돌거나 바보 같은 동영상을 줄줄이 보는 대신 진정 만족스럽고 회복에 도움이 되는 활동을 하게 된다.

더불어 하루 종일 루틴을 엄격하게 따를 필요는 없다. 엄격한 일정은 업무 시간에만 지키고 저녁 시간에는 즉흥적으로 하고 싶은 일을 위한 여유를 만들어도 상관없다. 수도자 루틴은 권장되는 활동일 뿐 모두에게 맞는 처방은 아니다.

또한 처음에 루틴을 설계할 때 한 번에 완벽한 루틴을 완성하지 못할 수 있다. 그래도 괜찮다. 부담스럽다거나 번아웃이 올 것 같다면 언제든지 일정에서 업무와 관련된 활동의 수를 줄일 수 있다. 반대로 루틴이 너무 가볍다면 더 많은 활동을 추가할 수 있다. 아니면 루틴을 몇 주 정도 진행해 본 후에 수정해도 된다. 그 정도 시간은 지나야 어떤 활동이 실제로 유익한지 분명히 보이는 경우도 있기 때문이다.

마지막으로 이유가 무엇이든 스스로 설정한 일정을 지키지 못할 때도 걱정하지 마라. 가끔 상황은 우리의 통제를 벗어난다. 예기치 못한 사건도 일어난다. 아니면 우리가 특정 작업을 완료하는 데 걸리는 시간을 과소평가할 때도 있다.

하지만 그런 건 문제가 아니다. 칼 뉴포트는 『딥 워크』에서 예기치 못한 상황에 대처하기 위해 개인적으로 활용하는 기법을 설명한다.

실제로 그는 설명한 기법과 매우 유사한 시스템을 따른다. 일과를 계획하고 각 활동에 드는 시간을 추적한다. 하지만 예상 밖의 상황이 발생하면 우선순위가 낮은 항목을 제거하면서 즉석에서 남은 일정을 조정한다.[8]

급하고 중요한 작업은 항상 우선순위에 있다. 하지만 일정에 있는 모든 일이 급하고 중요한 건 아니다. 자기 계발 작업은 미래의 자신에게 큰 도움이 되므로 의심의 여지 없이 중요하다. 하지만 회사 업무만큼 긴급한 건 없다. 그러므로 원래 일정에 넣은 모든 작업을 할 수 없다면 가장 급한 의무에 먼저 집중하라. 그런 일을 일정에 남겨라. 그리고 중요도에 따라 남은 작업의 우선순위를 정하라. 덜 중요한 작업을 제거하거나 뒤로 미뤄라.

요컨대 수도자 루틴이라고 해도 당신이 스스로 설계한 루틴은 크게 부담이 되지는 않을 것이다. 크게 엄격하지 않고 유연하므로 편하게 생각할 수 있다. 처음에는 루틴을 제대로 지키지 못해도 괜찮다. 아마 지금쯤이면 이해했겠지만 잘 짜인 루틴을 따르며 방해 요소를 적극적으로 제거하는 건 아마 단기 목표와 장기 목표를 모두 달성하는 가장 효율적인 방법일 것이다.

하지만 수도자처럼 사는 건 그저 부담이 없는 게 아니다. 최적으로 설계한 수도자 생활양식은 즐거울 수 있다. 오히려 루틴이 없던 때로 되돌아가고 싶지 않을 것이다.

## 제대로 설계된 수도자 루틴을
## 따르면 기분이 좋다

수도자 운동에 대해 한 가지 기억해야 할 건 사람들이 자발적으로 이 운동에 참여한다는 사실이다. 그리고 경험해 본 이후에 이전으로 돌아가고 싶어 하는 경우는 거의 없다. 대부분은 평범한 생활로 돌아간 이후에도 수도자 생활의 많은 요소를 그대로 유지한다.[9]

수도자 생활양식에는 뭔가 즐거운 부분이 있는 게 틀림없다. 그리고 실제로 그렇다.

우선 잘 짜인 생활에서는 단순성이 증가하므로 결과적으로 불안이 감소한다. 결정을 내리지 못하고 망설이는 상황은 유쾌하지 않다. 주의력을 요구하는 일이 많은데 우선순위가 정해지지 않으면 불안할 수 있다. 하지만 정확히 무엇을 언제 해야 할지 미리 정해 두면 불안이 줄어든다.

이런 단순성은 계획을 세우며 일정에 할 일을 넣었기 때문만이 아니라 일정에서 방해 요소를 덜어냈기 때문에 가능하다. 당신에게는 많은 지적 능력을 소모하는, 매우 중독적인 무의미한 활동을 할 시간이 없다. 3장에서 언급한 목적 없는 소셜 미디어 사용 같은 활동 말이다.

그리고 이전보다 훨씬 더 짧은 시간 내에 모든 일을 완료할 수 있어서 성취감을 느낀다. 생산적인 활동에 전념하는 시간을 정해 두고 타협 없이 잘 지키면 되는대로 일을 처리하는 사람보다 훨씬 더 많은 걸 성취할 수 있다.

몰입의 상태도 경험할 수 있다. 한 가지 활동에 시간을 충분히 할애하면 몰입 상태에 훨씬 더 쉽게 진입할 수 있다. 몰입 상태가 즐거운 이유는 2장에서 이미 설명했다. 사실 진짜 수도사들은 몰입의 상태를 정기적으로 경험한다. 아마도 그들은 같은 용어를 사용하지 않고 종교에 따라 '참선의 시간(zen)'이나 '은혜로운 시간(grace)'이라고 할 것이다. 하지만 이런 개념에 대한 설명은 몰입의 상태에 대한 설명과 거의 일치한다.[9]

마지막으로 일과 삶의 균형도 좋아진다. 정해진 시간에 일과 관련된 모든 활동을 중단하는 규칙을 지키면 친구나 가족과 보내는 시간이나 좋아하는 취미를 즐기는 시간이 늘어난다. 마찬가지로 업무 시간을 특정 시간으로 제한하면 생산적인 활동에 온전히 집중하기가 더 쉬워진다.

수도자 같은 생활양식을 채택하면 얻는 게 많고 잃는 게 없으며 삶의 질은 개선될 것이다. 유일한 주의사항은 자신만의 루틴을 만드는 데 시간이 든다는 점이다. 하지만 시간을 들일 가치가 있다.

지금쯤이면 뛰어난 소프트웨어 개발자가 되겠다는 목표를 이루는 데 도움이 되는 자신만의 루틴을 설계할 방법이 궁금할 것이다. 앞서 얘기했듯이 당신의 루틴은 고유해야 한다. 내가 사용한 루틴을 예로 들 테니 템플릿으로 활용하기 바란다.

# 참고용 루틴
# 예시

나에게는 루틴을 설계하는 규칙이 있다. 그중 하나는 운동을 반드시 포함시키는 것이다. 좋은 소프트웨어 개발자가 되는 동시에 신체적으로 강하고 건강해지는 게 중요하다고 생각하기 때문이다.

그리고 스스로 훌륭한 프로그래머가 되기를 열망하는 만큼 다른 프로그래머들이 잠재력을 충분히 발휘하도록 최대한 도와주고 싶다. 그래서 내 루틴에는 블로그 글 쓰기, 동영상 강의 공개, 멘토링 등의 활동을 포함시킨다.

고려해야 할 또 다른 중요한 점은 자신의 현재 환경이다. 예를 들어 평상시 내 루틴은 전 세계적인 코로나-19 팬데믹 기간에 비해 훨씬 더 유연하다. 코로나-19 팬데믹 기간에는 대부분의 국가가 국민이 할 수 있는 것과 할 수 없는 것을 엄격히 제안했다. 내 경험으로는 길어진 봉쇄 기간을 정해진 활동으로 더 엄격하게 채웠더니 그 기간이 훨씬 더 참을 만하다는 것을 알게 되었다.

그래서 나는 루틴을 설계할 때 가장 먼저 매주 반드시 수행해야 하는 활동부터 정한다. 그리고 일정 기간 시행착오를 거쳐서 완성한 목록은 다음과 같다(개발자로서 하는 업무 관련 활동을 제외했다).

- 적어도 하나 이상의 코딩 과제 완료하기
- 프로그래밍 모범 사례에 대한 글 최소 한 편 이상 읽기
- 최신 기술 소식 따라잡기
- 블로그 글을 쓰거나 프로그래밍 교육용 동영상 강의 촬영하기. 아니면 멘토링을 하거나 프로그래밍 포럼에서 토론이나 질의응답에 참여하기
- 내가 과거에 쓴 블로그 글 최소 한 편 이상 읽기
- 근력 운동 세션 최소 3회 이상 하기
- 달리기 최소 1회 이상 하기

그리고 이를 바탕으로 구성한 나의 일반적인 근무일 일정은 다음과 같다.

6:00 - 기상

6:00 - 7:30 - 근력 운동(출근과 샤워 포함)

7:30 - 8:00 - 아침 식사

8:00 - 9:30 - 블로그 글 쓰기

9:30 - 12:00 - 근무

12:00 - 13:00 - 점심 식사

13:00 - 18:00 - 근무

18:00 - 19:00 - 저녁 식사

19:00 - 21:00 - 가족과 보내는 시간

21:00 - 22:00 - 독서

이 일정 예시에서 '근무'라는 항목이 2개 있지만 실제 근무 일정은 훨씬 더 상세하게 나뉘어 있다. 예정된 회의마다 별도의 시간을 할당하고 업무 관련 작업에도 따로 시간을 할당한다.

해야 할 일을 마이크로태스크의 집합으로 보는 건 뇌를 속여서 방대한 분량의 일을 완료하게 하는 매우 효과적인 방법이다. 이는 8장에서 다룰 내용이다.

물론 업무 관련 일정을 설계할 때 정기 회의 같은 업무와 관련 있는 다른 의무사항도 고려해야 한다. 회의에 할당된 시간대는 일정이 채워진 것이어서 다른 항목을 넣을 수 없다. 하지만 가끔 회의가 일찍 끝날 때도 있으므로 그럴 경우를 대비해 덜 급한 작업을 예비로 넣어 두면 좋다. 나는 그렇게 해왔다. 덕분에 이따금 생산적인 활동을 추가로 끼워 넣을 수 있었다.

때로 예상 밖의 일이 발생했거나 애초에 정확하게 추정하지 못했다면 일정을 수정한다. 하려고 계획했던 그리 중요하지 않은 작업을 실제로 하지 않게 되더라도 일정을 수정한다. 심지어 업무 관련 긴급한 마감일이 다가오는 데 일부만 완료하고 나머지를 완료하지 못했을 때도 그렇게 한다. 하지만 그럼에도 이런 시스템을 갖춰 두면 그렇지 않을 때보다 훨씬 더 많은 것을 달성할 수 있다.

## 수도사, 운동선수, 정예 군인에 의해
## 입증된 시간을 초월하는 기법

루틴을 정해 두고 높은 기준으로 업무를 완수하며 환경에서 방해 요소를 제거하는 건 수도사뿐만이 아니다. 이는 유사 이래 군인, 운동선수, 정치인 등 '엘리트'라고 여겨지는 다양한 직군의 대표들이 실천해 온 생활양식이다.

모든 엘리트 직군에는 언제나 엄격한 규칙이 있었고 앞으로도 있을 것이다. 구체적인 세부사항에 차이가 있을 뿐 핵심 원칙은 수도자 생활양식과 똑같다.

수도자 운동이 이런 원칙에 근거한 생활양식을 최초로 고안한 것인지도 불분명하다. 하지만 그건 중요하지 않다. 중요한 건 수세기에 걸쳐 거의 모든 엘리트 직군의 대표들에 의해 반복적으로 입증되었듯이 이런 원칙이 효과가 있다는 점이다.

그러니 당신도 엘리트 프로그래머가 되고 싶다면 다른 분야의 엘리트들에게 매우 효과적이었던 체계를 시도해 보는 게 어떨까? 이 체계는 다른 분야의 엘리트에게도 효과가 있었고 이제 당신은 이 체계가 프로그래머에게도 효과가 있는 이유를 알게 되었다.

지금까지는 성장 마인드셋을 구축하고, 긍정적인 에코 체임버를 만들고, 최고 수준의 프로그래머가 되고자 하는 사람의 관점에서 세상을 바라보는 다양한 방법을 살펴봤다. 다음으로는 일상적인 프로그래밍 활동을 더 쉽고 즐겁게 만들어 줄 구체적인 기법을 살펴보겠다. 이어지는 장에서 각 기법을 상세히 다루겠지만 이에 관한 요약을 비롯한 기타 생산성 해킹 요령은 다음 링크에서 받을 수 있다.

https://simpleprogrammer.com/10hacks/

당신이 수도자 모드를 시도하든 안 하든 루틴 예시에서 이미 확인했듯이 전문 프로그래머라면 업무에 전념하는 시간을 몇 시간 단위로 잡아야 한다. 또한 완료까지 며칠씩 걸리는 방대한 분량의 작업도 피할 수 없다. 하지만 장시간 이어지는 작업을 훨씬 더 짧아 보이게 만들 수 있는 요령이 존재한다. 이런 요령을 활용하면 오래 걸리는 어려운 작업이 훨씬 더 작고 쉽게 느껴질 것이다.

다음 장에서는 마이크로태스크의 개념을 알아보겠다. 큰 덩어리의 작업을 원자 단위의 작은 활동으로 나누면 실제 작업량에는 변화가 없는데도 작업을 훨씬 쉽게 완료할 수 있는 이유를 알게 될 것이다. 이 기법을 적용하면 당신도 더 짧은 시간 내에 더 많은 걸 완수하게 되고 일에 대한 집중력도 개선될 것이다.

마이크로태스크는 수도자 루틴을 완벽하게 보완한다. 루틴과 마찬가지로 분석 마비에서 벗어나는 데 큰 효과를 낸다. 다른 점은 수도자 모드 루틴보다 훨씬 더 미세한 단위로 작동한다는 것뿐이다.

# 참고 문헌

1. 제이 셰티(Jay Shetty), 『수도자처럼 생각하기』, 다산북스

2. 스피리돈 베일리(Spyridon Bailey) 신부, 『Journey to Mount Athos(아토스산으로의 여정)』, FeedaRead.com

3. 메삭 아드나(Mésac Adna), 『Monk Mode: Be More By Doing Less(수도자모드: 덜 하고 더 많은 것을 얻기)』

4. 에츠허르 W. 데이크스트라(Edsger W. Dijkstra), 『Selected Writings on Computing: A personal Perspective(컴퓨팅에 대한 글 선집: 개인적 견해)』, Springer

5. 로버트 그린, 『마스터리의 법칙』, 살림Biz

6. 로언 윌리엄스(Rowan Williams), 『The Way of St Benedict(베네딕트의 길)』, Bloomsbury Continuum

7. 댄 스미스(Dan Smith), 『Mental Focus: How to Overcome Analysis Paralysis(정신 집중: 분석 마비를 극복하는 방법)』

8. 칼 뉴포트, 『딥 워크』, 민음사

9. 베넷 트베텐(Benet Tvedten) 수도사, 『How to Be a Monastic and Not Leave Your Day Job: An Invitation to Oblate Life(수도자로 살면서 본업을 떠나지 않는 방법: 수도 생활에 헌신하는 삶으로의 초대)』, Paraclete Press

# 8

## 마이크로태스크로 미루는
## 습관 극복하기

코끼리를 먹을 때는 한 번에 한 입씩 먹어라.

크레이턴 에이브럼스(Creighton Abrams)

모든 프로그래머는 때때로 미루고 싶은 강력한 충동을 느낀다. 나도 마찬가지다. 안타깝게도 이런 충동을 벗어날 방법은 없다.

프로그래밍은 당신이 늘 꿈꾸던 일인지 모른다. 다른 일을 할 때도 계속 코딩 생각만 날 수도 있다. 하지만 코드를 작성하려고 노트북을 여는 순간, 하기가 싫다. 그 대신 유튜브 동영상을 보고 싶다. 어디서 들어본 적이 있는 얘기인가?

1, 2장에서 이미 얘기했듯이 도전적인 작업을 마주할 때 미루고 싶어지는 건 완전히 정상이다. 올바른 습관을 기르고 생산적인 마인드셋을 갖추고 이상적인 루틴을 만들어 두었다고 해도 미루고 싶다는 욕망은 가끔씩 생기곤 한다. 하지만 다행히 그런 충동을 물리칠 매우 효과적인 기법이 있다. 곧 그 얘기를 해 주겠다.

어떤 일을 하려고 할 때마다 미루고 싶은 충동이 들어서 자신이 그토록 사랑했던 기술에 대한 열정을 완전히 잃어버린 건 아닐까 마음이 불편할 수도 있다. 하지만 아마 그래서 그런 건 아닐 것이다.

맞다. 미루려는 욕구가 시간이 지남에 따라 점점 더 커질 수 있지만, 꼭 열정을 잃어버려서 그런 건 아니다. 1장에서 이미 확인했듯이 미루기는 에너지 과소비를 막으려는 뇌의 방어 메커니즘이다. 기억하겠지만 인간의 뇌는 체중의 2%를 차지할 뿐인데 에너지는 최대 25%를 소비한다.

요즘은 에너지를 쉽게 얻을 수 있지만 과거에도 늘 그랬던 건 아니다. 인간의 뇌는 지금과 같은 풍요의 시대가 아니라 자원이 희소해서 다음 식사가 보장될지 알 수 없던 시대에 진화했다. 따라서 당신의 뇌는 마치 자원 부족을 견디던 시대에 살고 있는 것처럼 동작한다.

미루고 싶은 충동을 느끼는 이유는 잠재의식이 눈앞의 과제를 과도하게 크고 에너지를 많이 소비하는 작업으로 인식하기 때문이다. 시간이 지날수록 미루고 싶은 충동이 더 심해지는 이유는 경력을 쌓는 동안 점점 더 많은 책임을 맡게 되기 때문이다.

즉, 미루고 싶은 충동을 더 자주 느낀다고 해서 프로그래밍 기술에 대한 열정이 식었다는 의미는 아니다. 알고 보면 여러분의 경력이 올바른 방향으로 가고 있고 전문가로서의 가치도 더 높아지고 있다는 하나의 지표일 수 있다.

하지만 다행히도 미루고 싶은 충동을 극복하는 매우 효과적인 도구가 있다. 그럼 이제 그 주인공, 마이크로태스크라는 개념을 소개하겠다.

# 마이크로태스크는
# 뇌를 속여서 미루지 못하게 한다

크레이턴 에이브럼스 장군, 데즈먼드 투투(Desmond Tutu) 대주교를 포함한 많은 유명인이 인용한 널리 알려진 문구가 있다.

"코끼리를 먹을 때는 한 번에 한 입씩 먹어라."[1]

물론 이 말은 실제 거대한 동물을 저녁 식사로 먹자는 얘기가 아니다. 큰 작업을 훨씬 더 관리하기 쉬운 작은 덩어리로 나누자는 얘기다. 이것이 바로 마이크로태스크의 개념이다.

프로그래머라면 이미 어렴풋이 알고 있는 개념일지 모른다. 여러 언어를 다루는 개발자나 풀스택 개발자가 되고자 하는 사람이라면 한 번에 하나의 기술에만 집중해야 한다는 말을 들어 본 적 있을 것이다. 예를 들어 웹 애플리케이션의 프런트엔드 컴포넌트와 백엔드 컴포넌트를 둘 다 다루게 될 풀스택 개발자 지망생이라면 클라이언트 측과 서버 측 기술을 동시에 배우려 하지 말라는 이야기를 들었을 것이다. 그 대신 딱 한 가지 기술에 집중해야 한다.[2]

하지만 이런 조언으로는 충분하지 않다. 프런트엔드에 속하는 모든 기술을 배우는 것만으로도 엄청나게 방대한 일이다. 그래서 이 또한 미루려는 사람이 많다.

마이크로태스크의 개념은 여기에서 더 나아가서 작업을 원자 단위의 작은 덩어리로 나눈다. 작업을 더 이상 나눌 수 없을 때까지 나누는 게 좋다.

앞서 말한 예에서 HTML, 자바스크립트, CSS를 비롯한 다른 프런트엔드 기술을 처음부터 배우려고 시도하는 대신에 마이크로 목표를 정의할 수 있다. 예컨대 다음과 같은 마이크로 목표를 세우는 것이다.

1. 가장 기본적인 HTML 레이아웃으로 페이지를 만든다.
2. 페이지에 제목을 추가한다.
3. 브라우저에서 열 수 있도록 호스팅하는 방법을 찾는다.
4. 탐색 탭을 추가한다.
5. 테이블을 클릭할 수 있게 만든다.
6. 제목 아래에 그림을 추가한다.
7. 그림 아래에 텍스트를 추가한다.
8. 사이드 패널을 추가한다.
9. 사이드 패널에 카드를 추가한다.
10. 페이지에 CSS를 적용하여 보기 좋게 만든다.
11. 페이지 일부 컴포넌트를 클릭할 때 팝업 대화상자를 여는 자바스크립트를 추가한다.

이렇게 하면 작업을 시작하는 게 훨씬 더 쉬워진다. 큰 그림은 잠시 잊고 그냥 현재 작업에 집중하기만 하면 된다. 미루는 습관이

심하거나 그러고 싶은 충동을 느끼더라도 상대적으로 극복하기 쉬워질 것이다. 뇌는 그냥 이렇게 말한다. "좋아. 이렇게 작은 일이라면 할 수 있지!"

## 마이크로태스크를 가장 효과적으로 활용할 방법

다른 모든 도구와 마찬가지로 마이크로태스크도 가장 효과적으로 활용하는 방법이 있다. 특히 미루고 싶은 충동을 마이크로태스크로 극복할 때 가장 좋은 방법은 눈앞의 작업에만 집중하고 그 작업을 마친 후에 쉬는 것이다.

마이크로태스크 목록을 더 큰 목표 달성을 위해 가능한 한 빨리 완료해야 하는 대상으로 본다면 뇌는 그 목록을 한 덩어리의 큰 작업으로 인식할 수 있다. 단계를 정확히 나눠 두었기 때문에 미루려는 욕구가 약해지겠지만 그럼에도 큰 덩어리의 작업을 완료하기 위한 단계로 인식할 것이다.

그러지 말고 지금 하고 있는 원자 단위의 작은 작업을 우주에 유일하게 존재하는 것이라고 상상하라. 당신의 할 일은 그 작업을 완료하는 것뿐이다. 그리고 그 작업을 마치면 쉬거나 즐거운 일을 할 자격이 있다.

물론 작업을 하나 완료할 때마다 꼭 멈춰야 하는 건 아니다. 첫 번째 작업을 완료한 것처럼 다음 작업도 완료하자고 스스로를 다독이며 작업을 이어가도 좋다. 핵심은 작업을 마친 후에 쉬고 싶다고 느낀다면 틀림없이 쉴 수 있다고 자신에게 계속 얘기하는 것이다.

지금 우리가 뇌를 속이고 있다는 걸 잊지 마라. 우리 뇌는 이렇게 대답할 것이다. "할 일이 많지 않네. 이 정도야 당연히 끝낼 수 있지! 끝내고 나면 재미있는 것도 할 수 있다고!" 한 덩어리의 작업이 끝나면 다시 똑같이 하라. 비유적으로 말하자면 뇌에서 똑같은 응답을 끌어내라.

하지만 자신에게 한 약속을 지키는 것도 중요하다. 작업을 마친 후에 쉬고 싶으면 진짜로 쉬어라. 온몸의 세포 하나하나가 저항하는데 억지로 계속하는 건 바람직하지 않다. 쉬고 싶을 때 쉬지 않으면 마이크로태스크에 대한 부정적인 신호가 만들어질 수 있다. 그러면 뇌가 마이크로태스크를 어려운 일과 연관 지을 것이다. 그러면 더 이상 마이크로태스크를 효과적으로 활용할 수 없게 된다.

그러나 쉬고 싶을 때 쉰다는 약속을 지키고 휴식을 취한다면 마이크로태스크와 에너지를 많이 소비하지 않는 쉬운 일 사이에 더 강력한 연관 관계가 만들어진다. 그러면 하던 작업을 마친 후에 쉬고 싶다면 쉴 수 있다는 약속을 잠재의식이 믿는다.

그런데 마이크로태스크에는 단순히 미루기를 물리치는 속임수 이상의 무언가가 있다. 이는 생산적인 몰입 상태에 들어가는 최고의 도구 중 하나이기도 하다.

다음 작업을 어디에서부터 시작해야 할지 정확히 알고 그 뒤로도 구체적인 단계가 나열되어 있으면 이런 단계를 밟아나가기 시작할 때 마법 같은 일이 벌어진다. 마이크로태스크 여러 개를 완료한 이후에는 하나만 더 완료하면 쉴 수 있다고 계속해서 억지로 자신을 설득할 필요가 없다. 그때쯤이면 아마 몰입 상태에 들어갈 것이다. 그러면 남은 작업을 마이크로태스크로 어떻게 나눌지 더 이상 고민할 필요가 없다.

2장에서 한 얘기를 기억하겠지만 몰입 상태에 들어가려면 지속적인 집중 상태가 15분 정도 이어져야 한다. 미루려는 유혹과 싸우며 억지로 집중하려고 한 게 아니라 실제로 생산적인 일에 이 정도 집중했다면 아마도 몰입 상태에 들어갈 가능성이 더 높다.

더 큰 작업을 원자 단위의 마이크로태스크 모음으로 나누면 논리적으로 이어지는 일련의 단계가 만들어진다. 각 마이크로태스크를 완료하면 다음 작업을 시작할 수 있다. 그 과정은 A지점에서 B지점으로 가는 자연스러운 흐름으로 느껴진다. 그래서 이 방식으로 일을 처리하다 보면 몰입 상태에 진입하는 게 쉬워지고, 자신의 일에 몰두하게 된다.

사실 몰입 상태에 들어가면 마이크로태스크를 더 이상 사용할 필요가 없다. 이 시점에는 작업에 완전히 몰두하게 된다.

다음에 무엇을 해야 할지 정확히 안다. 이 상태에서는 더 이상 미루려는 충동을 느끼지 않는다.

이 시점이 되면 마이크로태스크의 주요 목적은 달성되었다. 이제 다른 정신적 영역에 들어왔기 때문에 마이크로태스크는 더 이상 작업을 위한 최고의 도구가 아니다. 그 대신 몰입 상태에 이끌려 가야 할 곳으로 가라. 몰입 상태가 이어지는 동안에는 그저 본능을 따르면 된다.

그러나 그 시간 내내 100% 몰입 상태에 머물 수는 없다. 마이크로태스크를 활용해서 작업하는 건 높은 생산성을 내는 몰입 상태에 들어가는 최고의 방법 중 하나이지만 모두가 원하는 이런 정신 상태에 매번 진입한다는 보장은 없다.

몰입 상태에 들어가지 못하더라도 앞서 이야기한 바와 같이 마이크로태스크 그 자체로도 생산성을 높여 준다. 그리고 마이크로태스크에 추가하면 유용성을 크게 높여 주는 것이 있다.

다른 도구와 결합할 때 더 큰 효과를 내는 도구가 많다. 마이크로태스크라는 도구도 다르지 않다. 마이크로태스크를 사전 계획이라는 개념과 결합해서 활용하면 미루는 습관을 더 효과적으로 없앨 수 있다.

# 마이크로태스크를
# 사전 계획하면 더 큰 효과가 난다

큰 덩어리의 일을 하기 직전에 작은 덩어리로 나눠도 괜찮다. 하지만 사전에 잘 나눠 두면 더 좋다. 이것이 바로 사전 계획이다.

마이크로태스크의 한 가지 문제는 작업을 나눌 방법을 생각할 때 어디에서부터 시작할지가 늘 명확하진 않다는 점이다. 이런 불확실성 때문에 뇌가 어려운 일이라고 인식할 수 있다. 그러면 미루기 딱 좋은 상황이 연출된다.

그러나 작업을 사전에 계획해 두면 다르다. 어디에서 시작해야 할지 정확히 안다. 당장 해야 할 정확한 작업을 안다. 그리고 사전 계획을 세울 때 얻는 또 다른 중요한 이점도 있다. 그날 하루를 위한 생산적인 추진력이 생긴다는 점이다.

6장에서 얘기한 네이비 실 출신의 조코 윌링크는 자기 통제력을 유지하려고 할 때 추진력이 매우 중요하다고 했다. 그는 개인적인 경험을 바탕으로 의지력이 유한한 자원이라고 생각하지 않았다. 자기 통제력을 필요로 하는 활동을 계속하는 한 종일 자기 통제력을 유지할 수 있다고 보았다. 그리고 그에 따르면 추진력을 유지하는 가장 쉬운 방법은 절대 멈추지 않는 것이다.

그는 본인의 저서 『Discipline Equals Freedom(자기 통제력이 자유다)』에서 이렇게 말했다.

"망설이다가 순간이 지나가고 기회를 놓치며 적군이 우위를 차지한다. 망설임은 비겁함이 된다. 망설임은 우리가 전진하고 솔선수범하고 반드시 해야 하는 일을 실행하지 못하도록 막는다. 망설임은 우리를 패배시킨다. 따라서 우리가 망설임을 패배시켜야 한다.[3]

그는 자기 주장을 효과적으로 전달하기 위해 매일 아침 새벽 5시에 일어나서 체육관에 간다. 그리고 매일 아침 소셜 미디어에 자기 손목시계 사진을 올려서 팔로워에게 동기를 부여한다.

또 다른 저명한 네이비 실 윌리엄 맥레이븐(William McRaven) 제독이 텍사스대학교 졸업식에서 한 연설도 유명하다. 그는 이 연설을 통해 매일 아침 침대를 정리하는 게 중요하다고 강조했다.[4]

아침 일찍 일어나서 체육관에 가거나 침대를 잘 정돈하는 행위에는 특별할 게 없다. 하지만 이런 행위는 작은 승리다. 아침에 가장 먼저 작은 승리를 거머쥔다면 남은 하루를 위한 적절한 추진력이 생긴다.

생산적인 일로 하루를 시작하면 다른 생산적인 작업을 이어가기가 쉽다. 하지만 알람의 '다시 알림' 버튼을 누르거나 소셜 미디어를 훑어보며 하루를 시작하면 생산적인 일을 이어가기가 어렵다. 2장에서 얘기한 작업 전환의 한 형태인 마찰이 발생한다.

사전 계획이 중요해지는 것이 바로 이 지점이다. 근무일이 시작되기 전에 작업 목록을 사전 계획해 두었다면 마찰을 최소로 줄일 수 있다. 그러면 해당 시점에 무엇을 해야 할지 정확히 안다. 아직 뇌가 완전히 깨지 않았더라도 바로 생산적인 일을 함으로써 생산적인 모드로 수월하게 들어갈 수 있다. 그리고 그렇게 생산적인 추진력이 생긴다.

## 효과적인
## 사전 계획 방법

사전 계획 도구의 잠재력을 최대로 활용하려면 내일 할 일을 위한 계획을 세우기 전에는 퇴근하지 않는 습관을 들여야 한다. 이렇게 하면 하루 일과를 시작할 때 무슨 일을 할지 항상 정확하게 알게 될 것이다.

애자일 환경에서 일하는 소프트웨어 개발자라면 아마 칸반과 스프린트라는 개념에 익숙할 것이다. 잘 모르는 사람을 위해 간략히 설명하자면 스프린트는 소프트웨어 개발 팀이 정해진 기간 내에 하기로 계획한 작업 목록이다. 반면 칸반은 우선순위에 따라 완료해야 하는 연속 작업 목록이다. 사전 계획한 마이크로태스크 목록을 미니 칸반이나 미니 스프린트로 생각할 수 있다.

따라야 하는 또 다른 중요한 원칙이 있다. 하루 동안 쓸 마이크로 태스크 목록을 작성할 때는 과대평가하는 게 과소평가하는 것보다 낫다.

일하기와 계획하기 사이의 전환도 작업 전환이다. 다른 모든 작업 전환과 마찬가지로 멘탈 에너지를 소모한다. 그날 할 일을 이미 모두 마친 뒤에 계획 모드로 전환하는 건 큰 문제가 아니다. 일을 마친 후에는 어차피 집중을 유지할 필요가 없다. 하지만 업무를 하던 중간에 계획을 세우느라 방해를 받는 건 문제가 된다.

하루에 완료할 수 있는 작업량을 과소평가하면 근무 도중에 모든 작업을 완료해서 다음 할 일 목록을 생각해야 할 수 있다. 그건 첫 번째 작업 전환이다. 그리고 다시 업무 모드로 돌아온다. 그건 두 번째 작업 전환이다.

그러나 작업량을 과대평가하면 종일 생산적인 업무 모드로 있을 수 있다. 다음 날을 위해 계획을 세울 필요조차 없다. 그냥 남은 일을 계속하면 된다. 작업 흐름이 마음속에 여전히 생생하게 남아 있을 것이다.

근무 일정 마지막에 사전 계획을 하는 것이 좋은 이유가 또 하나 있다. 그쯤이면 멘탈 에너지를 많이 사용한 시점이어서 새로운 작업을 시작하는 건 현명하지 않다. 그러면 계획 세우기가 일에 방해가 되지도 않을 것이다.

이렇게 하는 건 그날 근무를 마감한다는 명확한 경계를 만드는 좋은 방법이기도 하다. 정기적으로 이렇게 하면 뇌는 이를 오늘 더 이상 일을 하지 않는다는 신호로 인식할 것이다. 일에 대한 생각으로 잠들지 못하는 소프트웨어 개발자가 많은데, 이렇게 하면 그 때문에 생기는 수면 장애를 막을 수 있다.

더 생각할 것이 남지 않았다. 머릿속에 있던 모든 생각을 이미 종이로 옮겼다. 종이에 쓴 모든 것은 내일 읽고 생각할 내용이다. 그러므로 남은 하루는 쉬어도 좋다.

그러나 개발자라면 모든 작업을 이렇게 할 수 없다는 걸 알고 있을 것이다. 일을 정확히 어떻게 나눌지 사전에 계획할 수 없을 때가 있다. 일부를 완료하기 전에는 다음에 무엇을 할지 모를 때도 있다.

하지만 이것은 문제가 아니다. 사전 계획을 하는 이유는 올바른 종류의 추진력을 만들기 위한 것이다. 계획이 완벽할 필요는 없다.

## 완벽한 계획을 세우지 못할까 봐
## 걱정할 필요가 없다

업무를 사전에 마이크로태스크로 나누든 말든 간에 해야 하는 작업량은 똑같다. 하지만 이렇게 해 두면 업무에 바로 뛰어들기가 훨씬 쉬워진다. 마이크로태스크와 사전 계획을 하는 이유가 바로 이것이다. 마찰을 최소로 줄이는 것.

사전 계획은 남은 하루 동안 따를 완벽한 계획이 필요해서 세우는 게 아니다. 생산적인 모드로 뛰어들고 추진력을 얻을 출발점으로 쓰려고 세우는 것이다.

많은 프로그래밍 문제는 해결책의 구체적인 단계를 사전에 알기가 어렵다. 그 정도로 명확하게 알려면 어느 정도 문제를 풀어야 한다. 그리고 이런 사실을 고려해서 사전 계획을 세워야 한다.

사전 계획을 세울 때 정확하게 정의해야 할 유일한 단계는 다음 단계다. 당신은 프로그래머로서 다음 단계는 예측할 수 있을 것이다. 그러면 사전 계획은 목적을 달성하는 것이다. 당신은 해야 할 일을 정확히 알 것이고 별생각 없이 바로 업무에 돌입할 수 있다.

하지만 이 정도 단계만 확정하면 된다. 나머지 단계는 필요한 경우 바뀔 수 있다고 생각하는 게 좋다. 마이크로태스크를 해 나가고 계획이 유기적으로 조정되면 다음 할 일이 조금 더 명확해진다.

계획을 조정해야 할 때마다 계획하는 시간을 별도로 가질 필요는 없다. 당신은 프로그래밍과 계획 세우기처럼 두 가지 다른 일 사이의 전환이 작업 전환이라는 걸 이미 알고 있다. 그리고 모든 작업 전환은 멘탈 에너지를 소모한다.

그 대신 작업 흐름을 조정해야 한다는 생각이 드는 즉시 최대한 빨리 계획을 조정하는 것이 좋다. 마이크로태스크를 하나씩 완료하다 보면 자연히 드는 생각이다. 한 단계를 완료하면 다음 할 일이 조금 더 명확해지므로 계획을 조정해야겠다는 생각이 든다.

사전에 계획해 둔 것보다 더 나은 아이디어가 떠오르면 계획의 다음 몇 단계를 바로 수정하라. 이렇게 하면 두 가지 다른 작업 사이에서 작업 전환이 일어나지 않는다. 그저 머릿속에 자연스럽게 떠오른 생각을 적는 것뿐이다. 그리고 아직 쉬고 싶지 않다면 바꾼 대로 작업을 이어가라.

계획의 단계를 유기적으로 조정하는 것과 계획 조정 시간을 따로 갖는 것에는 차이가 있다. 계획 단계를 유기적으로 조정하는 과정은 다음과 같이 이루어진다.

1. 마이크로태스크 목록에 따라 일한다.
2. 몇 개 항목을 완료한 후, 앞으로 해야 할 마이크로태스크 중에 바꿀 사항이 있을지 확인한다.
3. 바꿔야 한다고 생각하는 단계만 바꾼다.
4. 바꾼 대로 작업을 이어 가라.

계획을 다시 세우기 위해 작업을 멈추지 않는다. 작업을 이어 가면서 바꾸려는 부분만 바꾼다.

완벽한 계획을 세우지 못할까 봐 걱정할 필요가 없는 또 다른 이유는 혹시 몰입 상태에 들어간다면 그 상태에서는 계획에 대해 완전히 잊기 때문이다. 몰입 상태에서는 작업에 온전히 몰두한다. 계획이 적힌 종이나 스프레드시트를 보지 않고도 다음 할 일을 안다.

마이크로태스크 사전 계획 목록이 존재하는 이유는 매우 구체적인 두 가지 이유 때문이다.

1. 미루려는 충동을 쉽게 이기기 위해

**2.** 방해받았을 때 다음 할 일을 정확히 알기 위해

당신이 세운 계획이 이 두 가지 목적을 달성한다면 완벽한 계획이다. 일하는 동안 계획을 바꿔야 할까 봐 걱정하지 마라.

그러나 일하는 동안 조정을 최소로 줄이는 요령도 있다. 그럼 이제 마이크로태스크 목록에 맞는 최적의 구조에 대해 이야기해 보자.

## 최고의 효과를 내도록 마이크로태스크를 구성하는 방법

사실 하나의 마이크로태스크가 한 가지 원자 단위 기능만 나타내는 것이 이상적이다. 더 이상 나누는 게 의미가 없을 정도로 작아야 한다는 뜻이다.

물론 의미 있는 작업을 나타내야 하고 작업을 완료했을 때 성취감을 느낄 정도의 크기는 되어야 한다. 따라서 코드 한 줄은 의미 있는 마이크로태스크가 되기에 너무 작다. 기능 하나 정도면 마이크로태스크 하나가 되기에 적절할 수 있다.

마이크로태스크 하나가 어느 정도 크기여야 하는지 명확한 규칙은 없다. 준수해야 하는 원칙은 딱 두 가지다.

1. 의미가 있는 원자 단위의 작업이어야 하며 더 나누는 게 의미가 없어야 한다.

2. 뇌가 쉽다고 인식할 정도로 작아야 한다.

마이크로태스크 목록을 사전 계획하면서 사전에 전체 작업을 마이크로태스크로 잘 정의해서 나누는 게 가능할 때도 있다. 예를 들어 이미 그려 둔 와이어 프레임을 기반으로 UI를 작성해야 하는 기능을 만든다고 상상해 보자. 이 UI는 데이터베이스에 저장된 데이터에 의존해야 한다. 프런트엔드 UI와 데이터베이스 간 통신을 용이하게 하는 서버 측 백엔드 코드가 필요할 것이다.

이런 경우라면 정확히 무엇을 해야 할지 알 수 있다. 이 작업의 문제는 시간이 든다는 것뿐이다. 따라서 이 경우에는 모든 마이크로태스크를 처음부터 끝까지 정의할 수 있다. 하지만 앞서 말했듯이 프로그래머가 해결책의 구체적인 단계를 사전에 알기가 어려울 때도 종종 있다.

프로그래밍은 보일러플레이트 코드를 작성하고 표준적인 문제에 표준적인 해결책만 적용하는 게 아니다. 프로그래밍을 하려면 때로는 조사가 필요하다.

예를 들어 언어, 프레임워크, 라이브러리 등의 특정 기술이 특정 유형의 문제를 해결하는 최고의 도구라는 말을 어디에선가 들은 적 있다고 해보자. 그리고 당신이 딱 그런 유형의 문제에 직면했다. 하지만 전에 그 기술을 써본 적이 없다. 그러면 그 기술을 해결책으로 적용하기 전에 적합성을 평가하고 개념 증명을 제시해야 한다.

그 기술을 한 번도 써본 적 없는 상황에서 적합한 해결책을 도출하는 데 필요한 모든 단계를 아는 건 불가능하다. 그전에 우선 그 기술을 익혀야 한다.

이럴 때는 정확히 어떤 단계를 거쳐서 시작할지 대략 정하고 이를 마이크로태스크로 바꿀 수 있다. 하지만 그 단계를 완료한 후에 무슨 일을 해야 할지는 여전히 막연할 것이다.

이럴 때 계획을 세우는 가장 좋은 방법은 초반에 해야 할 구체적인 마이크로태스크를 최대한 많이 정의하는 것이다. 하지만 뒷부분에 대해서는 굵직한 작업 개요만 대략 정해 두었다가 나중에 구체적인 마이크로태스크로 바꿔라. 그러면 작업을 진행하는 도중에 계획을 다시 세울 필요는 줄어들고 다음에 무엇을 할지 조금 더 명확히 알 수 있다. 그리고 뒷부분에 대한 계획만 더 작은 단위로 나누는 것만 하면 된다. 이렇게 하는 게 훨씬 더 쉽다.

분산 애플리케이션 개발이나 마이크로서비스 아키텍처에 익숙한 사람이라면 이렇게 계획을 세우는 원칙이 애플리케이션 아키텍처를 정의할 때 쓰이는 모노리식 우선 접근법과 비슷하다는 걸 알 것이다. 이 접근법은 '모노리식(monolithic)'이라고 알려진 큰 애플리케이션으로 시작한다. 그리고 반복적인 방식으로 애플리케이션 개발을 진행하면서 애플리케이션의 어떤 부분을 격리할 수 있는지 명확해지면 해당 부분을 개별적인 마이크로서비스로 나눈다.[5] 작업을 계획할 때 적용되는 원칙도 똑같다. 다만 더 작은 원자 단위로 나누는 대상이 소프트웨어 애플리케이션이 아니라 프로그래밍 작업인 것이다.

자, 지금까지 마이크로태스크 사전 계획을 효율적으로 세우는 방법을 배웠으니 이제 표준 소프트웨어 개발 업무의 몇 가지 사례를 살펴보고 그중 어떤 것이 마이크로태스크로 정의되는 기준을 충족하는지 확인해 보자.

## 무엇이
## 마이크로태스크일까?

다음은 소프트웨어 개발자가 자주 하는 작업의 몇 가지 예시다.

- 분산 애플리케이션의 프런트엔드 코드 작성

- 사용자 인터페이스에 구성 요소 추가

- 분산 애플리케이션 내부에 마이크로서비스 작성

- 클래스에 대한 인터페이스 정의

- 함수나 메서드 작성

- 단위 테스트 작성

- 데이터베이스 스키마 정의

각각을 차례로 살펴보면서 마이크로태스크로 분류할 수 있는지 확인해 보자.

# 분산 애플리케이션의 프런트엔드 코드 작성

전문가 수준의 소프트웨어 애플리케이션에서 프런트엔드나 사용자 인터페이스는 비교적 크고 복잡한 애플리케이션 구성요소이며, 이를 다룰 자격을 갖춘 프런트엔드 전문가나 풀스택 개발자가 몇 주는 아니더라도 며칠을 들여 만들어야 한다. 그러므로 마이크로태스크로 분류할 수 없다.

하지만 몇 가지 예외가 있을 수 있다. 예컨대 개발 중인 사용자 인터페이스가 내부 사용자만 사용하도록 의도된 매우 단순한 인터페이스인 경우가 있다. 그러면 단일 프로세스를 위한 상태 화면이거나 매우 기본적인 웹 양식일 것이다. 아니면 웹 애플리케이션에서 사용할 수 있는 웹 API 엔드포인트를 시각화한 것에 불과한 UI일 수 있다. 시각화를 위한 표준 라이브러리도 이미 존재할 것이다. 이런 경우라면 UI 작성을 마이크로태스크로 볼 수 있다.

그러나 이런 예는 정말 예외적인 경우일 것이다. 아주 보기 좋게 만들 필요는 없을지 모르나 내부 사용자도 복잡한 UI를 요구할 수 있다. 예를 들어 내부 사용자가 하나의 지표에 대한 정보가 아니라 다양한 상태를 전체 대시보드로 보고 싶어할 수도 있다.

따라서 프런트엔드를 만드는 업무라면 대체로 마이크로태스크로 나눌 수 있어야 한다. 이런 경우 가장 좋은 방법은 사용자 인터페이스의 폼 구성요소 중에서 어떤 요소가 서로 개별적으로 추가할 수 있는지 정하는 것이다. 또한 마크업 정의, 스타일 적용, 자바스크립트 추가 같은 작업은 대개 별도로 나눠야 한다.

## 사용자 인터페이스에 컴포넌트 추가

사용자 인터페이스에 컴포넌트를 추가하는 작업이 별개의 마이크로태스크가 될 수 있는 좋은 후보라는 점은 앞서 확인했다. 하지만 여기엔 주의할 점이 있다. 마이크로태스크로 나눌 수 있을지는 컴포넌트의 크기에 달려 있다는 점이다.

해당 컴포넌트가 단순히 양식 내의 텍스트 상자라면 별도의 마이크로태스크로 나누기에는 너무 작다. 그 정도면 코드 한 줄에 해당하는 단일 HTML 요소일 수 있다. 하지만 구체적인 스타일링, 자바스크립트 기반 로직이 없는 전체 양식의 레이아웃이라면 마이크로태스크로 나누기 적절한 후보다. 작은 작업이긴 해도 의미 있는 한 덩어리의 기능으로 볼 수 있다.

마이크로태스크로 나누기에 너무 큰 컴포넌트도 있다. 예를 들어 UI 안의 UI가 있을 수 있다. 아니면 버튼 하나인데도 꽤 복잡한 맞춤 스타일링과 애니메이션이 필요할 수 있다.

UI 작업을 어떻게 나눌지 엄격한 규칙이 존재하는 건 아니다. 사용자 인터페이스마다 요구사항이 제각기 다르기 때문이다. 그러나 경험상 30분 이상 걸릴 것 같다면 더 작은 덩어리로 나눌 수 있다.

## 분산 애플리케이션 내부에 마이크로서비스 작성

분산 애플리케이션 내에 있는 마이크로서비스도 사용자 인터페이스와 마찬가지로 마치 별도의 독립된 애플리케이션처럼 작성된다. 모든 구성요소(클래스, 인터페이스, 통신 메커니즘, API 등)를 정의해야 할 뿐 아니라 단위 테스트 작성, 지속적 통합 파이프라인 생성, 릴리스 노트 작성 같은 보조적인 작업도 해야 한다.

마이크로서비스 작성은 절대 원자 단위의 작업이 아니다. 모범 사례를 따르고 테스트 자동화 같은 부분도 놓치지 않으려면 마이크로서비스를 완료하는 데 꽤 시간이 든다. 그러므로 마이크로태스크

하나의 범위 내에서 절대 완료할 수 없다.

## 클래스에 대한
## 인터페이스 정의

객체 지향 프로그래밍에서 인터페이스는 클래스나 구조체 같은 특정 함수 객체가 가져야 하는, 접근 가능한 필드, 속성, 함수(메서드라고도 함) 목록이 있는 객체 유형이다. 인터페이스에는 구현 세부 정보를 비롯한 다른 유형의 로직이 없다. 멤버 함수의 이름, 반환하는 데이터 유형, 허용되는 매개변수만 지정한다.

인터페이스 정의를 마이크로태스크로 정의할 수 있는지 여부는 인터페이스의 복잡성에 따라 다르다. 인터페이스 작성이 마이크로태스크의 범위로 볼 정도로 큰 경우는 결코 없다. 그러나 때로는 너무 작을 수도 있다.

인터페이스를 몇 가지 정의만으로 정의했고 이런 정의의 구현 방법을 이미 알고 있다면 인터페이스 작성에 기껏해야 몇 분 정도 들 것이므로 별도의 작업 단위로 나누기에 너무 작다.

하지만 인터페이스의 구조를 생각해야 한다면 마이크로태스크로 나누기 적합하다.

## 함수나 메서드
## 작성

함수나 메서드 작성도 인터페이스 정의와 비슷하다. 얼마나 복잡한 지에 따라 달라진다.

매우 기본적인 계산을 수행하거나 데이터 저장소에서 가져온 값을 단순히 반환하는 함수를 작성해야 한다면 별도의 작업 단위로 나누기에 너무 간단하고 작다.

하지만 여러 의존성과 상대적으로 복잡한 관계를 이루고 있거나 비교적 복잡한 계산을 하는 함수를 작성할 때도 있다. 이럴 때는 모범 사례도 염두에 두어야 한다. 이를테면 함수를 여러 함수로 나눠서 단일 책임 원칙을 준수하게 하는 방법도 생각해야 한다. 이는 원자 단위의 마이크로태스크로 분류하기에 확실히 좋은 후보일 것이다.

## 단위 테스트
## 작성

단위 테스트 작성 역시 테스트의 복잡성에 따라 달라진다.

TDD(Test-Driven Development)(테스트 주도 개발) 원칙을 엄격히 준수한다면 실제 코드를 작성하기 전에 많은 시간을 들여서 테스트 커버리지를 고려해야 한다. 이 경우 각 테스트도 마이크로태스크 하나로 분류할 수 있다.

TDD 원칙을 매우 정확히 따르지 않을 때도 복잡한 동작은 테스트를 통해 유효성을 검증해야 한다. 이 경우에도 어느 정도 고민이 필요하며 하나의 테스트는 충분히 하나의 작업 단위로 볼 수 있다.

그러나 아주 단순한 테스트를 잔뜩 작성해서 충분한 테스트 커버리지를 확보해야 할 때도 있다. 애플리케이션의 모든 부분이 복잡하지는 않다. 단순한 동작 단위를 검증할 때는 단순한 테스트로면 충분하다. 이 경우에는 마이크로태스크 하나에 여러 테스트를 할당하는 게 낫다.

## 데이터베이스 스키마 정의

데이터베이스 스키마를 정의할 때는 데이터베이스 생성 스크립트 작성에 아직 돌입하지 않는다. 데이터베이스를 위한 최상위 수준의 설계와 테이블 간의 관계를 그려 볼 뿐이다.

대체로 스키마 정의는 별도의 마이크로태스크로 분류할 수 있다. 하지만 관계가 복잡한 데이터베이스를 설계해야 할 때도 간혹 있다.

데이터베이스 스키마는 아마도 반복적인 방식으로 개발해야 할 것이다. 어떤 때는 초기 설계를 정규화해서 데이터를 가장 효율적으로 저장하게 해야 한다. 그 반대로 스키마를 비정규화해서 데이터베이스 성능을 높여야 할 때도 있다.[6]

데이터베이스 스키마 개요 작성을 비교적 짧은 반복 주기 한 번에 마칠 수 있다고 확신한다면 스키마 설계를 마이크로태스크로 삼아도 된다. 그렇지 않다면 반복 주기를 몇 차례 수행해야 할지 예상해 보라. 반복 주기 하나를 마이크로태스크 하나로 삼아라.

테이블이 많은 큰 스키마라면 마이크로태스크 하나당 상호 관련 있는 테이블 몇 개와 그 관계의 개요를 작성하는 데 집중해야 할 것이다.

지금까지 개발자들이 평소 자주 처리하는 작업의 일반적인 예를 몇 가지 살펴보았다. 다음으로는 마이크로태스크가 실생활에 어떻게 적용되는지 구체적인 사례를 살펴보자.

# 생활 속
# 마이크로태스크

나는 프로그래밍 업무를 할 때 사전 계획을 세우고 마이크로태스크로 나눈 후에 코딩을 시작한다. 한때 윈도와 리눅스 양쪽에서 오디오를 재생할 수 있는 애플리케이션을 개발한 적이 있었는데 그때의 상황을 예로 들어보겠다.

당시 내가 일했던 회사는 철도역의 하드웨어 및 소프트웨어 정보 시스템을 담당했다. 내가 맡은 업무는 역 플랫폼에서 안내 방송을 재생하는 소프트웨어를 개발하는 일이었다.

소프트웨어는 IoT(Internet of Things)(사물 인터넷) 제품군의 일부였고 리눅스를 실행하는 단일 보드 컴퓨터에 설치할 예정이었다. 하지만 나를 포함한 회사의 소프트웨어 개발자들은 윈도를 사용하는 컴퓨터에서 소프트웨어를 작성했다. 이 때문에 소프트웨어를 윈도, 리눅스 양쪽에서 작동되는 방식으로 작성해야 했다.

우리 개발자들에게는 또 다른 제약사항이 있었다. 우리가 사용한 기술 스택은 마이크로소프트 닷넷(.NET)이었다. 이것이 개발자 모두가 한 명도 빠짐없이 경험한 스택이었다. 따라서 다른 기술 스택을 사용하는 것이 정책상 허용되지 않았다. 특정 기능이 닷넷에서 수행되지 않는다고 100% 확신하지 않는 한 말이다.

당시 나는 오디오를 재생하는 앱을 어떻게 작성해야 할지 전혀 몰랐다. 게다가 이 업무를 맡기 전까지는 리눅스를 써 본 적이 없었다. 그래서 나에게 이 업무는 엄청나게 거대해 보였다. 본능을 따르자면 마냥 미루고 싶었다.

하지만 본능을 무시했다. 당시 닷넷 플랫폼의 변형인 닷넷 코어가 윈도와 리눅스 양쪽에서 작동할 거라는 사실을 알고 있었다. 그래서 계획을 세웠고 초기 작업은 다음과 같이 나뉘었다.

- 실행되는 운영 체제와 상관없이 닷넷 코어에서 오디오를 재생할 수 있는 기존 라이브러리 목록을 컴파일하기
- 각 라이브러리가 해당 프로젝트에 적합한지 평가하기(각 라이브러리에 대한 평가를 개별적인 작업으로 취급했다)
- 적합한 라이브러리가 없으면 새 작업 목록을 컴파일하기

이 정도면 시작하기 충분했다. 그리고 엄청나게 거대한 업무처럼 느껴지지 않았다. 그래서 바로 작업에 뛰어들었다.

안타깝게도 첫 시도에 성공하지 못했다. 닷넷 코어 애플리케이션으로 오디오를 재생할 수 있는 기존 라이브러리를 몇 개 찾았지만 어떤 것도 프로젝트에 적합하지 않았다. 내가 조사한 모든 라이브러리는 특정 운영 체제에서만 작동하거나 별도로 컴파일해야 하는 컴포넌트 또는 고가의 유료 컴포넌트에 의존했다.

그래서 다시 계획 단계로 돌아갔다. 이때 새로 만든 마이크로태스크 목록은 다음과 같았다.

- 기존 무료 크로스 플랫폼 기술 중에서 오디오 재생 기능이 내장되어 있거나 신뢰할 만한 서드파티 라이브러리를 이용할 수 있는지 찾아보기
- 이 기술이 닷넷 코어와 어떻게 통합될 수 있는지 조사하기
- 내가 만들 앱에 로직 구현하기
- 윈도에서 앱 테스트하기
- 리눅스에서 앱 테스트하기
- 애플리케이션 마무리하기

그리 오래 걸리지 않아 첫 번째 작업을 완료했다. 자바스크립트 기반의 프로그래밍 플랫폼인 Node.js가 어떤 운영 체제에서든 실행된다는 걸 이미 알고 있었다. IoT 개발자들에게 인기 있는 플랫폼이기도 했다. 그래서 Node.js로 작업에 착수했다.

그리고 다른 기술을 더 찾아볼 필요가 없었다. 해당 플랫폼에는 운영 체제에 상관없이 오디오를 재생할 수 있는 몇 가지 라이브러리가 이미 있었다. 설정하기도 쉬운 편이었다.

다행히 두 번째 항목도 오래 걸리지 않아 완료했다. 닷넷 코어의 내장 라이브러리에는 컴파일된 닷넷 코드와 Node.js 애플리케이션을 통합하는 기능이 있었다.

나는 이 기술을 리눅스와 윈도, 양쪽에서 테스트하고 오디오를 재생하여 들어 본 후 애플리케이션을 배포할 수 있게 리팩터링했다. 애플리케이션의 로직 대부분을 닷넷에서 작성하고 오디오 재생에 꼭 필요한 컴포넌트만 Node.js로 작성하여 회사 정책을 준수했다.

며칠 전에는 불가능해 보였던 작업을 완료했고 요구사항을 충족시켰으며 상사는 만족했다.

나중에는 내가 사용했던 Node.js 라이브러리의 원본 코드를 살펴보고 전체 애플리케이션을 재작성해서 순수 닷넷 애플리케이션으로 바꾸었다. 그러나 그건 다른 작업이었다.

나는 마이크로태스크 덕분에 업무의 많은 부분을 완료할 수 있었다고 생각한다. 마이크로태스크가 아니었다면 완료하는 데 훨씬 더 오랜 시간이 걸렸거나 아예 완료하지 못했을 것이다. 하지만 마이크로태스크는 하나의 도구에 불과하다. 그리고 다른 모든 도구와 마찬가지로 모든 상황에 다 맞는 건 아니다.

## 마이크로태스크와
## 사전 계획이 방해가 될 때

업무를 마이크로태스크로 나누는 주된 이유는 일을 훨씬 더 작고 쉬워 보이도록 뇌를 속여서 그 일을 완수하려는 노력을 잠재의식이 방해하지 못하게 하는 데 있다는 걸 기억하라. 그리고 마이크로태스크를 사전 계획하는 주된 이유는 방해를 받더라도 다음에 무엇을 할지 항상 알고 있어 적절한 추진력을 훨씬 더 빠르게 얻게 하는 데 있다.

하지만 이 두 가지 용도를 벗어나면 마이크로태스크는 오히려 방해가 될 수 있다.

이미 무엇을 할지 알고 있고 당장 작업에 착수할 수 있다면 바로 일을 시작하는 게 좋다. 일할 만한 정신적인 준비가 되어 있고 미루려는 충동이 아예 없거나 참을 만하다면 자신이 하던 작업에서 주의력을 분산시킬 이유가 없다. 정신이 맑을 때 바로 작업을 완수하라. 해당 시점에는 불필요한 활동에 멘탈 에너지를 낭비하지 마라.

주의력을 프로그래밍에서 빼돌려서 마이크로태스크 나누기에 쓰는 건 작업 전환의 한 형태다. 이미 알고 있듯이 작업 전환은 멘탈 에너지를 낭비시킨다. 미루려는 충동과 싸우기와 마이크로태스크 나누기, 둘 중에 하나를 골라야 할 때는 후자가 더 좋다. 하지만 작업에 집중할 준비가 되어 있는 상황이라면 계획 세우기가 실제 업무에 쓸 수 있는 멘탈 에너지를 소모시킬 뿐이다.

몰입 상태에 들어갔을 때도 똑같다. 몰입 상태에서는 업무에 완전히 몰두하고 있고 현재 하던 업무 덩어리를 완료한 다음에 무엇을 할지 안다. 이 모든 일이 유기적으로 일어난다.

몰입 상태가 끝났다면 계획을 세워도 좋다. 하지만 업무에 완전히 몰두하고 있을 때는 계획을 세우지 마라. '존'에서 너무 일찍 빠져나올 뿐이다. 몰입이 깨진다. 몰입했을 때에 비해 완료하는 일의 양이 줄어든다. 완료한 일의 품질도 떨어질 것이다.

마이크로태스크를 사용할지 고민될 때 따를 만한 간단한 규칙이 있다. 해야 할 일을 정확히 알고 있고 그 일을 하겠다는 충분한 열정이 있다면 굳이 마이크로태스크를 쓸 필요가 없다. 하지만 그렇지 못할 때는 마이크로태스크를 적용하는 습관을 길러라.

지금까지 여러분은 미루려는 충동을 물리치고 생산적으로 일할 추진력을 만들어서 몰입 상태에 들어가는 매우 효과적인 도구 중 하나를 배웠다. 하지만 마이크로태스크가 유일한 무기는 아니다. 다른 목적으로 쓰이지만, 그만큼 강력한 다른 도구도 있다.

이런 도구 중 하나로 지적확인 환호응답(Shisa Kako)이 있다. 원래 일본에서 개발되었고 다양한 산업에서 활발하게 쓰이지만, 특히 철도 산업에서 활용된 것으로 유명하다.

지적확인 환호응답은 사용자가 장시간 강력한 집중력을 유지하고 중대한 실수를 방지하도록 특별히 고안된 개념이다. 이 두 가지 이점은 프로그래머의 업무에 있어 매우 큰 가치가 있다. 그리고 이 시스템은 프로그래밍을 비롯한 어떤 업무 분야에도 적용할 수 있을 정도로 범용성을 갖고 있다.

그래서 다음 장을 지적확인 환호응답을 알아보는 데 할애했다. 지적확인 환호응답이 무엇이고 프로그래머에게 어떤 이점을 제공하는지 배우게 될 것이다.

# 참고 문헌

1. 나오미 투투(Naomi Tutu), 『The Words of Desmond Tutu: Second Edition(데즈먼드 투투의 말: 제2판)』, William Morrow

2. 크리스 노스우드(Chris Northwood), 『The Full Stack Developer: Your Essential Guide to the Everyday Skills Expected of a Modern Full Stack Web Developer(풀스택 개발자: 현대 풀스택 웹 개발자에게 요구되는 일상적인 기술에 대한 필수 가이드)』

3. 조코 윌링크, 『Discipline Equals Freedom: Field Manual(자기 통제력이 자유다: 필드 매뉴얼)』, St. Martin's Press

4. 윌리엄 H. 맥레이븐 제독, 텍사스대학교 오스틴 캠퍼스 졸업식 연설, 2014년 5월 17일, https://news.utexas.edu/2014/05/16/mcraven-urges-graduates-to-find-courage-to-change-the-world/

5. 샘 노이만(Sam Neuman), 『Monolith to Microservices: Evolutionary Patterns to Transform Your Monolith(모노리식에서 마이크로서비스로: 모노리식을 변환시키는 혁신적인 패턴)』, O'Reilly

6. 토머스 코널리(Thomas Connolly), 『Database Systems: A Practical Approach to Design, Implementation, and Management, Global Edition(데이터베이스 시스템: 설계, 구현, 관리에 대한 실용적인 접근법, 글로벌 에디션)』, Pearson

# 9

## 지적확인 환호응답 -
## 존에 쉽게 들어가는
## 일본 기법

우리의 활동을 겉으로 드러내고 실현하고 세상에 내놓는 것이 중요하다. 머릿속 생각을 밖으로 꺼내 세상에 녹여 내면 갑자기 정보의 추가적인 원천이 생겨서 우리를 안내한다. 우리의 행동을 세상에 녹여 내면 기억해야 한다는 부담이 줄고 작업에 대한 새로운 정보를 활용하여 앞으로 나아갈 수 있다.

크리스토퍼 루슨(Christopher Roosen)

사람들이 프로그래밍을 직업으로 선택하는 이유는 다양하다. 돈 때문일 수도 있고 인정받는 분야라고 생각하기 때문일 수도 있다. 하지만 이 분야에서 가장 성공한 사람들은 대체로 기술 전반에 대해, 특히 프로그래밍에 대해 어느 정도의 열정을 가진 사람들이다.

대중문화에서는 소프트웨어 개발을 흥미로운 일과 연관 지어 묘사한다. 소프트웨어 엔지니어는 SF 영화에서만 볼 수 있었던 것들을 만드는 발명가로 그려진다. 물론 하드웨어 엔지니어, 디자이너를 비롯한 기타 기술 전문가도 자기 역할을 하겠지만 현대 사회에서 당연하게 여겨지는 모든 기술적 혁신은 소프트웨어 덕분에 가능해졌다.

전 세계 어디에서나 연락을 주고받고 심지어 실시간으로 얼굴을 보고 목소리를 들을 수 있게 해준 건 소프트웨어 개발자다. 자동차 자율 주행을 가능하게 한 것도 소프트웨어 개발자다. 소프트웨어 개발자가 없었다면 하늘을 나는 드론으로 누구나 조종사가 된 느낌을 경험하는 일도 없었을 것이다.

그리고 이러한 혁신은 사람들이 소프트웨어 개발자가 되는 매우 큰 이유이기도 하다. 이들은 혁신의 최전선에 서기를 원한다. 새로운 제품의 발명에 참여하기를 바란다. 그리고 앞으로의 경력에 흥미진진한 일이 가득하길 바란다.

하지만 안타깝게도 프로그래머로서 하는 모든 일이 화려하고 흥미진진한 건 아니다. 맞다. 틈새 분야와 회사를 적절히 골랐다면 흥미진진한 프로젝트에 많이 참여할 가능성이 높다. 하지만 가장 혁신적인 기술 분야의 가장 혁신적인 팀에서 일하더라도 정기적으로 지루한 작업을 하는 건 피할 수 없다.

과거에 반복적으로 작성한 코드와 매우 비슷한 보일러플레이트 코드를 많이 작성해야 한다. 문서를 작성해야 한다. 자동화된 테스트를 작성해서 코드의 모든 부분이 예상대로 작동하는지 확인해야 한다. 다른 사람이 작성한 코드의 버그를 수정해야 한다. 그리고 그 외 많은 일상적인 업무를 하는 와중에 자신이 작성한 소프트웨어가 충분한 로그 항목과 지표를 생성하는지 확인해서 기술 지원 팀(또는 심지어 자기 팀)에서 소프트웨어 문제를 진단할 수 있게 해야 한다.

전체 업무의 일부이긴 하겠지만 지루하고 일상적인 작업을 피할 수 없는 게 현실이다. 그리고 그런 작업을 할 때는 집중을 유지하기가 가장 어렵다.

지루한 업무는 일을 하는 것 자체가 짐으로 느껴진다. 그런 일을 마이크로태스크로 나누면 약간 나아지긴 하겠지만 그래도 지루하다는 생각이 완전히 사라지진 않는다. 이럴 때는 하고 있는 작업보다 더 흥미로운 일이 저절로 생각난다. 그리고 이런 생각은 집중을 방해한다.

눈앞의 작업에 100% 집중할 수 없으면 몇 가지 문제가 발생한다. 우선 비슷한 분량의 작업을 하더라도 온전히 집중해서 할 때보다 더 오랜 시간이 든다. 실수할 확률도 더 높다.

100% 집중하지 않으면 중요한 세부 사항을 놓칠 수 있다. 같은 이유로 결과물의 품질이 집중할 때보다 좋지 않다.

게다가 온전히 몰두하지 못하면 이미 한 일과 해야 할 일이 무엇인지 깜빡하기 쉽다. 그래서 이렇게 집중하지 못하면 했던 일을 실수로 또 하기 쉽다. 그러면 작업은 더 느려진다.

하지만 다행히 이 모든 문제는 고칠 수 있다. 단조로운 반복 작업에 온전히 집중하도록 일본에서 고안된 기법, 지적확인 환호응답(指差確認 喚呼應答)(시사칸코)이 있다. 일본에서는 이 기법이 철도업이나 제조업처럼 안전이 중요한 산업에서 일상적으로 활용된다. 그리고 이 기법의 효과는 여러 차례 입증되었다.

이 기법을 사용하면 지루한 일을 할 때도 온전히 몰두하도록 도와준다. 생산성이 높아지고 결과물의 품질이 좋아지며 우발적인 실수가 줄어든다.

온전히 몰두하면 작업이 더 이상 지루하게 느껴지지 않을 것이다. 작업에서 어느 정도 즐거움을 느끼기 시작할 것이다. 그리고 몰입하기 어려운 일을 하고 있을 때도 몰입 상태에 들어갈 가능성이 높아진다.

그러면 우선 지적확인 환호응답이 무엇이고, 작동 방법은 어떠하며, 어떻게 만들어졌는지 알아보자. 그리고 이 기법을 소프트웨어 개발이라는 맥락에 적용할 방법도 살펴보자.

## 지적확인 환호응답은
## 지루한 작업에 집중을 유지하도록 도와준다

일본의 기차역에 가 본 적이 있거나 그곳을 찍은 동영상을 본 적이 있다면 여러 역무원이 끊임없이 혼잣말하면서 손짓하고 있다는 걸 눈치챘을지 모른다. 역무원 옆에 아무도 없다면 무슨 상황인지 모르는 사람의 눈에는 심지어 우스꽝스러워 보일 수 있다.[1] 하지만 이것이 지적확인 환호응답을 실행하는 모습이다. 모든 역무원이 이에 대한 교육을 받는다.

일본어로 지적확인 환호응답은 '가리키고 부른다(Pointing and Calling)'는 뜻이다. 이 기법을 실행하는 사람은 본인이 하는 모든 정신적 활동에 손짓과 구두 설명을 덧붙인다.

예를 들어 지적확인 환호응답을 따르는 철도 기관사는 속도계를 단순히 눈으로 보면서 기차 속도를 확인하지 않는다. 속도계를 손가락으로 가리키며 본인이 수행 중인 일을 말로 설명하고 현재 속도가 얼마인지 소리 내어 알린다.

선로를 돌아다니며 선로 상태를 확인하는 일을 하는 철도 선로 엔지니어도 마찬가지다. 선로 특정 구역의 방향을 살펴보고 상태가 양호한지 머리로만 기억하는 게 아니라 선로를 보고 상태가 양호하다고 소리 내어 알린다.

다양한 직군의 역무원이 온종일 수없이 많은 정기 점검을 한다. 이런 점검은 대부분 모든 게 정상 작동하는지 그냥 확인하는 데서 끝난다. 하지만 지적확인 환호응답이 적용되면 모든 점검에 손짓과 구두 설명을 덧붙인다.

당신이 본 일본 역무원은 너무 지루한 나머지 아무렇게나 움직이며 혼잣말하는 게 아니다. 오히려 프로토콜(규정)을 정확히 지키고 있는 중이다. 그리고 이 프로토콜은 이들이 지루해지거나 중요한 세부사항을 놓치지 않도록 특별히 고안된 것이다.

지적확인 환호응답은 그저 상사가 시켜서 하는 무의미한 의식이 아니다. 이 시스템은 일본의 철도 산업에서 아주 오랫동안 보편적으로 적용되다가 나중에 다른 분야와 국가에서도 채택되었다. 이렇게 된 이유는 안전성과 성과 면에서 이 시스템의 효과가 입증되었기 때문이다.

일본의 철도는 세계적으로 시간 엄수와 안전성 면에서 뛰어나기로 유명하다. 인구 밀도가 높고 인프라가 복잡한데도 고속 철도조차

1분 이상 지연되는 일이 거의 없다.[2] 물론 훌륭한 계획을 토대로 운영하기에 가능한 일이다. 하지만 부분적으로는 철도망 운영에 참여하는 모두가 항상 제대로 집중하고 있다는 사실도 이런 결과를 달성하는 데 기여하는 바가 있다. 이 덕분에 이들은 문제를 빠르게 알아내고 제때 처리할 수 있다. 철도망을 운영하려면 반드시 불가항력적인 상황에 대응해야 한다. 일본처럼 철도망이 복잡한 국가에서는 더군다나 불가피할 것이다. 그런데도 쉽게 관리할 수 있다. 그리고 지적확인 환호응답이야말로 모든 역무원이 근무 중에 온전히 집중하도록 보장하는 것이다.

그런데 지적확인 환호응답이 집중을 유지하는 데 이토록 효과적인 이유는 무엇일까? 효과를 확인하는 과학적 증거가 있을까? 알고 보니 이 기법이 이토록 효과적인 건 이 기법의 단순성 덕분이었다. 그리고 그 효과는 실제로 많은 과학적 증거가 뒷받침한다.

## 지적확인 환호응답이
## 이토록 효과적인 이유

지적확인 환호응답이라는 시스템은 어디에서 왔을까? 정확한 기원은 추적하기 어렵지만 20세기 초에 철도 엔지니어로 근무한 호리

야소이치가 시작했다고 보는 이들이 많다. 그는 시력이 점점 나빠지자 실수를 최대한 줄이려고 자신이 본 신호를 소리 내어 부르기 시작했고 이를 철도 기관사가 확인했다.

이것이 지적확인 환호응답을 실제로 사용한 첫 번째 사례인지는 알기 어렵다. 하지만 이 사례가 1913년 공식 철도 운영 매뉴얼에 실렸다.[3]

가리키고 부르기가 과학적인 환경에서 유래한 건 아니지만 그 효과는 과학에 의해 여러 차례에 걸쳐 입증됐다. 예를 들어 일본 철도 종합 기술 연구소의 연구진은 가리키고 부르는 기법을 어느 정도 판단이 필요한, 단순하고 지루한 반복 작업에 적용할 때 인적 오류가 거의 85%까지 감소한다는 것을 발견했다. 기존 기준 오류율은 작업 100개당 약 2.38이었다. 하지만 이 수치는 가리키고 부르기를 작업에 적용한 후 약 0.38까지 떨어졌다.[4]

그러나 지적확인 환호응답이 매우 큰 효과를 낸다고 과학적으로 입증된 건 인적 오류를 줄이는 측면만이 아니었다. 연구에 따르면 반복 작업과 작업 전환 도중의 성과도 높이는 것으로 나타났다.

다양한 분야의 연구진으로 구성된 연구팀이 실험을 진행하며 참가자들에게 일련의 작업을 수행해 달라고 요청했다. 이들은 테스트 그룹을 작업 규칙이 계속해서 바뀌는 그룹과 그대로 유지된 그룹으로 나누었다. 또한 작업하는 동안 가리키고 부르기를 수행한 그룹과 그렇지 않은 그룹으로 나누었다.

연구 결과는 가리키고 부르기가 실제로 성과를 향상시킨다는 걸 명확히 보여 주었다. 규칙이 계속 바뀌는 작업이나 규칙이 그대로 유지되는 작업이나 결과는 마찬가지였다. 가리키고 부르기는 지루하고 반복적인 작업을 할 때만 집중력을 유지하도록 도와주는 게 아니었다. 작업 전환도 훨씬 더 효과적으로 할 수 있도록 도왔다. 참가자들은 손짓하고 말하는 행동이 추가되는데도 가리키고 부르기 때문에 인지 부하가 증가하지 않았다고 보고했다.[5]

지적확인 환호응답이 이토록 효과적인 이유는 특정 작업을 하도록 인체의 여러 시스템을 조정하면 자동 조종 모드가 꺼지기 때문이다. 게다가 하던 작업을 방해하는 다른 생각을 할 만한 여지가 거의 없다.

지적확인 환호응답이 지루하고 반복적인 작업을 해야 하는 상황에서 집중력을 유지하도록 도와주는 보편적인 도구인 이유가 바로 여기에 있다. 철도 산업에서 유래한 기법이지만 그 유용성은 특정 산업에 국한되지 않는다.

## 지적확인 환호응답의 유용성이 철도업계에만 국한되지 않는 이유

의료기기 설계 및 개발 전문 회사인 케임브리지 메드테크 솔루션(Cambridge Medtech Solutions)의 이사인 스튜어트 케이(Stuart Kay)는 지적확인 환호응답을 열렬히 지지한다. 그는 이 체계를 광범위하게 연구했고 의료 분야에서 인적 오류를 최소화할 가장 효과적인 도구 중 하나로 이 기법을 적극적으로 홍보해 왔다. 그는 이런 효과 뒤에 다음과 같은 이유가 있다고 강조했다.

"지적확인 환호응답은 청각, 운동 감각, 시각 자극을 활용해서 주의력이 부족한 상태로 작업을 수행하지 못하게 하는 행동 기반 접근법이다. 작업자는 일상적인 작업을 '자동 조종' 모드로 수행하지 않고 반응을 조정해서 작업 대상을 가리키고 상태를 불러야 한다. 이 과정은 집중력과 주의력을 요구하며 인적 오류의 가능성을 낮춘다.

과학적 연구에 따르면 작업자가 지적확인 환호응답을 활용할 때 뇌의 전두엽으로 가는 혈류가 증가하는 것으로 나타났다. 전두엽은 주의력을 통제하는 뇌 영역이다. 지적확인 환호응답은 학습 효과를 높이고 신경 경로를 강화해서 집중력과 주의력을 날카롭게 한다. 오류 발생은 극적으로 감소하며 큰 효과를 낸다."[6]

UX 디자이너 겸 블로거인 크리스토퍼 루슨도 지적확인 환호응답을 열렬히 지지한다. 그는 이 기법에 대해 이런 말을 했다.

"우리의 활동을 겉으로 드러내고 실현하고 세상에 내놓는 것이 중요하다. 머릿속 생각을 밖으로 꺼내 세상에 녹여 내면 갑자기 정보의 추가적인 원천이 생겨서 우리를 안내한다. 우리의 행동을 세상에 녹여 내면 기억해야 한다는 부담이 줄고 작업에 대한 새로운 정보를 활용하여 앞으로 나아갈 수 있다."[7]

지적확인 환호응답은 어떤 산업에서나 보편적으로 효과를 내기 때문에 린 식스 시그마(Lean Six Sigma)*처럼 다양한 기업이나 산업에서 성과 향상 시스템으로 자주 권장된다.[8]

소프트웨어 개발 분야에서는 안전이 철도 산업이나 의료 산업만큼 중요하진 않다. 중요한 인프라 구성 요소를 개발하는 것이 아닌 한 그렇다. 하지만 소프트웨어 개발에서도 실수 때문에 막대한 비용이 발생할 수 있다. 그리고 프로그래머로서 당신은 업무 성과와 결과물의 품질을 꾸준히 관리해야 한다. 바로 이런 이유 때문에 지적확인 환호 응답을 소프트웨어 개발 산업에 적용할 수 있는 것이다.

그럼 이제 프로그래머가 이 시스템을 어떻게 활용할 수 있는지 살펴보자.

## 프로그래밍에 지적확인 환호응답을 적용하는 방법

당신이 프로그래머로서 하는 일은 단순히 플랫폼에 서서 사물의 움직임을 지켜보는 게 아니다. 꽤 많은 타이핑을 한다. 과거에 수없이

---

* 옮긴이 자원 낭비를 줄이는 데 집중하는 린(Lean) 방법론과 오류의 원인을 찾고 제거하여 결과물의 품질을 개선하는 데 집중하는 식스 시그마(Six Sigma) 방법론을 결합하며 만든 개념으로 효율적인 비즈니스 프로세스를 완성하고 성과를 개선하는 방법론.

많이 타이핑해 본 보일러플레이트 코드일지라도 말이다. 손을 사용하고 있는 와중에 손가락으로 무언가를 가리키고 부르는 게 가능할까? 밝혀진 바에 따르면, 가능하다.

철도 기관사도 손으로 다양한 제어 장치를 조작한다. 하지만 알다시피 지적확인 환호응답은 이들의 다른 활동에 방해가 되지 않으면서 이들이 더 효과적으로 일하게 해 준다.

## 부르기

필요하지만 흥미가 느껴지지 않는 일을 할 때 하고 있는 일을 말로 표현하면 좋다. 보일러플레이트 코드를 말없이 작성하지 마라. 자신이 하고 있는 작업이 참기 어려울 정도로 지루하다고 해서 일하는 도중에 헤드폰으로 뭔가 듣지 마라.

그 대신 코드를 작성하면서 모든 단계를 말로 서술하라. 코드를 그냥 타이핑하지 말고 "난 지금 (어떤) 함수를 작성하는 중이고 이 함수는 (어떤) 목적을 위해 필요해." 같은 말을 하면서 타이핑하라. 아니면 조금 더 세밀하게 문자 그대로 타이핑하는 모든 것을 서술할 수도 있다. 예를 들자면 "중괄호로 코드 블록을 여는 중이야. 이제 (어떤) 변수를 선언하고 있고 이 변수는 (어떤) 값을 저장하고 있어."

와 같이 말할 수 있을 것이다.

자신에게 가장 잘 맞는 방법을 찾을 때까지 어느 정도 시행착오를 겪어야 한다. 방식을 꼭 구체적으로 규정할 필요도 없다. 현재 하는 일과 직접적으로 관련된 무엇이든 소리 내어 말하면 작업에 몰두하는 데 도움이 된다.

코드가 아니라 문서를 작성할 때도 완전히 동일한 원칙을 사용할 수 있다. 텍스트를 그냥 타이핑하지 말고 타이핑하는 내용을 소리 내어 말해 보라. 문서의 내용이 아무리 지루해도 당신의 집중력은 더 강해질 것이고 작업을 성의 없이 수행하지 않을 것이다.

소리 내어 말하기 방법은 작업 도중에만 효과가 있는 게 아니다. 작업을 시작하기 전에도 활용할 수 있다. 코드나 문서를 작성하기 전에 구조를 소리 내어 말해 보면 고려하지 못한 뉘앙스나 놓친 세부사항이 없는지 확인하기 좋다. 그러면 괜찮은 계획인지 확인할 수 있고, 만약 그렇지 않은 경우 더 나은 계획을 만들 방법을 찾는 데 도움이 된다.

프로그래밍을 하다 보면 완전히 막혀서 더 이상 뭘 해야 할지 모를 때가 가끔 있다. 이럴 때도 소리 내어 말하면 좋다. 그냥 생각하는 바를 소리 내어 말하면 된다. 그러면 집중력이 유지되어서 결국 올바른 계획을 세울 수 있을 것이다. 그렇지 않으면 딴생각에 사로잡혀서 미루려는 충동에 굴복할 수도 있다.

분주한 사무실에서 근무하는 도중에 소리 내어 말하는 게 바보 같아 보일까 봐 걱정하지 마라. 동료가 알아채지 못하게 변형할 방법이 있다. 이 장의 뒷부분에서 이에 대해 다룰 것이다.

소리 내어 말하는 건 지적확인 환호응답의 절반에 불과하다. 나머지 반은 말하기와 똑같이 중요한 가리키기다. 이 또한 프로그래밍에서 나름의 효용이 있다.

## 가리키기

물론 타이핑하는 도중에 가리킬 순 없다. 타이핑하는 도중에 멈추고 무언가 가리키는 건 생산적이지 않다. 작업을 완료하는 데 더 오랜 시간이 걸릴 뿐 아니라 작업 전환 때문에 더 심한 인지 부하를 경험할 수 있다. 하지만 타이핑할 필요가 없는 그 외 거의 모든 활동은 가리키기로 효율을 더 높일 수 있다.

복잡한 코드를 읽는 동안 화면을 가리키는 건 어느 지점을 읽고 있는지 추적하는 데 도움이 된다. 화면에 키워드, 변수 이름, 세미콜론, 중괄호가 잔뜩 섞여 있는 코드에서는 길을 잃기 쉽다. 그럴 때 자신이 보고 있는 지점을 가리키면 관련 없는 내용은 모두 머릿속에서 분리되어 사라진다.

가리키기는 코드에서 길을 잃지 않게 하는 게 전부가 아니다. 애초에 지적확인 환호응답이 유래한 철도 산업 종사자들은 이 기법을 이런 목적으로 활용하지 않았다. 가리키기는 당신을 절차에 더욱 깊이 몰입시키는 또 하나의 고정 장치일 뿐이다.

따라서 코드를 작성하려고 할 때 코드로 작성할 내용을 손가락으로 가리키면서 소리 내어 말하면 주의력을 조절하는 전두엽으로 가는 혈류가 증가한다. 그러면 그 순간 당신의 머릿속에는 그 코드 조각만 남게 된다.

이제 지적확인 환호응답을 실행할 때 마주하는 한 가지 주요 장애물로 되돌아가 보자. 아무도 당신을 보거나 듣지 못하는 장소에서는 가리키고 부르기를 쉽게 실행할 수 있다. 하지만 사무실이라면 어떨까? 사무실에서 손가락으로 화면을 가리키며 혼잣말을 하는 사람은 흔치 않다.

그런데 이 문제는 해결할 방법이 있다. 이제 그 얘기를 해 보자.

## 사무실에서 당당하게 지적확인 환호응답을 실행할 방법

소프트웨어 개발 작업에 지적확인 환호응답을 활용하겠다는 건 새로운 아이디어가 아니다. 린 생산방식*처럼 다른 산업에서 유래한

---

*  옮긴이  불필요한 공정을 최소로 줄이고 생산성을 최대로 높이기 위해 도요타 자동차에서 고안한 생산 시스템.

다른 기법과 마찬가지로 지적확인 환호응답도 실리콘 밸리의 여러 회사에서 시도하고 테스트되었다. 좋은 일이다. 지적확인 환호응답을 채택하자고 팀 전체를 설득할 때 이런 사례를 언급할 수 있기 때문이다.

이렇게 설득하는 것이 창피하지 않게 사무실에서 지적확인 환호응답을 실천할 가장 좋은 방법이다. 당신이 속한 맥락에서 정상이라고 여겨지는 행동을 하면 창피할 게 없다. 모든 팀원이 가리키고 부르기를 한다면 이런 행동을 이상하게 볼 사람도 없다.

팀 전체가 지적확인 환호응답을 하기로 하면 정말 재미있는 활동이 될 수 있다. 시니어 프런트엔드 개발자이자 블로거인 스콧 밴디헤이(Scott Vandehey)는 이를 재미있는 팀 활동으로 바꾸는 방법을 설명했다. 하지만 그렇게 하려면 약간의 수정이 필요하다. 가리키고 부르기 대신에 '가리키고 소리치기(pointing and shouting)'가 되어야 한다.

스콧 밴디헤이가 제안한 내용은 이러하다.

"'가리키고 소리치기(Point and Shout)' 방법을 소개한다. (우리는 시끄러운 미국인이므로 부르기보다 소리치기가 자연스럽다.) 이제부터 개발자들은 조용히 코드를 작성하고 회사 슬랙 채널에 코드 리뷰를 요청하는 글을 올리는 대신에 신체적, 언어적 확인으로 주의력을 조정해서 이 절차를 따르고 있다는 걸 확인시켜 주어야 한다. 다음과 같은 장면을 상상해 보라.

앨리스가 코드를 작성했다. 앨리스는 코드 리뷰를 받을 준비가 되었을 때 이에 대한 글을 올릴 버튼을 누르기 전에 터미널 화면에서 통과한 테스트를 가리키며 "테스트 통과!"라고 외친다. 그리고 잘 작성한 커밋 메시지를 가리키며 "유익한 커밋 메시지 작성!"이라고 외친다. 마지막으로 버튼을 가리키며 "리뷰용 코드 푸시!"라고 외친다.

밥은 이 모든 걸 듣고(앨리스 옆자리인데 어떻게 못 듣겠는가!) 앨리스의 코드 리뷰를 연다. 앨리스의 브랜치를 가져와서 브라우저에서 변경사항을 테스트하고 도움이 되는 의견을 남긴다. 제출하기 전에 유익한 내용을 담아 정성스럽게 작성한 의견을 가리키며 "앨리스 코드 리뷰에 피드백 게시!"라고 외친다.[9]

개발자들은 원격 근무를 원하는데 회사 경영진은 모든 직원이 출근해서 근무하길 바란다고? 그럴 때도 이 기법은 추가적인 혜택을 제공한다. 회사의 사무실이 혹시 개방형이라면 개발 팀 쪽에서 끊임없이 들리는 시끄러운 외침만큼 개발자의 원격 근무를 허용하도록 상사를 설득할 효과적인 장치는 없다.

물론 마지막 예는 농담이다. 하지만 농담은 차치하더라도 지적확인 환호응답을 팀에서 실천하는 표준 기법으로 채택하는 건 이 기법을 창피하지 않게 실천할 최고의 방법이다. 게다가 누군가 자기 행동을 계속 소리 내어 말하는 소리가 들리면 자신도 이렇게 해야 한다는 걸 기억할 수 있다. 이런 팀에서는 4장에서 소개한 에코 체임버 효과가 날 것이다.

　하지만 팀원들이 이 기법을 실천하는 데 동의하지 않는다면 어떨까? 아니면 팀에 제안하는 것조차 너무 창피하다면? 팀이 지적확인 환호응답을 채택하지 않았을 때 당신 혼자서도 창피하지 않게 이를 실행할 방법이 있다.

## 지적확인 환호응답을
## 혼자 실천하는 방법

주변에서 아무도 가리키고 부르기를 일상적으로 실천하지 않는다면 창피하지 않게 이를 실천하는 데에는 한계가 있다. 하지만 다행히 크게 티 나지 않게 절차를 수정할 방법이 존재한다.

　가리키는 행동은 아마 별 문제가 되지 않을 것이다. 사무실에서 일하는 사람이 작업에 집중하는 동안 화면을 가리키는 모습을 상상해 보라. 전혀 이상해 보이지 않는다.

　가리키기는 누구나 일상적으로 하는 행동이다. 특히 하는 일에 집중할 때 그렇다. 누군가 책을 읽으며 책의 글귀를 가리키는 모습은 평소에도 볼 수 있다. 누군가 가끔 화면을 가리키는 모습도 마찬가지다.

가리키기가 편하지 않다면 외부 관찰자가 볼 때 그 행동이 어떨지 상상해 보라. 그냥 집중하고 있는 것으로 보일 것이다. 그러므로 연습하라. 당신이 기를 수 있는 다른 모든 습관과 마찬가지로 이 행동에도 익숙해질 수 있다.

3장을 통해 뇌에서 신경 경로가 어떻게 만들어지는지 설명한 내용을 기억할 것이다. 신경 경로는 습관적인 행동만 제어하는 게 아니라 정신적 연관 관계도 형성한다. 그리고 이런 연관 관계는 반복 연습을 통해 강화된다.

지루하고 반복적인 작업을 하는 사이사이 화면을 가리킨다면 결국 이런 유형의 작업을 하는 동안 자동으로 화면을 가리키게 된다. 이 행동에 대해 어떤 비판도 받지 않는다면(그럴 확률이 매우 높다) 당신의 뇌는 이 행동을 부끄럽다는 감정과 분리할 것이다. 그러면 이 행동을 하는 게 편해진다.

하지만 가리키고 부르기의 '부르기' 부분은 조금 다르다. 소리 내어 혼잣말하는 건 부끄러울 수 있다.

물론 동료들에게 무슨 일을 하고 있는지 설명하고 안전지대(comfort zone)를 벗어나 보는 것도 괜찮다. 만약 당신이 사무실에서 습관적으로 행동을 소리 내어 말하는 유일한 사람이라면 최고의 자신감을 얻을 수도 있다. 아마도 나중에는 나머지 팀원들도 이 아이디어를 받아들일지도 모른다. 그러나 자신의 행동을 소리 내어 설명하는 연습을 활용하고자 안전지대를 멀리 벗어날 필요는 없다.

본인의 행동을 본인만 들을 수 있을 정도로 조용하게 속삭이며 서술해도 이 연습의 장점을 누릴 수 있다. 그렇게 하는 것만으로도 현재 순간에 자신을 머무르게 하고 딴생각이 들 여지를 줄여 줄 것이다.

업무 환경에서 작업에 집중하며 입술을 움직이는 사람은 화면을 가리키는 사람과 마찬가지로 이상하게 보이지 않는다. 오히려 일에 완전히 몰두하는 사람처럼 보일 것이다.

이때도 가리키기를 연습할 때와 마찬가지로 생각할 수 있다. 처음에는 들리지 않을 정도로 작은 소리로 자신의 작업을 설명하는 게 부끄러울 수 있지만, 동료들에게는 당신이 일에 완전히 몰두한 것처럼 보인다고 상상하고 더 많이 연습할 수 있다.

더 쉽게 하는 방법도 있다. 입술을 움직이는 대신에 작업을 완료했을 때 속으로 말하는 것이다. 그러나 이렇게 하는 건 아마도 집중력을 높이는 효과가 가장 적을 것이다. 결국 생각에 불과하기 때문이다. 이런 생각을 의도적으로 한다면 딴생각을 할 여지가 줄긴 하겠지만 현재 작업에 온전히 몰두하게 만들지는 못한다. 이때는 음성 시스템(vocal system)을 활용하지 않았기 때문이다. 따라서 이 방법은 들리지 않을 정도로 작게 속삭이는 것도 견딜 수 없을 정도로 부끄러울 때만 활용하라. 견딜 만하다면 다른 사람이 듣지 못할 정도로 작게나마 입으로 작업을 서술하라.

지적확인 환호응답 연습에 편안해지면 여러 방면에서 혜택이 따른다. 매우 지루한 작업을 할 때도 집중력을 유지할 수 있을 뿐 아니라 일반적으로 몰입하기 어려운 지루한 반복 작업을 할 때도 몰입 상태에 들어갈 수도 있다.

## 지적확인 환호응답은 가장 지루한 작업에도 몰입하게 한다

2장에서는 몰입 상태가 무엇이고 어떻게 몰입 상태에 들어가는지 이야기했다. 몰입 상태에 들어가기 가장 어려운 작업은 너무 어렵거나 너무 쉬운 작업인데 단조로운 반복 작업은 후자에 속한다.

몰입 상태에 들어가기 가장 쉬운 작업은 너무 어렵지도 너무 쉽지도 않은 작업이다. 이런 작업은 진전이 있다고 느낄 정도로 충분히 쉽다. 그렇다고 지루하거나 흥미를 잃을 정도로 너무 쉽지는 않다. 집중력 저하를 방지할 수만 있다면 쉽고 일상적인 작업이어도 몰입 상태에 들어갈 수 있다. 지적확인 환호응답은 정확히 집중력 저하를 방지할 목적으로 설계되었다.

몰입 상태를 정의하는 특징이 무엇이었는지 다시 떠올려 보자. 2장에서 정리한 내용을 다시 기억해 보면 다음과 같다.

- 오로지 현재 순간에 집중하는 집중력

- 행동과 인지를 하나로 인식

- 자아 감각의 상실

- 현재 상황을 강력하게 통제한다는 감각

- 시간에 대한 왜곡된 지각

- 수행 중인 활동에 대한 쾌감

이 중 하나라도 없으면 진짜 몰입 상태가 아니다. 하지만 지적확인 환호응답은 이런 상태를 잘 이끌어낸다. 어떤 방식으로 그렇게 되는지 살펴보자.

- **오로지 현재 순간에 집중하는 집중력.** 지적확인 환호응답의 주된 목적은 당신을 현재 순간에 고정시키고 현재 수행 중인 활동에 집중하게 하는 것이다. 가리키고 부르기의 의식은 당신의 신체를 최대한 눈앞의 과제와 동기화시키는 역할을 한다. 그러면 집중을 방해하는 요소가 끼어들 여지가 거의 없다.

- **행동과 인지를 하나로 인식.** 지적확인 환호응답을 수행할 때는 자신이 하는 행동에 대해 생각하고 다른 어떤 것도 생각하지 않도록 자신에게 강제한다. 그러면 자기 행동에 몰두하며 그 행동이 자신의 인지 전체를 차지할 정도까지 이르게 된다. 다른 것에 대한 인지는 일시적으로 사라질 수도 있다. 당신의 인지는 행동과 하나가 될 것이다.

- **자아 감각의 상실.** 어떤 정신적인 행동을 수행하면서 동시에 생각의 물리적 대상을 가리키며 음성 시스템을 사용해 행동을 발표하면 행동에 깊이 몰두하여 그 외의 어떤 것도 인식하지 못할 수 있다. 당신의 신체와 생각을 특정 활동에 헌신한다면 자아 인식마저 잃을 수 있다. 따로 존재하는

'자아'가 사라지고 당신과 행동이 하나가 될 것이다.

- **현재 상황을 강력하게 통제한다는 감각.** 지적확인 환호응답이 안전이 중요한 산업에서 그토록 널리 채택된 이유 중 하나는 직원들이 절차를 완전히 통제할 수 있게 하기 위함이다. 그리고 앞서 지적확인 환호응답이 어떻게 성과를 개선하고 사고를 줄이는지 확인한 바와 같이 이 방법은 효과가 좋다.

  현재 순간에 완전히 몰입하게 되면 자연스럽게 상황을 통제한다는 느낌이 들 것이다.

- **시간에 대한 왜곡된 지각.** 현재 작업에 몰입하도록 스스로 강제하다 보면 자연스럽게 시계에 눈이 가지 않는다. 시간이 얼마나 걸리는지도 생각하지 않는다.

  시간에 대해 생각하지 않으면 시간 감각은 왜곡될 수 있다. 몰두하는 느낌이 들 때는 시간 가는 줄 모르기 쉽다.

- **수행 중인 활동에 대한 쾌감.** 어떤 활동에 완전히 몰두하는데 약간의 즐거움도 느끼지 못하는 경우도 있을까? 그런 경우는 아마 극히 드물 것이다.

  즐기지 못하면 완전히 몰두할 수 없다. 몰두하지 못한다면 지금 하고 있는 활동이 즐겁지 않다는 생각이 들 것이다.

  좋아하지 않는 활동에 완전히 몰두하는 건 인지 부조화의 한 예다. 뇌는 인지 부조화를 좋아하지 않는다. 그래서 뇌는 본질적으로 즐겁지 않더라도 완전히 집중할 수 있는 활동이라면 즐기는 중이라고 우리에게 알릴 것이다.

  지루하고 반복적인 작업은 본질적으로 불쾌하다. 지적확인 환호응답이 이런 작업에 몰두하는 데 그토록 효과적인 이유는 불쾌하다는 느낌을 없애 주기 때문이다. 덕분에 전반적인 직업 만족도가 향상되는 것으로 나타

났다.[10]

보다시피 지적확인 환호응답은 평소 같으면 몰입할 수 없는 작업을 할 때도 매우 생산적인 몰입 상태에 들어가는 것을 돕도록 설계되었다.

몰입 상태는 활동에 완전히 몰두할 때 일어난다. 어떤 활동이 충분히 흥미롭다면 자연히 그 활동에 몰두하게 된다. 그러나 활동이 참을 수 없을 정도로 지루하다면 지적확인 환호응답 같은 외부 도구를 활용해서 몰입감을 높일 필요가 있다. 일단 완전히 몰입하는 방법을 찾으면 원래 작업이 얼마나 지루했는지는 중요하지 않다. 그와 상관없이 몰입 상태에 들어갈 수 있다.

그리고 지적확인 환호응답을 더 효과적으로 만들 방법이 있다. 다른 모든 활동과 마찬가지로 더 자주 수행할수록 더 잘하게 된다. 그리고 이 기법이 더 효과적으로 적용된다.

## 지적확인 환호응답을 습관화하면
## 일할 때 지루하지 않다

처음 지적확인 환호응답을 시도할 때는 불편할 수 있다. 사실 작업에 집중하기보다는 방법을 제대로 수행하고 있는지 생각하느라 별 효과가 없다고 느낄 수도 있다. 하지만 시간이 지날수록 점점 더 자연스러워진다.

지적확인 환호응답은 작업에 집중하는 걸 돕고 주의를 분산시키는 위험은 별로 없다. 지적확인 환호응답이 매우 단순한 의식으로 구성된 이유는 작업을 어렵게 만드는 또 다른 정신적 장벽을 만들지 않게 하기 위해서다. 그런데도 익숙하지 않은 활동이라는 이유로 초반에는 마땅히 내야 할 효과를 제대로 내지 못할 수 있다.

그러나 꾸준히 연습하면 보상을 가져올 것이다. 3장에서 논의했듯이 습관 형성 과정 중에 뇌에 만들어진 신경 경로는 신체의 물리적 행동뿐 아니라 정신적 연관 관계도 책임진다.

지적확인 환호응답을 적용해서 눈앞의 과제에 완전히 집중하는 데 여러 차례 성공하면 이 의식은 집중을 위한 도구 이상의 것이 된다. 마치 파블로프의 개가 듣던 종소리와 비슷한 무언가가 되는 것이다.

당신의 뇌는 가리키고 부르기를 정신적 집중과 연결하기 시작한다. 그래서 이런 행동을 하는 것만으로도 마음의 집중 상태를 촉발할 수 있다. 이러한 행동이 의도한 효과를 낼 때까지 기다릴 필요조차 없을 것이다.

일상적인 활동을 할 때 지적확인 환호응답을 여러 차례에 걸쳐 충분히 적용하면 그런 활동을 하는 동안 의식적으로 가리키고 부르기를 생각할 필요가 없어진다. 이런 활동이 자연스럽게 지적확인 환호응답을 촉발하게 된다. 연습을 통해 자기 강화되는 가상의 사이클

이 될 것이다.

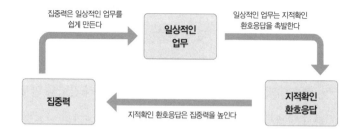

일상적인 업무는 지적확인 환호응답을 촉발한다. 지적확인 환호 응답은 집중하는 정신 상태를 촉발한다. 정신적 집중 덕분에 일상적 인 업무를 완료하는 게 쉬워진다. 그리고 목록에 남은 일상적인 업 무를 다 완료할 때까지 이 과정이 반복된다.

지적확인 환호응답의 이점은 여기서 끝나지 않는다. 작업 도중 에 이런 의식을 편하게 수행할 수 있다면 일상에서도 시도해 볼 수 있다.

## 지적확인 환호응답은
## 소프트웨어 개발 외적인 영역에서도 유용하다

집을 나온 후에 문을 잠그고 나왔는지 계속 신경이 쓰인 경험이 있는 가? 아니면 가스레인지의 불을 제대로 끄고 나왔는지 걱정한 적은?

누구나 해 본 경험일 것이다. 우리는 일상적인 일을 할 때 자동 조종 모드로 하는 경향이 있다. 뇌는 자동 조종 모드로 하는 일에 자원, 즉 주의력을 많이 투입하지 않는다.

자동 조종 모드로 한 일은 잘 기억하지 못한다. 문을 잠갔는지 항상 잘 기억나지 않는 이유가 여기에 있다. 하지만 지적확인 환호응답을 활용하면 이런 건망증을 극복할 수 있다.

가리키고 부르기는 당신이 지금 순간에만 집중하도록 강제한다. 가리키고 부르기를 수행하면 더 이상 자동 조종 모드가 켜지지 않는다. 그러면 문을 제대로 닫았는지 분명하게 기억할 수 있다.

열쇠를 돌리는 습관적인 손목 움직임에 소리 내어하는 선언과 손동작이 함께 이뤄진다면 그 행동이 기억에 남을 가능성이 높아진다.

지적확인 환호응답의 체크리스트 같은 특성은 체크리스트를 적용할 수 있는 다른 모든 상황에서도 똑같이 적용할 수 있다. 체크리스트는 완료된 활동을 머리에서 종이나 디지털 기기로 옮기는 데 사용된다. 체크리스트를 사용하면 활동을 기억할 필요조차 없다. 자동 조종 모드가 켜져도 아무 문제가 없다. 완료한 항목을 체크리스트에 표시하면 활동이 완료되었다는 걸 언제나 확인할 수 있다.

그러나 체크리스트를 항상 활용할 수 있는 건 아니고 체크리스트를 활용할 매체가 항상 있는 것도 아니다. 이럴 때 지적확인 환호응답을 기억 속에 직접 각인된 체크리스트로 활용할 수 있다. 활동을 기록하는 대신 해당 작업을 완료한 것을 기억하기 쉽게 하는 것이다.

이는 업무 중 기술과 관련 없는 측면에서도 유용하다. 예를 들어 지적확인 환호응답을 활용하면 중요한 회의에 대한 준비를 완벽히 마쳤는지 확실히 할 수 있다. 준비를 완벽하게 마친 후에 깜빡한 건 없는지 계속 신경 쓸 일도 없다.

그러나 지적확인 환호응답은 지루한 일상 업무를 하는 동안 집중을 유지하는 데 도움이 되는 유일한 기법은 아니다. 마이크로태스크도 많은 양의 업무를 처리하는 데 도움이 되는 유일한 기법은 아니다. 이 두 가지 유형의 업무를 하는 데 도움이 되는 시간 관리 요령도 몇 가지 있다.

다음 장에서는 이런 기법 중 일부를 살펴보겠다. 타이머를 사용하여 하루를 생산적인 시간 단위로 적극적으로 나누는 방법을 배우게 될 것이다.

가장 인기 있는 시간 관리 요령 중 하나인 뽀모도로 기법을 소개할 예정이다. 하지만 뽀모도로가 모두에게 똑같은 효과를 내는 만병통치약이 아닌 이유도 함께 알려 주겠다. 각자 자신에게 맞는 방식으로 타이머를 가장 효과적으로 사용하는 방법을 알게 될 것이다.

하지만 뽀모도로 같은 시간 관리 요령은 집중력을 유지하고 미루고 싶을 때 뇌를 속이는 데 그치지 않는다. 이러한 요령은 누구나 제한된 시간을 최대로 활용하도록 도와준다.

시간은 한번 쓰면 되돌릴 수 없는 매우 귀중한 자원이다. 그럼 이토록 귀중한 자원을 어떻게 하면 현명하게 사용할 수 있는지 함께 알아보자.

## 참고 문헌

1. 아틀라스 오브스쿠라(Atlas Obscura, 2020), What's the Point of Pointing in Japan, Anyway(도대체 일본에서 가리키기를 하는 이유는 무엇인가요)?, https://www.youtube.com/watch?v=RZun7IvqMvE

2. N. 토미(N. Tomii), 「How the punctuality of the Shinkansen has been achieved(신칸센은 어떻게 시간을 엄수하는가)」, 지바공업대학, 일본, https://www.witpress.com/Secure/elibrary/papers/CR10/CR10011FU1.pdf

3. 앨리스 고든커(Alice Gordenker), JR gestures(JR 제스처), 재팬타임스, 2008년 10월 21일, https://www.japantimes.co.jp/news/2008/10/21/reference/jr-gestures

4. Masayoshi Shigemori(시게모리 마사요시), Ayanori Sato(사토 아야노리), Takayuki Masuda(마스다 타카유키), Experience-based PC learning system for human error prevention by point-and-call checks(가리키고 부르는 확인을 통해 인적 오류 방지를 위한 경험 기반 PC 학습 시스템), Railway Technical Research Institute, QR or RTRI, Vol. 53, No 4, November 2012, https://www.jstage.jst.go.jp/article/rtriqr/53/4/53_231/_pdf

5. 시노하라 가즈미츠(Kazumitsu Shinohara), 나이토 히로시(Hiroshi Naito), 마쓰이 유코(Yuko Matsui), 히코노 마사루(Masaru Hikono), The effects of

"finger pointing and calling" on cognitive control processes in the task-switching paradigm(작업 전환 패러다임에서 인지 제어 절차에 대한 '손가락으로 가리키고 부르기'의 효과), International Journal of Industrial Ergonomics, Volume 43, Issue 2, March 2013, Pages 129–136, https://www.sciencedirect.com/science/article/abs/pii/S0169814112000728

6. 스튜어트 케이, Shisa Kanko could reduce mistakes and save lives(지적확인 환호응답은 실수를 줄이고 생명을 살릴 수 있다), LinkedIn Pulse, https://www.linkedin.com/pulse/shisa-kanko-could-reduce-mistakes-save-lives-stuart-kay

7. 크리스토퍼 루슨(Christopher Roosen), How The Ritual of Pointing and Calling – Shisa Kanko – Embeds Us In The World – Adventures in a design world(가리키고 부르는 의식(지적확인 환호응답)이 우리를 세상에 각인시키는 방식), Adventures in a design world, 2020년 4월 20일, https://www.christopherroosen.com/blog/2020/4/20/how-the-ritual-of-pointing-and-calling-shisa-kanko-embeds-us-in-the-world

8. Shisa Kanko(지적확인 환호응답), Lean Six Sigma Definition Glossary (린 식스 시그마 정의 용어집), https://www.leansixsigmadefinition.com/glossary/shisa-kanko/

9. 스콧 밴디헤이(Scott Vandehey), Pointing and Shouting Your Way to Better Code(더 나은 코드를 위한 가리키고 소리치기), https://spaceninja.com/2017/04/01/pointing-and-shouting-your-way-to-better-code/

10. 조너선 셜록(Jonathan Shurlock), 제임스 러드(James Rudd), 애넷 진스(Annette Jeanes), 아프로디테 이아코비두(Aphrodite Iacovidou), 안토니오 크레타(Antonio Creta), 비자이바라티야 칸타사미(Vijayabharathy Kanthasamy), 리처드 실링(Richard Schilling), 에이먼 설리번(Eamonn

Sullivan), 조앤 쿡(Joanne Cooke), 콜레트 로스-채프먼(Colette Laws-Chapman), 데이비드 백스터(David Baxter), 맬컴 핀레이(Malcolm Finlay), Communication in the intensive care unit during COVID-19: early experience with the Nightingale Communication Method(코로나바이러스감염증-19 동안 집중치료실에서의 의사소통: 나이팅게일 의사소통 방법에 대한 초기 경험), International Journal for Quality in Health Care, Volume 33, Issue 1, 2021, https://www.ncbi.nlm.nih.gov/pmc/articles/PMC7799099/

# 10

## 뽀모도로와 타이머로
## 더 쉽게 일하기

언젠가 우리는 더 창의적이고 더 생산적이지만 더 여유 있는 사람이 될 것이다. 혁신을 시작하라!

프란체스코 시릴로(Francesco Cirillo)

지금쯤이면 이 책의 상당 부분이 생각과 행동을 재프로그래밍하는 내용을 다루고 있음을 알아차렸을 것이다. 하지만 8, 9장에서는 접근법을 조금 바꿔서 뇌를 속이기 시작했다. 지금껏 배운 모든 것을 종합하기에 앞서, 더 쉽게 일할 방법을 알려 주는 이 마지막 장에서 뇌를 속이는 한 가지 방법을 더 배워 보자.

8장에서 다뤘듯이 큰 작업을 처리하면서 생산성을 유지하는 최고의 방법은 작업을 원자 단위의 마이크로태스크로 나누는 것이다. 그러면 뇌는 해야 할 일이 실제보다 훨씬 더 작다고 생각하므로 그 활동에 온전히 집중하기가 더 쉬워진다.

9장에서는 일본의 지적확인 환호응답 기법을 활용해 매우 지루한 작업에도 온전히 몰두하는 방법을 배웠다. 코드를 손가락으로 가리키면서 자기가 하는 행동을 소리 내어 알리면 딴생각이 끼어들 여지를 거의 남기지 않고 현재 순간에 머물 수 있다. 그러면 업무가 훨씬 덜 지루하게 느껴지고 업무를 더 빨리 마칠 수 있으며 실수할 가능성은 훨씬 적어진다.

그러나 큰 작업에 부담을 느끼지 않고 지루한 작업을 하는 도중에도 주의가 분산되는 걸 막고 쉽게 집중을 유지하도록 뇌를 속이는 데 쓸 수 있는 또 다른 효과적인 기법이 존재한다. 타이머를 전략적으로 활용하는 기법이다.

이 기법에는 여러 변형이 존재하는 데 그중 가장 유명한 것이 뽀모도로 기법이다. 이 장에서는 이 기법과 개발자에게 잘 맞는 변형을 소개할 예정이지만 어떤 방법을 사용하든 기본 원칙은 똑같다. 이 기법은 마이크로태스크, 지적확인 환호응답과 함께 사용할 수 있지만, 이 기법만 활용해도 효과가 있다.

타이머를 활용하여 일할 때는 하루를 사전에 정의한 작업 시간과 휴식 시간으로 나눈다. 작업 시간에는 눈앞의 작업에 온전히 집중한다. 작업 시간 종료를 알리는 알림음이 울리면 억지로라도 작업을 멈추고 휴식해야 한다.

이 기법은 커 보이는 작업을 작은 덩어리로 나눠서 훨씬 더 관리하기 쉬운 작업으로 보이도록 뇌를 속인다. 게다가 타이머를 의식하면 긴급하다는 느낌이 들어서 업무를 하려는 동기가 더 생기고 집중을 유지하기가 더 쉬워진다.

아마 마감이 몇 시간밖에 남지 않을 때까지 작업을 미뤄 본 적 있을 것이다. 그러나 마감이 임박했다는 걸 깨달으면 정신을 차리고 몇 시간 동안 쉼 없이 남은 작업을 모두 해내기도 한다. 타이머의 가짜 마감(artificial deadline)에 맞서서 일할 때도 비슷한 메커니즘이 작동한다.

타이머를 활용해서 생산성을 향상시킨다는 아이디어의 유래와 이 기법이 이토록 효과적인 이유에 대해 자세히 살펴보겠다. 하지만 그에 앞서 여러분이 눈치챘을 법한 명백한 모순에 대해 이야기하겠다.

2장에서 딥 워크의 중요성과 딥 워크를 달성하기 위해 방해받지 않는 큰 덩어리의 시간이 필요한 이유에 대해 이야기했다. 또한 몰입 상태에 대해 논할 때 이 생산적인 정신 상태에 들어가려면 보통 최소 15분 정도의 시간이 필요하다는 설명도 했다. 방해를 받으면 다시 몰입 상태에 들어가기 위해 같은 시간이 필요하다. 그나마도 몰입 상태에 다시 들어갈 수 있다고 가정할 때의 이야기다.

그렇다면 인위적으로 타이머를 사용하면 방해받지 않아야 하는 상황에서 방해를 받아서 몰입 상태에 진입하지 못하는 건 아닐지 궁금할 수 있다. 그에 대한 답은 '그렇다'와 '아니다' 둘 다이다.

사실 장시간 깊게 집중해야 해야 하는 작업을 하는 도중에는 타이머가 딥 워크의 적이다. 하지만 중단 없이 깊이 사고해야 하는 이런 유형의 도전적인 작업은 지적으로 부담이 큰 프로그래머 같은 직업에서도 비교적 드물다. 타이머가 도움이 되지 않고 방해가 되는 특별한 경우도 다룰 것이다.

그러나 프로그래머가 하는 대부분의 작업은 도중에 방해받지 않고 장시간 엄격하게 집중할 필요가 없다. 작업 시간을 비교적 깊게 집중하는 짧은 세션 여러 번으로 나누는 정도면 충분하다.

그럼 딥 워크를 장시간 수행하는 것이 항상 가능하지 않은 몇 가지 이유를 살펴보자.

# 장시간 딥 워크를
# 유지할 수 없는 이유

장시간 딥 워크를 유지할 수 없는 주된 이유는 이런 활동이 우리의 뇌가 보존하려고 필사적으로 애쓰는 정신적 자원을 너무 많이 쓰기 때문이다. 2장에서 얘기했듯이 몰입 상태에 들어갔다 하더라도 현재 작업에 온전히 집중하지 못한 집중력이 일부 남아 있을 것이다. 깊은 집중을 유지하려는 노력과 다른 것에 주의가 분산되는 것 사이의 분열이 멘탈 에너지를 고갈시킨다.

몰입 상태에 들어가지 못했다면 휴식을 취하는 것이 깊이 집중해야 하는 활동을 방해하는 게 아니라 도움이 된다. 2장에서 가상의 멘탈 에너지 단위를 비유로 들었던 걸 기억하는가? 100% 집중하지 못하는 상태에서 딥 워크하면 집중하는 것이 거의 불가능한 수준까지 정신적 자원이 고갈된다는 것을 설명하기 위해 든 비유였다. 그럴 때는 억지로라도 휴식을 취하는 게 에너지를 회복하고 새로 얻은 에너지로 집중하는 능력을 회복하는 유일한 방법이다.

그뿐만이 아니다. 9장에서 이미 프로그래머가 하는 많은 활동이 강한 집중을 요구하지 않는 일상적인 업무에 불과하다고 얘기한 바 있다. 표준적인 보일러플레이트 코드 작성, 단위 테스트 작성, 문서 작성, 다른 사람이 작성한 코드 검토 등의 활동이 여기에 해당한다.

지루한 반복 작업을 하는 도중에도 집중을 유지하는 건 중요하다. 지적확인 환호응답을 활용하면 그럴 때도 집중할 수 있다. 하지만 이런 작업을 완료하려고 장시간 방해받지 않는 작업 세션을 할애할 필요는 없다. 사실 그 반대가 더 나을 것이다.

파킨슨의 법칙이라는 개념이 있다. 이는 어떤 일에 더 많은 자원을 투입한다고 해서 그 일을 더 효율적으로 완료한다는 보장은 없다고 설명한다. 이 원칙을 조금 더 간단하게 표현하면 다음과 같이 설명할 수 있다.

"작업량은 주어진 추가 시간을 채울 정도로 늘어난다."[1]

시릴 노스코트 파킨슨은 공무원으로 일하는 와중에 이 원칙을 생각해 냈다. 그는 더 많은 사람을 고용한다고 해서 정부 부처의 업무 속도가 더 빨라지지 않는다는 걸 발견했다. 반대로 부처의 크기가 커지는 데도 그들이 생산하는 유용한 결과물의 양은 똑같이 유지되거나 오히려 줄어들었다. 일례로 식민지 관리를 감독하던 영국 정부 기관의 이름이 외무부로 이름이 바뀔 당시 관리할 식민지가 없었음에도 직원 수는 가장 많았다.[2]

파킨슨 법칙의 정확한 작동 방식에 대한 설명은 이 책의 범위를 벗어난다. 하지만 이 법칙이 정부 부처의 업무와 마찬가지로 개인이 하는 작업에도 적용될 수 있다는 점을 알아 두는 게 중요하다.

이 원칙을 지루하고 반복적인 프로그래밍 작업을 하는 맥락에 적용한다면 어떨까? 그런 작업에 더 긴 시간을 투자한다고 해서 더 효율적으로 일하는 건 아니다. 그냥 그런 일을 더 많이 하게 될 뿐이고 그중에는 심지어 필요하지 않은 일도 있을 수 있다. 아니면 작업을 질질 끌면서 각 작업에 원래 사용할 시간보다 더 많은 시간을 쓸지 모른다. 작업에 완전히 집중하더라도 일상적인 작업에 불과하다면 작업에 더 많은 시간을 들여서 추가적으로 얻는 게 없다.

## 집중력을 장시간이 아니라 단시간으로 유지하는 게 좋을 때도 있다

9장을 통해 지적확인 환호응답이 지루한 일을 하는 동안 집중을 유지하는 데 매우 효과적인 이유를 배웠다. 하지만 지루한 일을 최대한 빨리 처리하고 마침내 더 즐거운 일을 할 수 있다는 것도 이 기법의 장점이다.

지적확인 환호응답이 일본의 철도 산업에서 개발될 당시에는 작업을 빨리 끝내는 부분이 강조되지 않은 게 사실이다. 기차는 예정대로 도착하고 출발하므로 역무원의 임무는 이런 활동이 확실히 예정대로 수행되게 하는 것이다.

그러나 소프트웨어 개발은 예정대로 진행되지 않는다. 마감이다가온다. 프로그래머에게 평범한 근무일의 목표는 주어진 시간의 제약 내에서 최대한 많은 작업을 완료하되 도중에 실수를 저지르지 않는 것이다.

물론 모두가 채용하고 싶어 하는 훌륭한 개발자가 되려고 노력하는 사람이라면 뛰어난 결과물을 내는 것도 중요하다. 단순히 문제를 해결하는 수준에 그치는 건 곤란하다. 다른 사람들의 대안보다 당신이 낸 해결책을 선호할 정도로 뛰어나야 한다.

그러나 이 원칙은 업무의 창의적인 부분에만 적용된다. 아키텍처 디자인, 사용자 인터페이스 스타일 지정, 자동화된 테스트가 포함된 코드 커버리지를 높일 방법 찾기 등의 활동이 여기에 해당한다. 이런 활동을 할 때는 언제나 더 나은 방법을 찾을 수 있다.

그래서 이런 활동은 성급하게 하지 않는 게 중요하다. 반면에 단조로운 일상 작업은 일반적으로 이 범주에 속하지 않는다. 이런 작업은 대개 뻔하고 이분법적인 결과를 낸다. 작업이 완료되거나 완료되지 않거나 둘 중 하나이거나, 완료된 작업에 오류가 있거나 없거나 둘 중 하나다. 결과를 개선할 여지가 별로 없어서 그런 시도는 시간 낭비에 그칠 때가 많다. 이럴 때 해야 할 일은 이렇듯 뻔한 결과를 달성하기 위해 타이핑하며 몇 시간씩 소비하는 게 전부다.

보일러플레이트 코드에는 미리 정의된 표준 구조가 있다. 당신의 임무는 이 구조를 타이핑하는 것이다. 내부 열람용 문서는 소설이 아니다. 시스템이 하는 일을 잘 설명하는 정도면 충분하다. 단위 테스트는 어떤 함수에 특정 입력이 전달되었을 때 정확한 결과를 출력하는지 확인하는 코드 블록에 불과하다.

그러므로 지루하고 일상적인 활동은 최대한 빠르게 완료하되 도중에 실수하지 않는 것이 목표다. 이런 작업을 최대한 많이 처리하고 쉬는 것이 같은 시간을 쉬지 않고 작업에 쏟아붓는 것보다 개인의 안녕(wellbeing)을 위해 더 좋다. 이런 목표는 타이머의 도움을 받기에 적합하다.

지금부터 살펴보겠지만 근무일을 정해진 시간 단위로 나누어 일하면 많은 장점이 있다. 하지만 타이머를 쓸 때 느끼는 가장 명확한 장점은 마이크로태스크처럼 미루고 싶은 욕구를 더 쉽게 물리칠 수 있다는 점이다.

## 타이머는 미루는 습관을 물리치는 데 도움이 된다

마이크로태스크와 마찬가지로 타이머는 작업을 더 작은 덩어리로 나눈다. 그러나 원자 단위의 목표로 나누는 게 아니라 시간을 기준으로 나눈다.

그러나 에너지를 보존하고자 하는 우리의 뇌에 미치는 효과는 크게 비슷하다. 타이머 알림이 울릴 때까지 비교적 짧은 시간 동안 일하면 된다는 걸 알면 미루지 말라고 자신을 설득하기 쉬워진다. 이 작은 기능만 추가하면 쉴 수 있다고 하는 대신 짧은 시간만 집중하면 원하는 만큼 쉴 수 있다고 자신에게 이야기하는 것이다.

타이머를 정확히 어떤 체계로 쓸지는 각자의 마음이다. 세상에 똑같은 사람은 없으며 내게 통한 방법이 당신에게 통하리라는 법은 없다. 정해진 시간의 작업 세션을 여러 차례 이어 가다가 쉬고 싶을 때 쉬어도 된다. 아니면 작업 세션 하나가 끝날 때마다 무조건 짧게 휴식하는 뽀모도로 같은 방법을 활용해도 괜찮다.

하지만 타이머는 주의가 분산되는 걸 방지하는 효과만 있는 게 아니다. 타이머는 짧은 시간 내에 더 많은 일을 완료하는 데에도 도움이 된다. 특히 단조로운 일상 작업에 효과가 좋다. 이는 뇌가 마감을 인지하는 방식 때문이다.

타이머를 설정한다는 건 스스로 마감을 만드는 것이나 다름없다. 진짜 마감은 아니다. 마감 내로 달성해야 하는 목표가 있는 건 아니다. 그래도 마감은 마감이다. 마감이 임박했다는 인식은 우리에게 동기를 부여한다. 마감이 끝날 때까지 가능한 한 많은 일을 마치는 것이 목표가 된다. 자연스럽게 집중하게 된다. 더 적은 노력으로도 높은 효율을 달성할 수 있다.[3]

물론 마감 때문에 스트레스를 받을 수 있다. 달성하고 싶던 모든 것을 제때 달성할 수 없다는 걸 깨달을 때 특히 더 그렇다. 하지만 타이머를 써서 스스로 만든 가짜 마감은 진짜 마감과 다르다. 가짜 마감은 유연하고 어느 정도 원하는 대로 바꿀 수 있다.

정해둔 시간 동안 생산적인 활동만 할 것이라고 자신에게 말했고 그 시간이 금방 끝날 것을 안다면 알림이 울릴 때까지 멈추지 않고 일하기 쉽다. 불필요하게 잠시 쉬거나 주의를 다른 데로 돌리지 않기도 더 쉽다.

곧 정당하게 쉬면서 인터넷 탐색을 할 수 있다는 걸 알면 생산적인 일을 하는 동안 그런 활동을 하려는 충동을 참기가 훨씬 더 쉽다. 타이머는 바로 이런 방식으로 지루한 작업을 최대한 빨리 끝내도록 도와준다. 그러면 알림이 울릴 때까지 지루한 작업을 빠르게 처리할 수 있다.

다른 모든 습관과 마찬가지로 타이머를 사용하는 습관도 연습할수록 나아진다. 어느새 타이머가 생산적인 작업과 연결되어 신경 경로에 새겨진다. 나중에는 알림이 울리는 것만으로도 생산적인 작업에 맞는 정신 상태가 촉발된다. 그리고 딴생각도 들지 않는다.

그러나 알림이 울리고 타이머가 멈추면 마음대로 해도 된다. 작업을 멈추고 쉬고 싶은 만큼 쉬어도 좋다. 아니면 다음 작업 세션을 시작해서 지칠 때까지 작업을 계속해서 이어가도 좋다. 그런데 가장 효과가 좋다고 입증된 타이머 활용법 중에는 뽀모도로 기법이 있다. 지금부터 바로 그 얘기를 하려고 한다.

# 뽀모도로 기법의
# 유래

뽀모도로 기법은 타이머를 써서 일정 시간 강제로 집중하는 방법 중에서 아마 가장 유명할 것이다. 이 기법은 1980년대 당시 대학생이던 프란체스코 시릴로가 발명했다. 그는 이 기법을 발명해서 유명해졌다. 많은 사람이 이 기법을 효과적이라고 생각했기 때문이다. 그리고 이런 사실은 그가 IT 업계에서 애자일 방법론의 코치로서 성공적인 경력을 쌓는 데에도 도움이 되었다.

'뽀모도로(pomodoro)'는 이탈리아어로 '토마토'라는 뜻이다. 그리고 이 기법에 대한 아이디어는 토마토 모양의 주방용 타이머를 기반으로 고안되었다.

꽤 간단한 기법이다. 타이머를 25분으로 설정한다. 그 시간 동안 작업에 집중한다. 타이머 알림이 울리면 하던 일을 멈추고 5분 쉰다. 그리고 그 과정을 반복한다.[4]

작업 한 세션을 뽀모도로 1회라고 한다. 뽀모도로 3~4회를 수행한 후 15~30분 정도 길게 쉰다. 그리고 이를 그날 하루 일정이 끝날 때까지 반복한다.

프란체스코 시릴로는 자신이 발명한 뽀모도로 기법에 대해 이렇게 말했다.

"시간을 어떻게 활용하는지 기록하면 업무 효율을 높일 방법을 알아내고 작업을 완료하기까지 얼마나 걸릴지 더 정확하게 추정할 수 있다는 걸 깨달았다"[4]

이 말은 뽀모도로 기법의 또 다른 중요한 특징을 강조한다. 이 기법을 어느 정도 기간 동안 사용하면 해야 할 작업의 크기를 더 정확하게 추정할 수 있다. 뽀모도로 기법을 쓰는 동안 각 작업에 뽀모도로 몇 회가 필요한지 알아내는 연습을 하는 것이나 마찬가지이기 때문이다.

전체적으로 볼 때 뽀모도로 기법에는 다음과 같은 다섯 가지 목표가 있다.[5]

- **활동에 얼마의 노력이 필요한지 알아내라.** 뽀모도로 기법을 수행할 때 할 일 목록을 만들어서 각 작업에 뽀모도로 몇 회를 썼는지 기록할 것이다. 그러면 나중에 비슷한 작업을 할 때 작업 크기를 더 정확히 추정하는 데 도움이 된다.

- **방해 요소를 줄여라.** 뽀모도로 기법을 사용할 때는 방해 요소를 계획에 포함시켜서 생산적인 활동이 갑작스러운 방해를 받지 않게 한다. 그러면 방해 요소의 양도 최소로 줄일 수 있다.

  또한 작업 세션 1회는 누구나 대체로 집중을 유지할 수 있을 정도로 짧게 설계된다. 생산적인 활동 시간을 이렇게 엄격히 제한하지 않으면 예상치 못한 방해를 받아서 통제할 수 없는 상황이 연출될지 모른다.

- **활동에 드는 노력을 추정하라.** 이는 첫 번째 목표와 관련이 있다. 이 기법을 사용하면 시작하려는 활동에 드는 수고를 비교적 정확하게 추정할 수 있다.

- **뽀모도로를 더 효과적으로 만들어라.** 한동안 뽀모도로를 수행하면 이 기법으로 최대의 효과를 내도록 활동을 조정할 수 있다. 예를 들어 휴식을 취한 후에 새로운 뽀모도로 세션 처음 몇 분 동안 이전 세션에서 무엇을 했는지 검토할 수 있다.
- **자신만의 목표를 정의하라.** 뽀모도로 기법을 통해 목표를 재평가하고 다듬을 수 있다. 예를 들어 한 활동에 너무 많은 시간이 들어서 다른 중요한 활동을 소홀히 하고 있는 건 아닌지 알 수 있다.

## 뽀모도로가 시간 제한 기법 중 최고로 여겨지는 이유

하지만 뽀모도로 기법은 왜 그런 구조로 만들어졌을까? 왜 25분 동안 작업하게 했을까? 이 기법은 실제 무엇을 고려해서 그렇게 만들어졌을까?

뽀모도로 기법 작업 세션 1회의 시간은 다음 두 가지 요소를 고려해 결정된다. 첫째, 뇌가 관리하기 쉬운 작업이라고 인지할 정도로 짧아야 한다. 둘째, 업무 관련 이메일 회신을 지연해도 부정적인 결과가 따르지 않을 정도의 시간이어야 한다.[5]

뽀모도로를 수행할 때는 순수하게 생산적인 활동에 집중한다. 이메일 회신 같은 일상적인 업무는 여기에 포함되지 않는다. 그런 일을 해야 한다면 뽀모도로 세션 사이의 휴식 시간에 하는 게 적절하다.

당신이 프로그래머로서 받는 이메일이나 채팅 메시지 중에는 긴급하게 답해야 하는 게 종종 있다. 그래서 특정 시간에만 이메일을 확인하는 건 적절하지 않은 경우가 많다. 그래도 받자마자 회신할 거라고 기대하진 않을테니 최대 25분 정도 지연하는 건 괜찮을 것이다.

뽀모도로 기법은 단순하다. 하지만 IT 세계에서 빠르게 주목을 받은 이유는 그 단순성에 있다. 이 기법이 그토록 좋은 건 이를 시도한 사람들이 기대한 것 이상의 혜택을 경험했기 때문이다.

## 뽀모도로 타이머 사용 시 얻는 이점

프란체스코 시릴로는 자기 블로그에 이런 말을 했다.

"뽀모도로 기법을 사용해서 인생을 변화시킨 사람이 이미 200만 명이 넘는다. 이들은 뽀모도로 기법을 통해 생산성과 집중력을 높였을 뿐 아니라 더 똑똑해졌다."

그럼 뽀모도로 기법의 주요 이점을 실생활에서 내는 효과를 통해서 살펴보자.

## 생산성이 높아지도록
## 동기를 부여한다

캣 부가드(Kat Boogaard)는 생산성 해킹을 싫어한다고 자처하는 프리
랜서 작가다. 그는 자신을 이렇게 묘사했다.

"나는 생산성 해킹 전략이나 요령을 좋아해 본 적이 없다는 걸 인정한다.
그 대신 꽤 단순하게 일한다. 나는 다이어리(맞다. 진짜 종이 다이어리를
말하는 거다. 휴대전화 앱 말고.)를 확인하고 그날 끝내고 싶은 일을 목록
으로 적고 업무에 돌입한다."[6]

하지만 뽀모도로 기법에 대해 계속해서 들은 탓에 한번 시도해
보기로 했다. 처음에는 짧은 시간 간격으로 일하는 게 꽤 부자연스
럽다고 생각했지만 일단 조금 더 해보기로 했다. 결국 그는 이 기법
이 꽤 효과가 있다는 걸 깨달았다.

"어느 정도 시간이 지나자 뽀모도로 기법이 정말 잘 맞는다고 느껴지기
시작했다. 25분 간격 동안 최대한 많은 일을 끝내길 간절히 바랐기 때문
에 작업 시간 동안 집중력과 생산력이 매우 높아졌다. 아무 생각 없이 페
이스북을 스크롤하거나 주의를 끄는 낚시글에 낚이지 않았다. 유난히 멀
티태스킹을 좋아하던 내가 눈앞의 프로젝트에 완전히 집중하고 있다는
걸 깨달았다."[6]

뽀모도로 기법은 실천하기 쉬울 뿐 아니라 가짜 마감으로 동기를 부여해서 최대한 많은 일을 끝내게 한다.

## 시간을 소중히
## 여기게 한다

앨리스 콜먼(Alice Coleman)은 포커스 부스터(Focus Booster) 앱을 만든 아이디어리움(Idearium)의 공동 설립자다. 그는 뽀모도로 기법을 정기적으로 사용하며 가끔 블로그에 이에 대한 얘기를 하기도 한다.

그는 블로그 글을 통해 뽀모도로 기법의 숨겨진 이점을 소개했다. 여기서 특히 강조한 한 가지는 시간을 더 소중히 여기게 만든다는 점이다. 그는 이렇게 말했다.

"뽀모도로 기법은 시간의 가치를 계산하고 그에 맞춰 뽀모도로 세션을 계획하고 그 계획에 따라 작업해서 균형 잡힌 결과를 낼 수 있게 해 준다. 기대 이상의 결과를 내려고 시간을 낭비하거나, 충분한 시간을 들이지 못해서 기대에 못 미치는 결과를 내는 일이 없게 하라."[7]

그는 뽀모도로 기법을 활용해서 일한다는 걸 강조하기 위해 이 글의 맨 마지막 부분에 다음 문단을 넣었다.

"이 글은 뽀모도로 세션 10회를 통해 작성되었습니다. 뽀모도로 기법이 효과적인 이유에 관한 의견에 귀 기울여 주셔서 감사합니다."

뽀모도로 기법은 시간을 기록하고 거기에 가치를 더하는 빠르고 쉬운 방법이다.

## 마음을 안정시키고
## 기운을 차릴 수 있다

월스트리트저널의 칼럼니스트 수 셸런바거(Sue Shellenbarger)도 뽀모도로 기법을 열렬하게 지지하는 사람이다. 그는 뽀모도로 기법을 실천하며 이런 효과를 보았다고 한다.

"시간이 지나가는 데에서 오는 불안감을 누그러뜨리고 더 효율적으로 일할 수 있게 되었다. 예를 들어 휴식을 통해 기운을 차리고 난 후에는 칼럼 내용의 사실 관계를 확인하는 데 드는 전체 시간이 절반으로 줄었다."[8]

## 그래도 모두에게
## 맞는 방법은 아니다

하지만 뽀모도로 기법을 시도한 모든 사람이 이 기법이 완벽하다고 생각한 건 아니다. 예를 들어 소프트웨어 엔지니어 콜린 T. 밀러(Colin T. Miller)가 한 달 동안 뽀모도로를 시도하며 찾은 단점은 이러하다.

"뽀모도로는 모 아니면 도일 수밖에 없다. 25분 내내 일하고 O 표시를 하거나 뽀모도로를 완수하지 못하거나 둘 중 하나이기 때문이다. O 표시를 하는 것이 일의 진척을 보여 주는 측정할 수 있는 신호이므로 O 표시를 하지 못할 것 같을 때는 작업을 꺼리게 된다. 예를 들어… 회의가 뽀모도로 중간에 있다고 해 보자. 회의가 오후 4시 30분에 시작인데 현재 4시 10분이다. 즉 회의 시작까지 20분밖에 남지 않았다… 어차피 뽀모도로를 완수할 시간이 충분치 않으므로 이럴 때는 뽀모도로를 시작하지 않는 경향이 있다."[9]

뽀모도로 경험담이 대체로 긍정적인 것은 사실이지만 그렇다 해도 모든 사람이나 상황에 맞는 방법은 아닐 수 있다. 그래서 소프트웨어 개발자가 하는 다양한 활동에 어떻게 적용될지 확인하기 위해 이 기법을 직접 테스트해 보았다. 그리고 이를 통해 내가 느낀 바는 이러했다.

## 뽀모도로에 대한
## 내 개인적 경험

나는 한동안 뽀모도로 기법을 실천하면서 특정 작업 유형에 특히 효과가 좋다는 걸 발견했다. 반대로 뽀모도로를 사용하지 않는 게 나을 것 같은 작업 유형도 몇 가지 있었다.

특히 지루하고 일상적인 업무를 처리할 때 좋다고 느꼈다. 새로운 깃 저장소 설정, 표준 프런트엔드 템플릿 작성, 문서 작성, 단위 테스트 작성, 다른 사람 코드 검토 등이 여기에 해당한다.

뽀모도로를 사용하기 전에는 이런 작업에 시간이 꽤 많이 들었다. 이 책에서 설명한 다른 기법을 활용하는 데도 그랬다. 가끔 작업과 작업 사이에 잠시 쉬어야 했고 그렇지 않으면 뽀모도로를 사용할 때에 비해 작업 속도가 더 느려졌다.

하지만 뽀모도로를 사용하면 작업 세션 1회를 최대한 많은 작업으로 꽉 채울 수 있다. 할 수 있는 한 가장 빠른 속도로 작업하기 때문에 최대한 많은 일을 완료할 수 있다.

바로 작업에 착수할 수 있는 이 능력은 완전히 무의식적인 것으로 보인다. 타이머를 의식적으로 생각할 필요도 없었다. 마음 한구석에 있는 무언가가 타이머가 작동 중이고 시간이 많이 남지 않았다는 걸 상기시켰다.

작업하는 도중에 시계를 확인하고 싶은 마음이 들지 않는다. 뽀모도로 1회가 그리 길지 않다는 걸 알기 때문에 눈앞의 작업에만 집중할 수 있다. 사실 뽀모도로 타이머가 시야에 없을 때 가장 효과적이었다. 보통 작업 중인 노트북 뒤에 타이머를 놓는 정도면 충분했다.

기술 문서를 읽을 때도 마찬가지였다. 기술 자체는 흥미롭더라도 기술 사용 방법에 대한 문서는 건조하고 지루할 때가 많다. 뽀모도로 기법을 알기 전에는 기술 문서를 읽는 데 꽤 오래 걸렸다. 중간중간 잠시 멈춰서 페이스북 피드 확인 같은 더 흥미로운 활동에 주의를 빼앗기거나 특정 부분을 읽고 또 읽는 수렁에 빠졌다.

뽀모도로 기법을 사용하면 문서를 읽다가 멈추지 않는다. 25분 동안 계속 읽는다. 보통 알림이 울린 후에는 읽은 정보를 소화할 수 있을 만큼 충분히 쉰다. 그리고 새로운 세션을 시작하면 멈춘 부분부터 다시 읽기 시작한다. 집중한 상태로 읽기 때문에 앞서 읽은 부분을 다시 읽는 일은 드물다.

뽀모도로 세션 사이 쉬는 시간은 엄밀히 말해 작업 전환이고 2장에서는 이것이 일반적으로 나쁘다고 배웠지만 실제 뽀모도로를 할 때 문제가 된다고 느끼진 않았다. 첫째, 한 세션을 마치면 쉬면서 멘탈 에너지를 회복했다. 한 작업 유형에서 다른 작업 유형으로 전환하며 멘탈 에너지를 고갈시키지 않았다. 둘째, 전환을 그렇게 많이 하지 않는다. 셋째, 계획된 작업 전환은 오로지 주의를 다른 곳에 돌리고 싶은 강한 욕구 때문에 이루어지는 즉흥적인 작업 전환보다 낫다.

뽀모도로를 사용할 때 얻는 또 다른 이점은 모든 휴식은 예정되어 있어서 쉴 때 느끼는 죄책감이 사라진다는 것이다. 또한 하루를 마칠 때 뽀모도로 기법을 알기 전에 비해 정신적으로 고갈되었다는 느낌이 덜하다.

그러나 뽀모도로는 내가 보편적으로 사용하는 도구는 아니다. 예를 들어 중간중간 회의가 너무 많은 날이라면 일부 작업에 타이머를 쓸지언정 뽀모도로 방법론을 엄격하게 고수하지는 않을 것이다. 또한 뽀모도로 기법이 역효과를 낸다고 느끼는 작업 유형도 있다.

나는 프로그래머로서 가끔 몰입 상태를 경험하며 몰입 상태가 지속되는 시간을 최대한 활용하려고 노력한다. 그래서 몰입 상태를 방해할 수 있는 잠재적인 방해 요소를 제거하는데 타이머와 마이크로태스크 목록이 여기에 해당한다. 눈앞의 작업에 완전히 몰두하고 있다고 느끼는 즉시 타이머를 꺼버린다.

소프트웨어 개발자가 하는 작업 중에는 불가피하게 깊은 사고가 필요한 작업도 있다. 그런 작업을 할 때는 복잡한 문제를 해결하기 위해 머릿속에 다양한 변수를 가지고 있어야 한다. 이럴 때 주의를 다른 데로 돌리거나 쉬면 열심히 노력해서 머릿속에 만들어 둔 이 복잡한 멘탈 모델이 사라질 것이고 다시 만드는 데에는 시간이 걸린다. 이런 작업을 할 때는 뽀모도로를 신경 쓰지 않는다.

뽀모도로 기법은 정말 좋지만, 모든 시나리오에 다 맞는 만능 도구는 아니라는 뜻이다. 상황에 맞춰서 수정해야 할 때도 있고 아니면 해야 할 작업에 적합하지 않을 때도 있다.

# 뽀모도로가
# 만능이 아닌 이유

지금까지 뽀모도로 기법의 간략한 역사, 기본 구조, 기본 원칙을 살펴봤다. 다양한 시나리오에 적합하도록 설계된 기법이라고 해도 모든 상황, 모든 사람에게 항상 적합할 수는 없다.

우선 우리는 모두 다르다. 내향적인 사람도 있고 외향적인 사람도 있다. 말로 전달되는 정보를 더 선호하는 사람도 있고 글로 된 소통을 더 편하게 여기는 사람도 있다. 작업 방법도 마찬가지다. 어떤 사람에게 최적인 것이 다른 사람에게는 최선이 아닐 수 있다.

뽀모도로 기법에 대한 생각도 모두 다르긴 마찬가지다. 예를 들어 대부분의 사람들은 25분이 작업 세션 1회로 적절한 시간이라고 생각하지만, 어떤 이에게는 견딜 수 없을 정도로 긴 시간일 수 있다. 그러나 터무니없이 짧다고 느끼는 사람도 있을 것이다.

1분 쉬었더니 작업을 재개하고 싶어서 몸이 근질근질할 때도 강제로 5분을 쉬어야 할까? 게다가 1분 이내에 바로 작업을 시작하지 않으면 완전히 흥미가 떨어지는 사람이라면 어떻겠는가? 나는 실제 그런 사람을 만난 적 있다!

만약 당신이 원래 매우 효율적이고 집중력이 뛰어나서 생산성 해킹을 가끔만 적용하면 되는 사람이라면? 쉬지 않고 종일 집중해서 일할 수 있다면 계속 5분씩 쉴 이유가 무엇이겠는가?

뽀모도로 기법이 잘 맞는다 편이라 해도 개인적인 경험상 모든 상황에 가장 잘 맞는 도구일 수는 없다. 어떤 활동은 오랫동안 방해받지 않는 딥 워크가 필요하며 이럴 때는 뽀모도로 타이머가 불필요한 방해 요소일 뿐이다.

이런 가상의 시나리오는 뽀모도로 기법이 아무리 효과가 좋더라도 만병통치약이라고 여겨서는 안 된다는 걸 보여 준다. 그냥 하나의 도구라고 생각하라. 그리고 다른 도구와 마찬가지로 자신에게 맞게 조정할 수 있다.

하지만 뽀모도로 규칙을 엄격하게 지키는 게 적합하지 않은 상황이라도 타이머를 사용하는 건 여전히 효과적일 수 있다. 다만 시행착오를 거치며 자신에게 잘 맞는 방법을 찾아야 할지 모른다.

## 자신만의 타이머 활용법은 어떻게 개발할까

타이머를 사용해서 얻는 효과는 작업을 작은 덩어리로 나누는 데에서 온다. 따라서 타이머를 비교적 짧은 시간으로 설정하면 뇌는 앞으로 할 일이 충분히 작다고 인지할 것이다. 뽀모도로 규칙을 준수하는지는 상관이 없다.

따라서 뽀모도로 기법이 적합한 작업 방법이 아닌 경우 자신만의 기법을 고안할 수 있다. 아예 여러 기법을 개발해서 상황마다 적절한 기법을 사용하는 것도 좋다.

시도해 볼 만한 타이머 활용법 예시를 몇 가지 소개하자면 다음과 같다.

## 뽀모도로 시간을
## 조정하라

뽀모도로 세션이 25분인 이유는 보통 사람이 집중력을 유지할 수 있는 시간이 25분이라고 가정했기 때문이다. 전화나 이메일 회신이 지연되어도 상대가 화나지 않을 정도의 시간이기도 하다. 최고의 생산성을 낼 최적의 작업 시간이라고 과학적으로 밝혀진 마법의 숫자가 아니다. 따라서 이 시간이 자신에게 맞지 않는다면 꼭 지킬 필요는 없다.

휴식 시간도 마찬가지다. 1분이면 충분한 사람도 있고 적어도 10분은 필요한 사람도 있다.

아니면 작업 시간을 종일 일정하게 유지하는 것이 맞지 않을 수도 있다. 근무를 시작할 무렵에는 한 세션의 시간을 더 길게, 쉬는 시간을 더 짧게 잡았다가 끝날 무렵에는 한 세션의 시간을 줄이고 쉬는 시간을 늘리는 게 가장 적합한 작업 속도일 수 있다.

심지어 그날의 피로도에 따라 다른 규칙을 적용해도 괜찮다. 누구에게나 숙면을 취하지 못하는 날이 있고 항상 충분히 쉬었다고 느끼며 출근하는 사람은 없다. 근무를 시작하기도 전에 통제를 벗어난 상황을 경험하며 멘탈 에너지를 많이 빼앗기는 날도 있다. 출근길에 비정상적으로 심한 교통 체증을 겪는다면 누구나 스트레스를 받을 것이다.

그래서 어제는 자신에게 잘 맞았던 맞춤 뽀모도로 규칙이 오늘은 맞지 않을 수 있다. 어쩌면 뽀모도로 1회를 더 짧게, 휴식 시간은 더 길게, 뽀모도로 횟수는 더 적게 조정해야 할지 모른다.

내가 개개인에게 맞는 뽀모도로 규칙을 정해 줄 수는 없으므로 이 기법의 원래 규칙이 마음에 들지 않는다면 직접 실험해 보아야 한다.

## 쉬지 않고
## 연속으로 일하라

나에게는 꽤 잘 맞았던 방법이다. 뽀모도로와 비슷하다. 하지만 작업 세션 1회를 끝내고 억지로 쉬지 않아도 된다. 적당한 피로도를 느낄 때까지 다음 세션, 다다음 세션을 바로 이어가는 것이다.

8장에서 말했던 마이크로태스크 목록과 비슷한 방법이다. 한 세션이 끝났을 때 멈출 수 있다. 그리고 필요한 만큼 쉴 수 있다. 하지만 알림이 울릴 때까지는 계속해야 한다.

이런 방법은 뇌에 마이크로태스크 목록과 똑같은 효과를 낸다. 당신에게는 생산적인 작업을 해야 할 짧은 시간 외에 아무것도 존재하지 않는다. 작업이 지루하거나 아주 어려워도 뇌는 관리할 수 있다고 인지한다. 잠시 동안만 하면 된다. 작업을 마치면 재미있는 일을 할 수 있다.

짧은 시간 동안만 집중을 유지하면 될 때는 미루고 싶은 욕구를 쉽게 물리칠 수 있다. 쉬고 싶다면 언제 쉴지 정확히 알고 있으므로 휴식을 잠시 미루기가 쉬워진다.

그런 다음 알림이 울리면 계속 일하고 싶은지 재평가할 수 있다. 계속 하고 싶다면 다음 세션을 시작하고 쉬고 싶다면 쉬어라.

그러나 추가 규칙을 도입해서 이 기법을 더 효과적으로 만들고 이를 바탕으로 긍정적인 습관을 기르는 것도 가능하다. 세션 중간에 멈출 수 없다. 집중력이 떨어지는 것 같으면 세션이 끝나고 휴식 시간이 될 때까지 기다려라. 그렇게 해 보니 집중력이 떨어지는 건 일시적인 현상에 불과할 수 있다는 걸 깨달았다. 그냥 일하다 보면 다시 집중력을 되찾고 다음 세션을 이어갈 수 있을 때가 종종 있었다.

타이머를 이렇게 활용해서 집중력을 유지하는 방법이 모두에게 적합한 것은 아닐 수 있다. 그리고 이 방법은 일반적인 뽀모도로 기법보다 훨씬 더 피곤할 것이다. 하지만 여러 세션을 이어서 하는 방법이 일반적인 뽀모도로 기법보다 나은 한 가지 장점은 몰입 상태에 들어가기 훨씬 더 좋다는 것이다. 누구나 원하는 이 정신 상태는 충분히 도전적인 작업을 연속된 시간 동안 할 때만 들어갈 수 있다. 이럴 때는 뽀모도로 타이머가 몰입을 방해할 뿐이다.

## 일회성 타이머를
## 설정하라

이것도 내가 가끔 사용하는 도구다. 집중하려는 노력을 한 번만 하는 것이다.

이 방법이 가장 적합한 상황은 하루 일을 거의 마칠 무렵 딱 한 가지 작업만 남았을 때다. 오늘 그 작업을 완료하면 내일의 작업량이 훨씬 줄어든다는 걸 안다. 그래서 그 작업을 마무리하고 싶다. 하지 않는다면 밤에 그 작업이 계속 생각나서 새벽까지 잠들지 못할 것을 알고 있기 때문일 수도 있다.

오늘 그 작업을 마치는 게 큰 도움이 된다는 걸 알지만 딱 한 가지 문제가 있다. 분주한 하루를 보낸 당신은 이미 지쳐서 다시 작업을 시작할 기력이 없다. 작업을 하려고 할 때마다 본능적으로 브라우저에서 유튜브를 연다. 이제 더는 의지력이 남아 있지 않은 것 같다.

이때 필요한 게 일회성 타이머다. 타이머를 설정하고 스스로에게 이렇게 말하라. "이번 세션 동안 할 수 있는 만큼만 하자. 그 뒤에는 내가 원하는 대로 뭐든 할 수 있어."

그러면 대부분의 경우에 뇌를 설득해서 추가적인 정신 자원을 짜내어 작업을 완료할 수 있다. 일단 시작하면 비교적 쉽게 끝까지 할 수 있다는 걸 알게 될 것이다. 시작이 어렵다. 이럴 때 남은 일이 얼마 되지 않는다고 뇌를 설득해서 이 정신적 장벽을 극복한 것이다.

알림이 울릴 때 어떻게 할지는 당신에게 달려 있다. 작업을 이어가고 싶다면 이어가라. 하지만 더 이상 일하고 싶지 않다면 거기서 멈춰라. 설사 작업을 완료하지 못하더라도 아예 하지 않았을 때에 비해 훨씬 더 많은 진전을 이루었을 게 분명하다.

## 모든 요소를
## 하나로 통합하라

이 책을 통해 우리는 소프트웨어 개발 경력을 최대한 성공적으로 만드는 다양한 기법을 배웠다. 하지만 프로그래밍 전문 기술은 하나도 다루지 않았다. 여기에 설명한 모든 기술은 다른 직업이나 업무 외적인 영역에도 동일하게 적용할 수 있다.

이 책에서 설명한 다양한 기법은 하나만 사용해도 효과적이지만 함께 결합해서 모든 이점을 다 누릴 때 가장 효과적이다. 우리가 다룬 모든 기법의 큰 그림을 고려하면 각 기법이 서로를 어떻게 보완하고, 당신의 생각, 행동, 실천 방식을 바꾸는 프레임워크를 형성하고, 자신의 직업에서 가능한 한 최고의 결과를 달성하게 해 주는지 알게 될 것이다.

뽀모도로 타이머는 눈앞의 작업에 집중을 유지하는 효과적인 방법이다. 하지만 마이크로태스크 목록을 미리 계획해 두면 작업 효율이 훨씬 더 높아진다(8장). 그러면 다음에 무슨 일을 할지 파악하는 데 뽀모도로 세션 절반을 들이지 않아도 된다. 세션이 시작될 때 정확히 무슨 일을 할지 안다. 이 두 기법은 마이크로태스크가 달성하기 쉬워 보일 때, 집중해야 하는 시간의 길이가 부담스럽지 않을 때 더욱 큰 효과를 낸다.

마감이 다가오고 있다는 걸 알면 지루한 활동을 완료하는 데 도움이 된다. 하지만 도중에 지적확인 환호응답을 적용한다면 그 과정이 더 즐거워진다(9장). 그러면 일상적인 활동을 최대한 많이 완료할 수 있을 뿐 아니라 뜻밖의 실수를 저지를 가능성도 크게 줄어든다. 가리키고 부르기 덕분에 작업 과정에 더 몰입할 수 있을 것이다.

그러나 이런 기법은 더 쉽게 일하고 지루함을 방지하며 오류를 줄여 주는 전략에 불과하다. 물론 이런 기법도 업무 효율을 높이는 데 도움이 되지만 더 큰 도움이 되는 건 일에 대한 올바른 마인드셋을 개발하는 것이다.

그리고 코드 작성이 프로그래밍 경력의 전부가 아니라는 것을 잊으면 안 된다. 프로그래밍 분야에 내향적인 사람이 많이 모이는 편이긴 하지만 경력을 실질적으로 발전시키려면 다른 사람을 상대해야 한다. 적어도 신뢰를 얻고 괜찮아 보이는 평판을 쌓아야 한다.

바로 이 지점에서 성장 마인드셋을 갖추도록 훈련하는 게 중요해진다. 올바른 마인드셋은 자기 전문 분야에서 최대한 뛰어난 실력자가 될 수 있도록 동기를 부여하는 데 도움이 된다. 또한 누구나 함께 일하고 싶어 하는 사람이 되도록 도울 핵심 원칙을 세우는 데에도 보탬이 된다.

올바른 마인드셋을 기르는 좋은 방법 중 하나는 함께 시간을 보낼 사람들을 적극적으로 선별하는 것이다(4장). 당신은 당신의 여정을 도와줄 사람들에게 둘러싸여서 지내야 한다. 그리고 최선을 다해 당신을 방해할 사람들과 어울리지 않도록 하라.

평판 좋은 소프트웨어 개발 콘퍼런스에 가능한 한 많이 참석하라. 좋은 온라인 프로그래밍 포럼에 가입하라. 그리고 최선을 다해서 좋은 표준을 따르는 소프트웨어 기업에 입사하라.

온라인에서 적절한 사람들과 어울리는 최고의 방법 중 하나는 소셜 미디어 알고리즘을 조정하는 것이다(5장). 유익한 콘텐츠를 제공하지 않는 모든 사람에 대한 팔로우를 취소하고 주의를 분산시키는 콘텐츠와 상호 작용하는 것을 피하면서 유익한 콘텐츠와 최대한 적극적으로 상호 작용하라. 그러면 당신이 어떤 콘텐츠를 원하는지 알고리즘을 학습시켜서 그런 콘텐츠를 점점 더 많이 볼 수 있을 것이다.

성장 마인드셋을 발전시키려면 유익한 사람들과 상호 작용하는 것만으로는 충분하지 않다. 내적인 신념도 개발해야 한다. 자기 책임이 아니라는 것이 증명되지 않는 한 모든 것이 자기 책임이라는 신념을 채택하는 데에서 시작하면 좋다(6장). 그러면 성실하고 신뢰할 만한 사람이 될 수 있을 것이다.

성공적인 경력을 만들려는 열망을 기르는 또 다른 좋은 방법은 경력을 종교와 비슷하게 다루는 것이다. 수도자들이 수도원 생활에서 적용하는 것과 유사한 원칙을 직장에서 적용할 수 있다(7장).

그러나 또한 여러분은 자신의 주의력을 훔치도록 의도적으로 설계된 요즘 세상에 대해서도 알아야 한다. 소셜 미디어 플랫폼의 알고리즘은 아마 생산적인 습관 형성에 가장 큰 장애물일 것이다(1장). 이런 알고리즘의 가장 파괴적인 부분을 인지하고 노출을 최소화해야 한다.

모든 성공적인 프로그래머가 익혀야 하는 기본적인 습관 중 한 가지는 딥 워크하는 능력이다(2장). 복잡한 문제를 해결할 때 비교적 긴 시간 동안 지속적으로 집중력을 유지할 수 있어야 한다.

그러나 이 모든 것은 좋은 습관이라는 토대 위에 세워진다(3장). 올바른 습관을 개발하면 일하기 쉬워지고 경력을 발전시키기도 쉬워진다.

이로써 우리는 다시 원점으로 되돌아온다. 일할 때 적용할 수 있는 구체적인 기법, 즉 마이크로태스크, 지적확인 환호응답, 타이머 사용은 어려운 작업을 수월하게 하고 방해 요소에 대한 저항력을 최대로 키우도록 설계되었다. 그러므로 이 모든 것은 올바른 습관과 마인드셋을 개발하는 데 도움이 된다.

당신에게는 이 책을 통해 도구 상자가 하나 생겼다. 이제 그걸 어떻게 사용할지는 당신에게 달려 있다. 내가 효과적이라고 느꼈던 만큼 당신도 이런 도구가 효과적이라고 느끼길 바란다. 그리고 당신이 프로그래머로서 만족스러운 경력을 쌓길 바란다. 그러나 프로그래밍이 자신에게 맞지 않다고 느끼는 사람에게도 이 도구 상자는 아마 유용하게 사용될 것이다.

## 참고 문헌

1. C. 노스코트 파킨슨(C. Northcote Parkinson), 파킨슨의 법칙, The Economist, https://www.economist.com/news/1955/11/19/parkinsons-law

2.  시릴 노스코트 파킨슨, 『파킨슨의 법칙』, 21세기북스

3.  크리스천 재럿(Christian Jarrett), As new research findings shed light on the psychology of deadlines, we can learn ways that they can be used to increase focus and boost perseverance(마감의 심리학에 대한 이해를 돕는 새로운 연구 결과 덕분에 집중력을 높이고 인내심을 향상시키는 데 활용할 수 있는 여러 방법을 배울 수 있다), BBC Worklife, https://www.bbc.com/worklife/article/20200409-how-to-make-deadlines-motivating-not-stressful

4.  프란체스코 시릴로(Francesco Cirillo), 『The Pomodoro Technique(뽀모도로 기법)』

5.  프란체스코 시릴로, The Pomodoro Technique(뽀모도로 기법), Francesco Cirillo Blog, https://francescocirillo.com/products/book-the-pomodoro-technique

6.  캣 부가드(Kat Boogaard), Take It From Someone Who Hates Productivity Hacks—the Pomodoro Technique Actually Works(생산성 해킹을 싫어하는 사람의 말을 들어 보라—뽀모도로 기법은 실제 효과가 있다), https://www.themuse.com/author/kat-boogaard

7.  앨리스 콜먼(Alice Coleman), The hidden benefits of the pomodoro technique(뽀모도로 기법의 숨겨진 이점), https://www.focusboosterapp.com/blog/author/alice-coleman/, https://www.focusboosterapp.com/blog/the-hidden-benefits-of-the-pomodoro-technique/

8.  수 셸런바거(Sue Shellenbarger) – No Time to Read This? Read This(읽을 시간이 없나요? 이 글을 읽으세요.), The Wall Street Journal, https://www.wsj.com/articles/SB10001424052748704538404574541590534797908

9.  콜린 T. 밀러(Colin T. Miller), A Month of the Pomodoro Technique(뽀모도로 기법을 사용한 한 달), https://developeraspirations.wordpress.com/2009/12/16/a-month-of-the-pomodoro-techniquethepositive/

## 마지막 페이지

시간이 지나면 이 책에서 배운 교훈 중 일부를 잊어버릴 수도 있다. 그렇게 되는 건 정상이므로 이런 교훈을 확실히 기억에 남기려면 이 책에서 설명한 모든 생산성 해킹 요령의 간략한 요약을 비롯한 더 많은 정보를 받아 두자.

https://simpleprogrammer.com/10hacks/

# 찾아보기

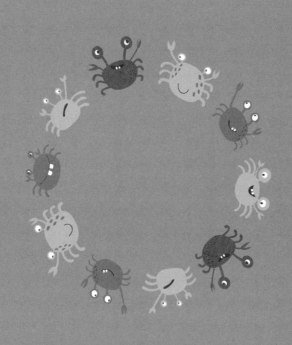